U0553723

国外语言学译丛

经典著作

LINGUISTICS
·
AND
·
THE FORMAL SCIENCES

语言学和形式科学：
生成语法之源

〔英〕马库斯·托马林　著

司富珍　刘文英　译

创于1897　The Commercial Press

2018年·北京

CAMBRIDGE UNIVERSITY PRESS

Marcus Tomalin

Linguistics and the Formal Sciences：The Origins of Generative

Grammar Copyright © 2006 by Cambridge University Press

本书根据剑桥大学出版社 2006 年英文版译出

国外语言学译丛编委会

总　　序

商务印书馆要出版一个"国外语言学译丛"，把当代主要在西方出版的一些好的语言学论著翻译引介到国内来，这是一件十分有意义的事情。

有人问，我国的语言研究有悠久的历史，有自己并不逊色的传统，为什么还要引介西方的著作呢？其实，世界范围内各种学术传统的碰撞、交流和交融是永恒的，大体而言东方语言学和西方语言学有差别这固然是事实，但是东方西方的语言学都是语言学，都属于人类探求语言本质和语言规律的共同努力，这更是事实。西方的语言学也是在吸收东方语言学家智慧的基础上发展起来的，比如现在新兴的、在国内也备受关注的"认知语言学"，其中有很多思想和理念就跟东方的学术传统有千丝万缕的联系。

又有人问，一百余年来，我们从西方借鉴理论和方法一直没有停息，往往是西方流行的一种理论还没有很好掌握，还没来得及运用，人家已经换用新的理论、新的方法了，我们老是在赶潮流，老是跟不上，应该怎样来对待这种处境呢？毋庸讳言，近一二百年来西方语言学确实有大量成果代表了人类语言研究的最高水准，是人类共同的财富。我们需要的是历史发展的眼光、科学进步的观念，加上宽广平和的心态。一时的落后不等于永久的落后，要超过别人，就要先把人家的（其实也是属于全人类的）好的东西学到手，至

I

少学到一个合格的程度。

还有人问,如何才能在借鉴之后有我们自己的创新呢?借鉴毕竟是手段,创新才是目的。近一二百年来西方语言学的视野的确比我们开阔,他们关心的语言数量和种类比我们多得多,但是也不可否认,他们的理论还多多少少带有一些"印欧语中心"的偏向。这虽然是不可完全避免的,但是我们在借鉴的时候必须要有清醒的认识,批判的眼光是不可缺少的。理论总要受事实的检验,我们所熟悉的语言(汉语和少数民族语言)在语言类型上有跟印欧语很不一样的特点。总之,学习人家的理论和方法,既要学进去,还要跳得出,这样才会有自己的创新。

希望广大读者能从这套译丛中得到收益。

沈家煊

2012 年 6 月

形式科学对早期生成语法的影响
（代译者序）

在美国，无论是生成语法的拥护者还是反对者，大都把乔姆斯基所倡导的生成语法理论称作"主流的生成语法"（MGG，即 mainstream generative grammar）[①]。作为影响了世界语言学发展潮流大半个世纪的"主流"语言学理论体系，其产生与发展的历史都一直备受不同流派的语言学家们的共同关注。关于生成语法史最有影响力和最具代表性的研究文献当属纽麦尔（Newmeyer，1980）的《美国的语言学理论：转换生成语法的前四分之一世纪》（*Linguistic Theory in America：the First Quarter－Century of Transformational Generative Grammar*）一书，"这本书至今仍然被普遍视为是有关生成语法整个发展史（1980 年前）的第一部主要的历史研究著作。"该书以《句法结构》为叙述的起点，对生成语法在 1957 年之后的发展及其对整个语言学的深刻影响做了高度评价，它在实质上为之后生成语法学史文献的写作定了基调。之后很多其他相关文献无论是叙述的主要历史跨度还是对生成语法

[①]　参见 Fuzhen Si 2008, Chomsky on Language and Language Study,《语言学论丛》2008 年第 37 期。该文的中英文对照本后以"乔姆斯基访谈录"为题收录在中国社会科学出版社出版的《语言论题：乔姆斯基生物语言学视角下的语言和语言研究》（司富珍，2008）一书的附录中。

与结构主义语言学之间关系等的评述大多与此相类。

也有人并不满足于重复之前的历史评说,比如马库斯·托马林的《语言学和形式科学:生成语法之源》一书就表现出这样的史学态度。该书尝试从以下几个方面对之前的生成语法学史进行补充与修正:

(一)关于历史跨度:与纽麦尔(1980)等为代表的传统生成语法史文献不同,《语言学和形式科学:生成语法之源》一书不是将1957年作为叙述的起点,而是作为该研究的终结点。它所涵盖的文献主要是"自1900到1957年之间出现的有关语言学理论的各类文章、学位论文和文稿",而不仅仅是把关注的焦点放在乔姆斯基自1950年代以来的作品上,目的是要更加稳妥地(如果可能的话)把对 TGG 的考察放置在当时科学环境的大背景下"。作为一种断代史,《语言学和形式科学:生成语法之源》与之前的生成语法学史文献形成互补,弥补了之前文献历史跨度不足的缺憾。

(二)关于写作意图:正如其书名所示,《语言学和形式科学:生成语法之源》一书写作的最主要目的是要"揭示在总体上形式科学是如何逐渐开始影响句法理论并最终导致 TGG 的产生的"。说起生成语法,大家常常喜欢给它贴上如下这类标签,比如"形式主义""科学""严谨""革命"等,然而,这些"标志性"的特点来自哪里? 它在产生之初与同时代的形式科学之间具有怎样的联系? 关于这些问题,此前的文献虽也常有人提及,却未见系统深入的研究。"在现有评述 TGG 的著作中没有一本能够提供足够的信息来说明 20 世纪形式科学的进步对同时代语言学理论发展的影响。"作者写作的意图正在于弥补现有文献在形式科学对生成语法产生之初所产生的影响方面信息不足这一缺憾。

（三）关于结构主义：部分地受到纽麦尔(1980)的影响,学界在提到"乔姆斯基革命"时都会将生成语法理论和结构主义理论视为两个历史归属有先后、理论主张相对立的语言学流派。但《语言学和形式科学：生成语法之源》一书的作者则认为,将"结构主义"看作是一种具有内部统一性的理论流派的观点是有问题的。他批评纽麦尔"完全拒绝海姆斯和方特关于所谓'结构主义者'从来就没有真正形成过一个内部统一的整体的看法",认为他将结构主义语言学看作是"乔姆斯基革命"的"统一的背景"的观点存在极大的问题。与纽麦尔(1980)不同,马库斯·托马林认为,完全有理由将结构主义语言学的"经验主义假设"与卡尔纳普和古德曼所捍卫的、对乔姆斯基早期作品产生过非常深刻影响的逻辑经验主义观点联系起来。作者通过大量文献的评述,"强调了后布龙菲尔德学者与早期生成语法学家之间关系的亲密性",弥补了之前多数生成语法史文献只强调生成语法与结构主义的不同,却极少深刻讨论二者之间可能的联系这一分析不够客观全面的缺憾。

以上述三个方面的目标为指引,《语言学和形式科学：生成语法之源》的主体部分①首先从 20 世纪早期数学领域的"基础危机"谈起,对形式主义、逻辑主义和直觉主义分别进行了评述,详细地描述了使得逻辑主义和形式主义的知识信念得以传播的若干重要教科书。然后对 20 世纪形式科学对句法理论的影响进行了评述,主要目的之一是要说明在转换生成语法成型之前就已经有语言学

---

① 关于《语言学和形式科学：生成语法之源》一书的内容简介,还可参见刘文英于 2015 年发表在《语言学研究》(第十七辑)上的"形式科学对生成语法产生的影响:《语言学和形式科学：生成语法之源》述评"一文。

家对公理演绎方法表现出了兴趣,比如他们中间已经有人尝试将递归定义运用于逻辑学和语言学的研究中。特别是由于建构系统理论的影响和建构性唯名论的出现,当时的语言学家已然对逻辑句法和逻辑语义表现出了日渐浓厚的兴趣和偏好。在 1940 年代和 1950 年代的语言学研究中,数学化的倾向已经变得日渐明显。以此为基础,作者又进一步聚焦于形式科学对转换生成语法发展的具体影响,特别评述了早期转换生成语法理论对"简约性标准"的偏好,在句法理论中融入建构性唯名论的思想,以及在语言学分析中使用逻辑学的方法等。最后从否定随机方法、提倡评价程序、拒绝经验主义、利用递归法则和建立具有公理演绎特征的转换生成语法系统等方面进一步勾勒形式科学在早期转换生成语法发展中的影响。

无论是从探究形式科学对生成语法产生的影响这一目标朝向来看,还是从具体的史料挖掘和得出的基本结论来看,《语言学和形式科学:生成语法之源》一书都给人以耳目一新之感。鉴于此,译者于 2013 年秋起将该书原著作为北京语言大学博士研究生"生成语法学史"课程的主要参考书目。由于原著涉及很多形式科学的术语和相关理论,一般的读者阅读起来具有一定难度,为帮助学生理解原著,笔者便组织学生进行课后翻译练习,也是出于同样的考虑,后又萌生了出版译著的想法。起初,博士生刘文英和李文龙都参与了第一章的试译工作,之后初稿主体部分的正式翻译主要由刘文英执笔完成,我本人主要做了课堂的讲解和译稿的通稿和修改工作。后来又在两届博士生课堂上试用了译稿,部分博士生如李雪峰等参与了文字校改工作。全书从翻译到定稿历时三年,十易其稿。成稿后呈送商务印书馆,先后得到商务印书馆总编辑周洪波先生、编辑刘建梅女士、文学春先生等的大力帮助，得以与剑桥大学出版社签署出版译著合同。在出版付印之际，特此对参与过本书翻译校改工作和编辑出版工作的所有学者表示诚挚感谢。由于译者个人方面的原因，本译著出版的后期工作多有拖延，感谢出版社编辑先生的一再宽容。如果本书的翻译出版能够给对生成语法学史有着同样兴趣的同行学人带来新的有益参考，则翻译过程经历的所有疲累与紧张都将化作分享之后的愉悦与快乐。

司富珍

2017 年 6 月 29 日夜

记于静淑东里寓所

目　　录

Since feeling is first，
who pays any attention
to the syntax of things
will never wholly kiss you
—e. e. cummings

既然感觉是第一位的，
那么,那些专注于事物语言表达形式的人
呈现给您的就不可能是内心的全部。

——爱德华·爱斯特林·卡明斯

致　谢

我自 1995 年 1 月开始尝试探讨这里呈现的若干话题,在此期间的几年时间里,这些核心的论题逐渐变得清晰起来。在这一逐渐清晰的过程中自然会牵涉到一些人,他们中的许多人在此无法一一提及。此处要鸣谢的首先是 Peter Matthews 和 Ian Roberts,他们在起始阶段就鼓励我做这一研究。出于同样的原因,我对 Nei Smith 和 Ted Briscoe 也心存感激,他们的意见和建议有着极其重要的价值。近期以来,我从与 Theresa Biberauer 和 Fiorien Bonthuis 的讨论中获益良多:在过去两年时间里,我不断地拿无数并不怎么样的问题和杂七杂八的想法讨扰他们,而他们总是能给我以幽默、智慧和敏锐的回复。还有"剑桥句法阅读小组"(Cambridge Syntax Reading Group)的各类成员也同样应该在此提及,因为他们对本项目也做出了相当大的贡献,尽管他们提供的具有助益的意见在此未必都有所实现。此外,我还受益于与我多有联系的唐宁学院的几个成员,特别是 Cathy Phillips,他多年来对我一直非常照顾,还有 Will Poole,他的博学与才华总能将我引向更深层次的洞见。

显然,我应该感激剑桥大学出版社同意出版这本书。特别是 Andrew Winnard,他从一开始就参与到了这部手稿的准备过程中。在整个过程中他都为我提供了指导。

另外，我还要鸣谢 Phil Woodland 给我提供了这么多的机遇。谢谢 Gary Thorne 所给予的无法言表的友谊和灵感。还有我在世的和已过世的各位家庭成员，谢谢他们的笑声、困惑和深爱。最后，还必须谢谢我的伙伴 Sarah 给予的一切支持。

虽然我们希望在修改过程中已经不断删除了所有语法错误、不准确的表达以及一些愚见，但若仍有错误留存的话，就权当是在警示我们还有不完善之处吧。

本书献给 Arbutus Cove，Victoria B. C，在那里的拐角处，我曾面向大海。

数学符号列表

"∀"指全称量化:"∀x[φ(x)]"意思是"对于所有 x 来说,φ(x) 都成立"。

"∃"指存在量化:"∃x[φ(x)]"意思是"存在一个 x,对于这个 X 来说,φ(x) 成立"。

"¬"指否定:"¬φ(x)"意思是:"并非 φ(x)"。

"→"指隐含:"p→q"意思是"如果 p,那么 q"。

"∧"指合取:"p∧q"意思是"p 且 q"。

"∨"指吸取:"p∨q"意思是"p 或 q"。

"ℕ"指自然数集:ℕ = {1,2,3,...}。

"∈"指"是⋯⋯的一个成员":"x∈A"意思是"x 是集合 A 的一个成员"。

"∉"指"不是⋯⋯的一个成员":"x∉A"意思是"x 不是集合 A 的一个成员"。

缩 略 语

著作或长篇手稿/论文

LCW   卡尔纳普(Carnap,R.)(1928),《世界的逻辑结构》(*Der logische Aufbau der Welt* [*The Logical Construction of the World*])

LPV   奎因(Quine,W. V. O.)(1953),《从逻辑的观点看》(*From a Logical Point of View*)

LSL   卡尔纳普(Carnap,R.)(1937[1934]),《语言的逻辑句法》(*The Logical Syntax of Language*)

LSLT   乔姆斯基(Chomsky,N.)(1975[1955]),《语言理论的逻辑结构》(*The Logical Structure of Linguistic Theory*)

MMH   乔姆斯基(Chomsky,N.)(1979b[1951]),《现代希伯来语的形态音位学》(*Morphophonemics of Modern Hebrew*)

MP   乔姆斯基(Chomsky,N.)(1995),《最简方案》(*The Minimalist Program*)

MSL   哈里斯(Harris,Z. S.)(1951),《结构主义语言学的方法》(*Methods in Structural Linguistics*)

PM   怀特海(Whitehead, A. N.)和罗素(Russell, B. A. W.)
       (1925[1910]),《数学原理》(*Principia Mathematica*
       [*The Principles of Mathematics*])

SA   古德曼(Goodman, N.)(1951),《现象的结构》(*The*
       Structure of Appearance)

SS   乔姆斯基(Chomsky, N.)(1957),《句法结构》(*Syntactic*
       Structures)

论文

LSS   乔姆斯基(Chomsky, N.)(1955a),逻辑句法学和语义
       学:它们的语言相关性(Logical Syntax and Semantics:
       Their Linguistic Relevance)。

SCN   古德曼(Goodman, N.)和奎因(Quine, W. V. O.)(1947),
       通向建构性唯名论的步骤(Steps Towards a Constructive
       Nominalism)。

SSA   乔姆斯基(Chomsky, N.)(1953),句法分析的系统
       (Systems of Syntactic Analysis)。

TMDL   乔姆斯基(Chomsky, N.)(1956),语言描写的三种模型
       (Three Models for the Description of Language)。

1. 导　论

　　20 世纪 50 年代转换生成语法(TGG)的出现是语言学史上的重要事件,对此已经有很多人以不同方式反复评述过。本书主要关注的也是生成语法的发展,那么就有必要先来解释一番,说明重述同一故事的原由所在。相应地,希望这个导论部分能够提供足够的依据来说明这么做的必要性和合理性。用概括的语言来解释的话,就是这里之所以要对此事件做专门叙述主要是出于一种不满足。说得具体点,这种不满足主要源于我们深信在现有评述 TGG 的著作中没有一本能够提供足够的信息来说明 20 世纪形式科学的进步对同时代语言学理论发展的影响。如果说 TGG 发展史的这一方面在过去确实被忽略了的话,那么这种忽略当然是令人吃惊的,因为 TGG 的最初倡导者从未隐瞒过该理论曾经从形式科学得到足够多的启发这一事实。比如说,在 1995 年的文献(仅以此为例)中,乔姆斯基(Chomsky)就曾经明确地讲道:"生成语法可以看作是两方面内容的一种交汇,这两方面的内容分别是:关于语言和思维研究的某些久已为人遗忘之处,以及形式科学为之提供的全新理解"(Chomsky,1995:4)。TGG 本身所具有的科学性在过去的一些年里也常被提及。实际上,有时会看到有人声称:TGG 之所以是一种优胜的理论,主要是因为它与之前的句法理论比较起来更加"科学"(不管它的含义是什么)一些。比如说,这正是罗伯特·李斯（Robert Lees）在他发表于 1957 年的关于《句法结构》（*Syntactic Structures*）的那篇书评中所持的基本主张。部分地由于该书评的影响，20 世纪 50 年代末人们对 TGG 产生了广泛兴趣。尽管李斯的评论非常有名，但还是有必要在这里全面引述一下其中的相关段落：

> 乔姆斯基关于句法结构的这本书，是语言学家按照建构科学理论的传统严肃地建构关于语言的综合理论的最早尝试之一——这种理论建构的思路类似于化学理论和生物学理论被它们各自领域的专家们所理解的那样。它绝不是仅仅把语料重组成一种类似于新的图书目录一样的类别，也不是关于人类和语言本质的又一种揣测式哲学思考，而是一种关于我们语言直觉的严谨解释。得出这种解释依照的是：一套明确的公理系统、各种可以从这一公理系统推导出来的定理以及可以同新数据和其他直觉相比拟的清楚明确的结果。所有这些都建立在关于语言内部结构的一种显而易见的理论之上；它可能也为人们提供了一个很好的机会，使人们得以运用简约性的明确手段去决定语法系统的不同形式之间的取舍问题。
>
> （Lees，1957：377-378）

这里有一点非常重要，那就是，李斯对 TGG 作为一种科学理论这一地位的评价，主要集中在它使用了"一套明确的公理系统"上，它表明，正是这一方面的特点使得该语言理论成为一种"严谨的"理论。这里的言外之意是，TGG 之前的语言理论并没有使用（或至少没有如此全面地使用过）这种方法，相反，之前的理论给人提供

2

的要么"仅仅是对语料的重组",要么是一种(想必)难以得到经验验证的"揣测式的哲学思考"。很明显,TGG 早期的一些倡导者们认为它比之前的语言理论更为科学,其中一部分原因是它采用了公理-演绎方法,因此获得的是"清楚明确的结果"。既然如此,那么 TGG 与对它产生过重要影响的形式科学之间的关系却没有能够得到更充分的探究,这不能不让人感到好奇。

在对现有关于 TGG 的史学研究进行评述之前,有必要先来澄清一下上面提到过的一些术语。比如我们已经多次使用"形式科学"这个短语,却还没有对它进行过评述。因为它还会频繁出现在后面的讨论中,所以初步讨论一下它的含义就是早该为之的事情了。开头就应该向大家特别说明的是,在接下来的几章里我们会在广义上来使用"形式科学"这一短语。像人们所预期的那样,它将包含纯粹数学、符号逻辑的诸多分支,但同时也会扩展到应用数学和逻辑的其他分支体系——这一点有时难免受到争议①。比如说,运用经典逻辑的方法去分析知识获得过程的具体尝试(比如逻辑经验主义)、探索语言与真实世界之间逻辑关系的努力(真值理论语义学)都同样会被看作是"形式科学"的例子。因此,该短语将用来指称一种由若干理论组成的集合,该理论集所包含的理论都是根据数学和哲学建构起来的,它们之间相互关联却又并不同质。有时可能会让人感觉因为它所指太多所以到头来根本无所指。但是,对我们而言有一点却非常重要,那就是大家应该认识到在这一宽泛的术语之下集合起来的理论都使用了某种形式的公

_____

① 参见 Suppe 2000 及 Schaffer 1997 对这些标准分类(以及随之而来的一些问题)所做出的简短而深刻的讨论。

理-演绎方法。因此,尽管这些理论之间有着种种不同,但它们都包含了一种相同的演绎过程:即一种由从直觉上来看显而易见的、从有限的公理或假设推演出某些结论(亦即定理)来的过程。因此,可以认为有一种相同的基础科学方法把它们统一在了一起。观察到这点之后,我们还应该记住并不是所有的知识领域(甚至并不是所有的科学领域)都可以运用这种方法。为了建构一种公理-演绎系统,必须要能够提出一些初始假设,确定某种主要元素,并从这些假设和元素中做出有效的演绎推理。有很多研究领域对自身的理解尚未精准到可以采用公理演绎分析的程度。但是,所有"形式科学"却都尝试使用这种方法,这种方法是它们的代表性特征之一。这些"形式科学"理论之间的其他相似之处将随本书后面有关讨论的展开而提及。从下文开始,将会略去提请注意的引号,"形式科学"将变成没有引号的形式科学。

　　另一个在前面几段里被回避的术语问题与短语"TGG"有关,既然这个短语会在本书中频繁出现,那么就有必要确保其含义清楚。上述关于李斯书评的讨论所反映的现状是,"TGG"被用来指一种似乎是性质单一、可以辨识且不会改变的整齐划一的统一体。但是,如果本书接下来各章的讨论还能说明点什么问题的话,那么它至少说明,用"TGG"这个术语来泛指 1951—1956 年期间与诺姆·乔姆斯基有关联的各种理论立场和方案是一个惊人的时代错误。因为,尽管这种种研究路线最终汇聚成了一个可辨识的理论,但是直到 1957 年,当乔姆斯基将他关于语言理论的结构、关于句法研究中统计模式的有效性等问题以及关于逻辑句法和语义的益处等方面的想法整合到一起时,这一统一图景才真正出现。但是,这种对各种想法的统一整合实际上也只持续了短暂的一段时间。

到 20 世纪 60 年代早期,这套理论已经开始发生再一次的改变。
或许,我们应该用"转换分析"而不是"TGG"去指乔姆斯基在 1955
年《语言理论的逻辑结构》(*The Logical Structure of Linguistic
Theory*)一书中所陈述的理论,因为这正是他曾为自己 1955 年的
博士学位毕业论文所取的标题。不幸的是,乔姆斯基在其最早出
版的文献及手稿中所完成的工作范围是如此之广,以至于任何一
个术语都有可能带来困难,并最终会显示出术语本身的不充分性。
因此,为了下文讨论的方便,术语"TGG"将被解读为用来指乔姆
斯基在《语言理论的逻辑结构》(1955)一书中所陈述的理论,并且
也非正式地(但却是在更广义的语境下)用来指《句法结构》(1957)
中所陈述的理论。这样,"TGG"也同样要改写作 TGG 了。还应
该补充一点:既然本书的写作意图是要揭示在总体上形式科学是
如何逐渐开始影响句法理论并最终导致 TGG 的产生的,那么讨
论的焦点就常常会放在自 1900 年到 1957 年之间出现的有关语言
学理论的各类文章、学位论文和文稿上,而不仅仅是放在乔姆斯基
自 1950 年代以来的作品上,这样做的目的是要更加稳妥地(如果
可能的话)把对 TGG 的考察放置在当时科学环境的大背景下。

　　前面至少已经对一些在研究诸如此类的问题时不可避免地会
碰到的(包括术语及其他方面的)困难做了一些初步讨论,那么,相
应地就有必要来评估一下关于 TGG 起源的现有文献,以阐明为
什么需要去认真思考形式科学对 TGG 的发展所产生的影响。接
下来关于现有史学文献的讨论并不求详尽完整。因为事实上关于
TGG 发展方面的间接文献的数量增加速度是如此之快,以至于如
果要想对所有那些假定性的解释、评价、修改或分歧进行评述,那
将导致没有足够的时间和空间去讨论它的主要源头。而下文则意

在提供一个概览，从大体上指出 1960 年代以来那些关于 TGG 的史学研究是如何发展的，重点则是突出现有研究中的不足。最后还要提请大家注意一点：依惯例，这里的导论是在全书其他部分完成后才写成的，因此有些在此处看起来只是附带提及的话题，在通篇细读本书主要章节之后才会显得丰富和深刻起来，不再感觉那么随意和怪异。因此虽然本导论的余篇足以有效地组成一个有关文献的整体评述，但正像所有诸如此类的总论一样，读者应该在通读全书之后再对这里的总论进行一次重新评价。

最早关于 TGG 发展史的研究可以在专注于该理论的教科书中找到，它们在 1960 年代早期就开始出现了。尽管这类教科书往往都包含了某些关于 TGG 理论发展的综述，但它们的总结通常非常简短，而且给人的普遍印象是 TGG 的起源最早只能追溯到《句法结构》的出版，而不会是更远。这类教材的一个很好的例子是艾蒙·巴赫（Emmon Bach）的《转换语法导论》（*An Introduction to Transformational Grammars*）(1964)。书名中的复数形式说明了巴赫所介绍的句法理论在当时尚未发展成为一种关于单一的、普遍内嵌的普遍语法的研究，因而还可以有很多 TGG。在有关历史的段落里，巴赫特别强调了形式科学对 TGG 发展的影响。比如，他明确提到该理论"从现代逻辑中获得了灵感"(Bach, 1964:9)，并进而指出数学、逻辑和语言学在过去的 100 年(1864—1964)里彼此走得更近了：

> 关于演绎系统（逻辑系统、数学和各类科学的公理系统）的结构，人们在上个世纪已经有了很多认识。逻辑学家和数学家们越来越关注从抽象的角度研究各种"语言系统"或"算法"。与此同时，现代语言学也趋向于把语言

描述成一套抽象的形式化系统。在很多方面,这里所介绍的语言理论就可以看成是这两股潮流聚合的结果。我们将要研究的这些个语法,就是要尝试说明可以用来构建一种语言句子的原则,就像一套形式化的数学理论可以被用来建构定理一样。(Bach,1964:9-10)

像之前的李斯一样,巴赫也清楚地讲到,TGG 使用了与数学各分支一样的公理演绎系统,而且,他还表示语言学和数学的汇合至少已有一个世纪了。之后,他又更具体地评价说,TGG 对源自“现代逻辑和数学”的方法的运用,可能是“过去 10 年的语言学研究中最具持久性的一个成果”(Bach,1964:143)。但不幸的是,巴赫觉得“这段历史有点像文化史,详细地记录它会超出本导论的范围”(Bach,1964:144);因此,他基本上没有再继续发展这一话题,也没有在其著作的余篇里再回到过这个话题。

　　随着 1960 年代研究工作的推进,国际语言学界愈来愈明显地认识到 TGG 远非只是昙花一现的时尚理论,于是,有关其历史根源的问题开始引起更多人的兴趣。乔姆斯基自己也出版了《笛卡尔语言学:唯理主义思想史之一章》(*Cartesian Linguistics : A Chapter in the History of Rationalist Thought*)(1966),为这股大潮流做出了自己的贡献。这一努力多少有点老于世故:他想说明诸如深层结构和表层结构这样的概念历史上已有先例,而这也正是他当时正在精心打造着的两个概念。具体说来,乔姆斯基宣称 TGG 可以看作是“对事实上已经在 17 世纪、18 世纪以及 19 世纪早期被认真而卓有成果地研究过的那些问题所产生的一种兴趣复苏”(Chomsky,1966:1)。为了证明自己的观点,他把焦点放在了诸如《波尔-罗瓦雅尔语法》(*Port-Royal Grammar*)(1660)等著作上,并重新评价了威廉·冯·洪堡特(Wilhelm von Humboldt)等语言学家的著作。尽管(让他非常不爽的是)乔姆斯基的这本书从未真正引起过语言学史研究者们的重视,因为他们倾向于把这本书归类为一本意识形态宣传类的作品,而不是把它归类为是对句法理论发展的一个客观历史评判;它无疑引起了一些人把 TGG 牢牢地定位于思想史范围内的研究兴趣。① 然而,由于乔姆斯基在《笛卡尔语言学:唯理主义思想史之一章》中主要关注的是在 19 世纪中期之前就已经完成的语言学研究,所以在该书中他并未考虑 TGG 自身的实际发展,因而该书也就基本上没有提供有关生成语法诞生的认识问题。让人好奇的是,我们却可以从同一时期"后布龙菲尔德"(post-Bloomfieldian)学派语言学家查尔斯·霍凯特(Charles Hockett, 1916—2000)的作品里捡拾到解读这段发展史本质的若干落穗。到 1960 年代后期,霍凯特在国际语言学界已然成了一位相当孤独的人物。在此之前的 10 年里,霍凯特曾被普遍认为是同代语言学家中占主导地位的人物之一。但是,随着时间的推移,语言学理论开始发生了明显的乔姆斯基转向,而霍凯特则发现自己被边缘化了,过早地成了一个已经消逝的时代的冗余遗物。作为回应,他发表了《最高水准》(*The State of the Art*)(1968)一书,表达了他对乔姆斯基句法理论整体方法的不满。就在他为强烈批判乔姆斯基的句法学做铺垫时,霍凯特回忆起了1950 年代 TGG 发展所在的大背景:

---

① 在为乔姆斯基这本书给出负面评价的书评里,最出名的当属 Aarsleff(1970)。Koerner (1999)的评价则没带感情色彩,更为客观一些,它还提供证据显示乔姆斯基对《笛卡尔语言学》(*Cartesian Linguistics*)所获得的反响的不满,尤其是在第 10—12 页、178 页和 210—214 页。

　　由于没有受到任何明确的引导能让他明了语言学理论究竟转向何方才能获得更加广阔的基础，乔姆斯基不得不依靠自己的才智和喜好，转向逻辑学、数学和哲学等抽象领域，而不是转向科学。如果说哈里斯(Harris)的工作曾经暗示过这两个方向中的某一个的话，那就是前者了。的确，当时我们中间有很多人在追求"严谨"的时候都在热切地注视着数学……这一转变是有理由的，因为语言学(或语言)跟这类学术追求之间当然是有着各种各样的相互关系的，就像它与人类学、心理学和生物学相互关联一样。(Hockett, 1968:36)

当然，并不能说霍凯特是个句法理论史的公正陈述者。这主要是因为他自己积极参与了 20 世纪 50 年代的许多辩论，并且曾经对在语言研究中运用来源于数学的研究方法特别感兴趣。但是他的评论可能还是有些重要意义的。[①] 例如，在回忆之前 10 年语言学家们(并非只是那些与 TGG 有关的语言学家)热切地注视着数学的那个令人迷醉的岁月时，霍凯特使用了第一人称复数代词，表明了相当数量的语言学家都在转向数学，把它视为分析方法的一种可能方向，因为他们感觉到形式科学(对霍凯特来说，指的就是诸如逻辑学和数学之类的"抽象"科学)所使用的具体方法可以赐予语言学理论更大的严谨性。正如 2.3 节将会表明的，"严谨性"一词在这一语境中的使用充满了重要意义。但不幸的是，像他之前的巴赫一样，霍凯特也并没有详细解释究竟数学的哪些分支是特别具有影响力的，也没有指出当时的语言学家是怎样成功地获得

---

　　① 关于霍凯特作品里的一些数学概念，我们会在 5.2 节里进行讨论。

同一时期数学发展中的工作知识的。

20 世纪 70 年代期间，乔姆斯基在语言学史上的稳固地位变得越来越清楚。语言学史的研究者们便开始细细品评起他早期的作品来。比如，约翰·莱昂斯(John Lyons)就在他那本相对非技术性的著作《乔姆斯基》(*Chomsky*)(Lyons，1970)中讨论了 TGG 的若干方面。尽管在这部作品中莱昂斯也当然会讨论认为乔姆斯基的著作引领了语言学研究的新时代(他把《句法结构》描述为一本"虽然简短但却开启新纪元的书"(Lyons，1970：36))，但他同时也热衷于强调 TGG 与后布龙菲尔德学者们所从事的语法研究类型之间的相似之处。例如他曾在文中某处这样写道：

> 乔姆斯基在《句法结构》中所陈述的关于语言学理论的总体观点，在绝大多数方面都与后布龙菲尔德学派的其他成员所持的观点相同，特别是泽利格·哈里斯(Zellig Harris)。尤其应该指出的是，人们可能已经注意到，这个时期尚未看到"理性主义"的任何迹象，尽管这一点构成了乔姆斯基近期作品的特征。他公开承认经验主义哲学家纳尔逊·古德曼(Nelson Goodman)和乌伊拉德·冯·奥曼·奎因(Willard Van Orman Quine)对他所产生的影响，这就表明他认同他们的观点。但是《句法结构》中却并没有概括讨论语法的哲学意义和心理学意义。(Lyons，1970：36)

引人注意的是，莱昂斯本应着重强调理性主义在乔姆斯基早期作品中的明显缺席，而且他也本应把这一缺席与"经验主义"哲学家纳尔逊·古德曼(1906—1998)和乌伊拉德·冯·奥曼·奎因

(1908—2000)联系在一起。然而,尽管莱昂斯在后面（Lyons,
1970:38)再次回到了"乔姆斯基由经验主义到理性主义的思想演
变"的话题,但是他却没有讨论纳尔逊·古德曼和乌伊拉德·冯·
奥曼·奎因的建构唯名论对乔姆斯基早期作品的影响,也没有评
估乔姆斯基后来对唯名论方法的拒绝。相反,莱昂斯的讨论焦点
全部集中在了乔姆斯基 1959 年那段更加出名的对行为主义的批
判上。①

　　另外一本有关乔姆斯基作品的权威性研究(现在却很遗憾地被
忽略了)是费格尔·希尔斯(Finngeir Hiorth)的《诺姆·乔姆斯基:
语言学与哲学》(*Noam Chomsky: Linguistics and Philosophy*)
(1974),它出现于 1970 年代早期。正如书名所示,希尔斯不仅感
兴趣于乔姆斯基作品对语言学的影响,对乔姆斯基研究的哲学启
示意义也有同样的兴趣。因此,他的书对于 TGG 起源的讨论比
先前(以及后来的)大多数研究都要得更加细致。例如,乔姆斯
基 1953 年那篇常常被人忽略的文章就在这本书里得到了(比较而
言)相当细致的讨论。希尔斯总结说,这"未必就能表明乔姆斯基
曾经对形式的、纯符号的、以经验主义语言研究为目的的分析方法
之重要性抱有忠实的信仰。"(Hiorth,1974:35)。在这个语境下,
希尔斯继续考察了建构唯名论对青年乔姆斯基的影响,他评论道:

　　　　在 1952 年和 1953 年,乔姆斯基不但坚信形式方法
　　的力量,而且还相信一种"字符唯名论的"……方法。当

---

　　①　有关乔姆斯基对唯名论的否定,我们会在 5.3 节里详细讨论。参见 Lyons
(1970:83ff.)里有关乔姆斯基对行为主义评价的讨论;也参见乔姆斯基本人在 1959b
里的相关表述。

> 时他思维的倾向性受到了纳尔逊·古德曼和乌伊拉德·
> 冯·奥曼·奎因的影响。"唯名论的"一词的出现并不能
> 反映任何哲学唯名论的成熟思想。就我了解,乔姆斯基
> 后来作品里并没有唯名论的痕迹。(Hiorth,1974:37)

在有关 TGG 的历史文献中,能够这样(简要)提及古德曼和奎因并不常见,惯常的做法是保持沉默。然而遗憾的是,希尔斯没有追溯建构唯名论对乔姆斯基影响的确切本质,而是暗示说在 1953 年以后乔姆斯基完全拒绝了唯名论方法——这一说法是具有误导性的,具体理由我们会在后面第四章和第五章中来尝试进行讨论。不过,当希尔斯考察乔姆斯基对逻辑句法和语义及其相互关系的本质对句法理论之影响的复杂态度时,也可以反映出他对数学与逻辑对 TGG 之影响的兴趣。他把讨论的焦点主要放在了耶霍舒亚·巴希尔(Yehoshua Bar-Hillel)(1915—1975)与乔姆斯基在 1950 年代的交流和辩论上,但也简短提及了鲁道夫·卡尔纳普(Rudolf Carnap)(1891—1970),尤其是他对巴希尔的影响。此后,希尔斯这部厚厚的作品焦点就主要集中在《句法结构》和乔姆斯基自 1960 年代以来所发表的作品上了。

在希尔斯的作品发表之后的第二年,乔姆斯基本人也发表了自己对 TGG 起源的描述。他的相关综述包含在了他为《语言理论的逻辑结构》所写的导论里,这本书的删减版在 1975 年时得以第一次出版。乔姆斯基的讨论非常细致,其中在讨论到关于他自己 1940 年代到 1950 年代的思想发展时,包含了下面的段落:

> 在哈里斯的建议下,我开始作为一名研究生在宾夕
> 法尼亚大学(后来是在哈佛大学)正儿八经地学习起逻

辑、哲学和数学基础来。我对纳尔逊•古德曼有关建构
系统的作品印象尤其深刻。在大体风格上,这部作品与
哈里斯的作品有某些相似之处,而且在我看来这似乎为
关于分类程序(我当时把它当作语言理论的核心内容)的
研究提供了合适的知识背景。但是古德曼对归纳法的持
续批判似乎又指向了另一个非常不同的方向,表明了归
纳法原则中的不足。古德曼关于系统简约性的研究也表
明(至少对我而言)对于语言学理论而言存在非分类法的
可能性。奎因的逻辑经验主义批评也给了我一些理由相
信,这条路线的研究或许是切实可行的。奎因认为科学
理论的诸原则面对的是具有系统复杂性的经验,因此在
各个关节点都可能需要得到调整,并且受诸如一般简约
性这样的因素的制约。(Chomsky,1975[1955]:33)

这一极具启示作用的总结表明,在 1950 年代早期乔姆斯基意识到
建构系统理论的方法论与后布龙菲尔德学者特别是哈里斯所使用
的方法之间有着紧密联系。可惜,正如下文所示,乔姆斯基提到的
"古德曼对归纳的持续批判"似乎让某些语言学史研究者深信,古
德曼是一个拒绝经验主义程序的理性主义者,然而当时的事实却
正好相反。如后面 5.3 节所示,古德曼表面上对归纳的批判,只是
他全力捍卫同一方法的序幕,这一点乔姆斯基非常清楚。奎因一
开始曾是卡尔纳普逻辑经验主义的追随者,但后来他立场的改变
之大甚至超过古德曼,以至到 1950 年代时他对卡尔纳普的方法显
然已经不再抱有幻想。正如上文所透露的,他这个时期的作品直
接影响了乔姆斯基。乔姆斯基的回忆也表明古德曼关于各建构系
统具有的简约性的观点与他本人早期对于语法简约性的关注有着

直接的关联。但应该指出的是,尽管阅读乔姆斯基本人关于他早期作品的这些回忆能够说明很多问题,但乔姆斯基的回忆却并没有揭示什么未曾在其原来的文章和手稿的批注和注脚中暗示过的新信息。

在 1975 年的回忆录中,当乔姆斯基讨论到 1950 年代早期在他的思想形成阶段曾经影响他思想的几个具体数学分支时还出现了另外一个重要段落:

> 或许,对《语言理论的逻辑结构》写作之时波士顿剑桥城知识界的整体气候做些补充说明会比较有用。语言交际和人类行为的交叉学科研究方法当时非常流行……那时,牛津的日常语言分析理论和维特根斯坦的后期作品正在引起人们的极大兴趣。如何把这些方法与奎因关于语言和知识的大胆想法尽可能加以调和,这一问题困扰着很多学生。数理逻辑,特别是递归函数理论和元数学,开始变得越来越普及,这些领域的发展似乎也为更精确地研究自然语言提供了工具。所有这些,我自己都觉得非常令人兴奋。(Chomsky,1975[1955]:39)

这段文字印证了霍凯特关于 1950 年代语言学家"热切地注视着"数学的描述,特别突出了递归函数理论与元数学理论,但是,由于并没有给出细节,所以疑问依然存在。到底递归函数理论和元数学理论的哪些方面引起了当时语言学家的兴趣?有关这些学科的信息是从哪里获取的?是谁使得这些观点得以普及?确切来讲,到底是哪些语言学家对这些话题感兴趣?关于这些方面还有很多悬而未决的问题。事实上,尽管这段文字可以帮助确认各种影响之本质(这些影响也可以在乔姆斯基早期的作品和手稿中探测到),但是也让人灰心,因为它提出了无数进一步的质疑,但却都没有提供答案。

就在乔姆斯基详细记录他如何抛弃"后布龙菲尔德学派"的"分类"法并重构语言学理论的、那部关于 TGG 发展的权威著作出版的同一年,还出现了另外一本似乎是在质疑该语言学理论的著作。这部著作题目是《美国结构主义》(*American Structuralism*),由戴尔·海姆斯(Dell Hymes)和约翰·方特(John Fought)合写;他们对 1940 年代和 1950 年代结构主义研究所做的详细的重新评价,显然是在挖当时被普遍接受的"乔姆斯基的作品引发了句法理论的彻底革命"这一观点的墙脚。海姆斯和方特的主要观点是:并不能把所有的后布龙菲尔德学者都合理地归集到一起,认为他们是追求一种具有内在统一性的研究计划的一个简单群体,因为事实上他们所构成的是一个由不同类别的个体所组成的、成员各异的集合,他们每个人都有着"在各种各样的不同概念和不同兴趣指导下的个人研究方向"(Hymes & Foutght,1981 [1975]:156)。因此,海姆斯和方特认为把乔姆斯基的作品看作是与成分单一的一代语言学家对抗的结果是具有误导性的;与莱昂斯相似,他们颇有几分挑衅地提出:"乔姆斯基 1957 年的作品在很大程度上看起来或许只不过是布龙菲尔德句法研究中的一派(哈里斯的研究)战胜了另外一派(特拉格(Trager)、史密斯(Smith)等的研究)而已。"(Hymes & Foutght,1981[1975]:155)然而,具体到关于 TGG 的起源,海姆斯和方特却并没有详细地探讨形式科学对后布龙菲尔德学派作品的影响,而且,他们基本上忽略了 1940 年代、1950 年代出现的句法理论逐步数学化的现象,所以他们有关 TGG 之源的叙述，尽管给人印象深刻，却是不完整的。

如上所示，海姆斯和方特的作品确实具有一定的挑衅意味。弗雷德里克·纽麦尔（Frederick Newmeyer）深受触动，于1980年出版了其著作《美国的语言学理论：TGG的第一个四分之一世纪》（*Linguistic Theory in America：the First Quarter-Century of Transformatinal Generative Grammar*）。这本书至今仍然被普遍视为是有关生成语法整个发展史（1980年前）的第一部主要的历史研究著作。事实上，纽麦尔自己曾（相当堂而皇之地）声称"我这里所写的，据我所知，是唯一一部既综合叙述了现代语言学理论的形成过程，又对其发展历程进行了详细阐述和解释的作品"（Newmeyer，1980：xi）。然而，纽麦尔把他大部分的注意力都专注于1957年之后的TGG发展，全书八章中只有两章考察了1940年代和1950年代早期出版的句法理论所涉及的研究，并且对于这段研究他的观点显然粗糙强硬，例如，他完全拒绝海姆斯和方特关于所谓"结构主义者"从来就没有真正形成过一个内部统一的整体的看法，而是认为结构主义语言学为由《句法结构》的出版而开启的"乔姆斯基革命"提供了一个统一的背景。又如，他告诉大家说《语言理论的逻辑结构》"完全击碎了语言学理论中盛行的结构主义概念"（Newmeyer，1980：35），但却没有按照这些概念的复杂性对它们予以充分描述。在此语境下，纽麦尔非常粗略地讨论了行为主义心理学，认为与之相关的那类"经验主义假设"（Newmeyer，1980：11）也是结构主义语言学家的典型特征，但却没有尝试把结构主义语言学的"经验主义假设"与卡尔纳普和古德曼所捍卫的、对乔姆斯基早期作品产生过非常深刻影响的逻辑经验主义观点联系起来。事实上，尽管他提到了古德曼作为乔姆斯基的老师的身份，以及由于古德曼的影响而使乔姆斯基能够在1951

年获得哈佛青年团契职位的事情,但却没有讨论古德曼对乔姆斯基思想影响的本质。相似地,尽管他在回应霍凯特时简单讨论了语言建模的统计方法（即 Newmeyer,1980:2）,但是却并没有尝试探讨 1940 年代、1950 年代时数学各分支理论、逻辑和句法理论之间所存在的联系。

　　不幸的是,纽麦尔对乔姆斯基早期作品的讨论亦如他对结构主义学者的讨论一样是具有选择性的。并不让人感到意外的是,讨论的主要重点还是落在了《句法结构》上,虽然纽麦尔声称他所用的文本大多"摘引"自《语言理论的逻辑结构》（Newmeyer,1980:30）。此外,尽管他也提供了对与语法评估任务相关联的简约性概念的简单思考,但却令人费解地忽略不提古德曼关于建构系统的基础简约性的那部著作对青年乔姆斯基的影响;而且他也没有详细考察乔姆斯基发表于 1953 年的处女作,古德曼和奎因的影响因此也被进一步忽略了。这就像是乔姆斯基与建构唯名论（这不可避免地会带着经验的/经验主义的偏见）曾经的交流互动被有意地从 TGG 的历史中抹去了一样。同样,纽麦尔也没有讨论乔姆斯基关于语言理论和逻辑的有关思想,而这些思想就记录在他发表于 1954—1955 年间的两篇论文里;同时,他所提供的事件版本中还有很多其他没能说清楚的地方,例如,未曾详细考察乔姆斯基从卡尔纳普逻辑句法逐渐借用了转换规则的事实,忽略了巴希尔在 1950 年代中期对乔姆斯基的影响,尤其是对他探讨句法分析中递归规则的影响。纽麦尔这本书的修订本出版于 1986 年,但是主要的改动都在第六至第八章,重写这些地方的目的主要是为了提供关于句法理论最新发展（即原则与参数理论、广义短语结构语法、词汇-功能语法及类似理论）的一些认识,而基本上并未尝试更改有关 TGG 早期发展历程的叙述。

　　具有讽刺意味的是，就在同一年出现了第一篇专门针对纽麦尔这一 TGG 历史的"乔姆斯基革命"解读的延伸讨论文章，使得纽麦尔版的这一解读的有效性再次受到质疑；史蒂芬·莫瑞(Stephen Murray)在他的文章"守门员与乔姆斯基革命"(Gatekeepers and the Chomskian Revolution)(Murray，1980)中指出，当时流行的那种关于乔姆斯基曾奋力抗争，想要让那些令人沮丧、态度轻蔑却又占据主导地位的语言学保守派接受他激进的新观点的看法是需要大大修正的。然而莫瑞并非只是借此推出一种新的解读，而是设法获得了一些同一时期的档案，其中包括 1950 年代在颇具影响的《语言》(Language)杂志担任编辑的伯纳德·布洛赫(Bernard Bloch，1907—1965)所保存的通信资料。莫瑞找到的信件表明，布洛赫非但没有为难乔姆斯基，反而积极鼓励他发表其作品，而(并不令人感到意外的是)这一证据引起了广泛的关注，因为正如上面讨论过的，这似乎与乔姆斯基 1975 年的回忆录里所提供的事件叙述有些出入。结果是，莫瑞的文章表明 TGG 与后布龙菲尔德句法理论之间的关系比大家当时普遍认为的要更加紧密；因此他的研究也为当时正在形成的致力于以更加准确的方式来探讨修正 TGG 发展史的运动做出了贡献。不过，尽管有了莫瑞的挑衅性研究，1980 年代相关研究的主要焦点往往还是放在 1957 年之后的理论发展上。例如，乔治·莱考夫(George Lakoff)在他 1989 年的文章"哲学猜想与认知科学"(Philosophical Speculation and Cognitive Science)中，就探讨了 TGG 的解释主义解读与从 TGG 分流出来的理论，即人们所熟知的生成语义学，之间的不同理论假设。如下文所示，这一主题的研究在 1990 年代开始盛行，当时它成了使语言学的某些历史研究者们着迷的话题。

　　上文提到的各类历史研究争议引发了 1990 年代一股关于 TGG 发展史的研究潮流,其中最重要的研究之一是彼得·马修斯 (Peter Matthews)的著作《美国的语法理论:从布龙菲尔德到乔姆斯基》(*Grammatical Theory in the United States from Bloomfield to Chomsky*)(1993)。从马修斯幽默的导论中我们就可以看出,他的基本意图是要质疑那个在 1990 年代早期时被普遍接受,但却是被扭曲夸大了的 TGG 历史观的合理性,而这一历史观主要是受被广泛阅读的纽麦尔著作的影响而形成的。事实上,马修斯把纽麦尔 1980 年的书称作是"TGG 的官方正史"(Matthews,1993:208);如果说纽麦尔版本的叙事确实被当作标准解读而被普遍接受了的话,那么马修斯自己的文本则可以视为是一个具有独到见解的有关 TGG 的别史。如果说纽麦尔是想要(过分)强调乔姆斯基的研究与其前辈学者的不同之处的话,那么马修斯想要做的则是用同等的热枕去矫正这种失衡:他强调的是后布龙菲尔德式的研究与 TGG 之间的相似和关联之处。因而,马修斯笔下的 TGG 经常被描述得好像成了一种由后布龙菲尔德语言学家中的领军人物所追求的某些研究传统传承而来的合乎逻辑的结果;从这个意义上来看,可以把马修斯的研究归类于莱昂斯—海姆斯—方特—莫瑞传统下的修正主义学派。不过,这里我们还是再来看一个例子,马修斯特别注意到了霍凯特早在 1948 年就已经在讨论句法理论的预测性本质这一事实,并进一步证明 TGG 在很大程度上完成了霍凯特的这一具体研究目标。① 然而,尽管马修斯强调了连

---

　　① 　更多详细内容,参见 Matthews(1993:131—134)。

续性,却也像先于他的纽麦尔一样,主要关注的仍然是 TGG 与它之前其他语言学理论之间的关系。结果,TGG 赖以出现的整个知识界环境的全部复杂性并没有得以完整呈现。例如,文中虽然详细讨论了雷纳尔多·布龙菲尔德(Leonard Bloomfield, 1887—1949)和乔姆斯基两人著作中关于语言形式与意义关系的研究,却没有尝试把这些论题与希尔伯特形式主义联系起来进行考察,而在 1930 年代、1940 年代和 1950 年代,希尔伯特的形式主义是一个主导着科学论述的大部分领域并引起包括布龙菲尔德和乔姆斯基在内的很多语言学家关注的元数学运动(正如后面第三章和第四章将会详细讨论的)。另外,尽管考虑到了语法简约性等话题,但却没有提及建构系统理论;而且马修斯也没有追踪古德曼(和/或奎因)对青年乔姆斯基的影响。而缺少了这样的历史评述,任何关于 TGG 简约性标准的讨论都将注定是贫乏无力的。

如上所示,在 1990 年代前半段,有很多研究者开始把关注的焦点置于 TGG 传统的后期发展,而不是它的起源问题上,而 1960 年代出现的"生成语法学家"阵营的分裂也因此引起了极大的关注。例如,兰迪·哈里斯(Randy Harris)在 1993 年出版了《语言学战争》(*Linguistic Wars*),紧接着乔佛瑞·哈克(Goffey Huck)与约翰·歌德史密斯(John Goldsmith)也发表了《意识形态和语言学理论:诺姆·乔姆斯基及有关深层结构的辩论》(*Ideology and Linguistic Theory:Noam Chomsky and the Deep Structure Debates*)(1995);这两本书关注的都是生成语义学在 1960 年代和 1970 年代的兴盛和衰落。不过,尽管其焦点都在 TGG 后来的事情上,不过两本书也都讨论到了 TGG 初期的形式主义发展问题。可惜的是,哈里斯自称他的书是按照"通俗科学"(Harris,1993:

vii)的传统写的,所以他对 TGG 起源的处理过于简单肤浅,因而未能引起人们的重视。他曾试图讨论"形式"这一术语的意义,却既没有提到大卫·希尔伯特(David Hilbert,1862—1943)也没有提到元数学,因而并没有真正探讨将句法理论形式化的后果。相形之下,哈克和歌德史密斯(Huck and Goldsmith)关于 TGG 起源的讨论则更具说服力,其中就包含了下面有关古德曼对乔姆斯基影响的评述:

> 曾对乔姆斯基产生过重要影响的另一位(即除哈里斯外的另一位)老师是哲学家纳尔逊·古德曼。在宾夕法尼亚大学跟着古德曼修过几门课之后,乔姆斯基惊讶于哈里斯的语言观与古德曼的哲学系统观之间在总体上存在的相似性。古德曼称这些哲学系统是"建构性系统"。建构性理论在这方面的重要特征是存在一套衡量系统简单性或复杂性的客观标准。因此,一种语言理论若是一个建构性系统,应该也会受到控制这类系统的各种原则的制约;也就是说,人们可以按照简约性和经济性的标准来对它进行评判。此外,作为一个建构性系统,该语言理论还应该是可形式化的;事实上,如果一种语言要被当作建构性系统来衡量的话,它就必须被形式化,因为只有这样,才能对它相比于其他理论而言表现出来的简约性进行测量。(Huck & Goldsmith,1995:13)

在一部有关 TGG 的历史研究中看到关于建构性系统理论之影响的讨论,即便非常简短也总能让人感到耳目一新。但尽管如此,上面的观点仍有几方面的不足。例如,它没有考量乔姆斯基早

21

期作品中曾探讨过的关于建构性系统经验主义假设的内涵,也没有提及乔姆斯基曾在 1953 年的文章中直接使用过古德曼自己的一个建构系统这一事实。所以,哈克与歌德史密斯的讨论只能挑起人们的兴趣,却不能使人感到满足;但是如果站在他们的角度辩护一下的话,我们应该记得他们主要关心的是 1960 年代、1970 年代意识形态方面的语言学论战,而不是 1957 年之前句法理论的哲学基础。

1994 年见证了由卡洛斯·奥泰罗(Carlos Otero)编辑的论文集《诺姆·乔姆斯基:批判性评估》(*Noam Chomsky : Critical Assessments*)的出版。这部集子充分肯定了乔姆斯基对当代社会与文化的影响,成为乔姆斯基被正式封圣为 20 世纪伟大知识分子之一的重要一步。书中有多篇文章触及到了 TGG 起源的若干方面,但其中最全面的综述可能当属奥泰罗为第一卷《乔姆斯基与1950 年代的认知革命:转换生成语法的出现》(*Chomsky and the Cogntive Revolution of the 1950s : the Emergence of the Transformational Generative Grammar*)所做的序言中所包含的内容,其宣称的目标是要把乔姆斯基的著作置于一个"更普遍的语境"(Otero,1994a:1)中。所以,它所论及的科学话题范围很大,包括相对论、量子力学、计算机科学等。但是,奥泰罗的讨论往往过于简短,以至有若干误导性的观点掺杂其间。例如,他声称怀特海(Whitehead)和罗素(Russell)对数学的逻辑基础的探讨"直接导致了形式主义研究方案的出现"(Otero,1994a:10),而事实上,希尔伯特第一篇关于基础问题的元数学方法(即后面被称作形式主义的方法)的文章早在 1904 年就出现了,比怀特海和罗素的《数学原理》(*Principia Mathematica*)第一卷的出版要早六年。尽管希尔伯特后来的作品确实直接受到了《数学原理》的影响,但奥泰罗的表述明显会给人造成关于事件时间顺序的错误印象。另外一个问题是,由于奥泰罗希望为第一卷收录的论文中所考察的一些话题提供"一个基础"(Otero,1994a:1))的讨论,所以,他本人并没有把他所详细叙述的形式科学的新进展与 TGG 的发展直接联系起来。例如,尽管库尔特·哥德尔(Kurt Gödel,1906—1978)、阿隆佐·邱奇(Alonzo Church,1903—1995)、斯蒂芬·克莱尼(Stephen Kleene,1909—1994)、依米·波斯特(Emil Post,1897—1954)和其他人的研究都曾被(简短)提及,但是奥泰罗并没有尝试讨论那些活跃在 1940 年代和 1950 年代的语言学家们是如何有意识地应用这一派科学家研究的方方面面的。事实上,他对后布龙菲尔德学派的讨论整体保持了一个最低限度上,这就给人一种错误的印象,好像乔姆斯基属于关注数学方法的第一批语言学家之一;而且,由于这些问题也没有在第一卷所收录的任何其他文章里得到进一步讨论,所以这样的错误印象始终都没有能够得到纠正。

1994 年出版的另外一本包含了有关 TGG 起源的详细思考内容的著作是史蒂芬·莫瑞(Stephen Murray)的《北美的理论团体与语言研究:一部社会史》(*Theory Groups and the Study of Language in North America:A Social History*)。尽管莫瑞的这本书主要是一部人类学著作而不是直接的历史整理研究,但是他还是把研究范围扩展到了 20 世纪句法的理论发展方面,而对这方面的研究他从 1980 年代早期就开始了。在该书有关具体讨论 1951—1957 年这个时期的部分,莫瑞的研究再次挖掘出了被人遗忘的信件和文档,为人们了解 1950 年代 TGG 的真实境遇提供了独到见解。然而,尽管他着力攻击关于语言学史的纽麦尔式解读,但自己却没能提供一个关于 1950 年代语言学与形式科学之间关系的解释;不过他的书倒是确实强调了存在于后布龙菲尔德学者与早期生成语法学家之间关系的亲密性,强化了关于 TGG 基本上是已有研究的一个延续这一观点。事实上,很可能莫瑞书中最令人兴奋也最引人深思的贡献来自于他对把生成语法看成一门科学理论表现出的兴趣。由于受到著名的托马斯·库恩(Thomas Kuhn,1922—1966)的著作,特别是《科学革命的结构》(*The Structure of Scientific Revolutions*)(1962)的影响,莫瑞讨论了生成语法作为一门科学理论的地位;尽管他乐于承认 TGG 确实好像满足了一个真正的科学革命应该满足的一些标准,但是他认为这套理论后来的版本却出现了惊人的不足之处。事实上,在谈到 1980 年代后期以 MIT 为大本营的生成语法研究时,莫瑞为读者勾勒的图画因使用了异常责难的口吻而格外引人注目。他把乔姆斯基描述成了一位"垂垂老去的独裁者",并概述了阿谀奉承的"团伙们"如何互相争宠,以期能够模仿"乔姆斯基式的傲然雄辩";他也谴责了整个"MIT 面对各种批判时的专断霸道之风"(Murray,1994:445)。按莫瑞的观点,这种风气导致的主要后果就是,MIT 的语言学更像是一个独裁专制而不是一个科学研究中心;既然形式科学对句法理论的影响是本书的中心论题,那么这些问题中有一些就与本书内容有关,因而我们会在后面再行讨论。

部分地受到在 1990 年代早期就已经出现的那些关于语言学史的新修正主义解释(如马修斯和莫瑞所写)的驱动,纽麦尔将他近期发表的一些文章和评论结为一部专集,于 1996 年以《生成语言学:历史的视角》(*Generative Linguistics:A Historical Perspective*)为题出版。很显然,1980 年以来,人们对语言学史编撰的学术兴趣普遍增长，所以，在 1996 年，纽麦尔感到他可以声称（其宣称的表达法有点不太合乎语法）"生成语法的起源与发展现在是一个热门话题"（Newmeyer，1996：1）。不过，纽麦尔新书中主要讨论 TGG 起源问题的那一章，大体上还是从乔姆斯基革命的角度重复了他早已为人所知的有关 TGG 学史的解读，而他的主要目的也似乎是为了反驳近来对他早期作品的批判。比起马修斯、哈克、歌德史密斯和莫瑞的研究，纽麦尔的论辩常常是令人失望的武断和肤浅。比如，在第二章里他试图提供一个关于 TGG 发展的完整叙述，但是它的讨论却包含了大量晦涩难懂和错误之处。例如，他声称乔姆斯基 1951 年的硕士论文"第一次指出了美国描述主义语言学家的程序堪比卡尔纳普在其《世界的逻辑结构》（*Der logische Aufbau der Welt*）中所提出的研究方案（Newmeyer，1996：15），但无论是在乔姆斯基提交学校的硕士论文中还是后来正式出版的版本中都没有明确提到卡尔纳普的著作。所以，纽麦尔的声称是有误导性的，而且有时看起来是故意的设计，以支持一种简单化了的、事先预设的语言学历史解读，而不是要对真实事件令人迷惑的复杂性进行认真调查研究。

在 1990 年代接近尾声的时候，出现了一大批关于 TGG 历史的具有重要贡献的研究文献。例如，在 1999 年，就出版过一套汇集了众多学者论文的、纪念 E. F. K. 科尔纳（E. F. K. Koerner）的两卷本论文集《现代语言科学的出现》（*The Emergence of the Modern Language Sciences*），该选集中包含了大量具体讨论 TGG 发展的论文，其中最令人兴奋的一篇是丹尼·施坦伯格（Danny Steinberg）那篇，其标题经过了精心设计："乔姆斯基密室里反心灵主义的骨架是如何成为其语法的心理小说的"（How the

Anti-Mentalist Skeletons in Chomsky's Closet Make Psychological Fiction of his Grammars）。正如这个标题会让人联想到的，施坦伯格的基本观点是：1950 年代的乔姆斯基曾是"一个狂热的形式主义者和反心灵主义者"（Steinberg, 1999: 267），尽管在 1959 年后他开始转向理性主义立场（这一基本转变莱昂斯在 1970 年就已经观察到了），却从来就没有完全放弃自己早期经验主义的意识残余。令人惊讶的是，尽管施坦伯格热衷于论证 1959 年之前的乔姆斯基更喜欢的是反心灵主义的句法理论方法，但是却连古德曼和奎因的经验主义对乔姆斯基早期著作的影响都没有提及，也没有讨论乔姆斯基对建构系统的运用，以及在他所论及的这种句法分析方法里所固有的经验主义假设。

自新千年伊始，出现了一大批或整篇或部分关注 TGG 起源的著作。譬如，乔治欧·杰拉飞（Giorgio Graffi）在 2001 年出版了《句法学两百年：批判性调查》（*200 Years of Sytnax: A Critical Survey*），其中就包含了一整节（具体来说是 8.4 节）探讨"生成句法学的出现"的内容。杰拉飞强调了青年乔姆斯基的"科学思想的形成"，然而，尽管他也尝试评估哈里斯、古德曼、奎因和巴希尔的影响，相关的处理却都过于简短。例如，他用一句话就把古德曼和奎因打发掉了，只是说道，他们对青年乔姆斯基影响的主要方面是"他们对归纳（古德曼）和'经验主义教条'（奎因）的批判"（Graffi, 2001: 331）。很显然，这差不多只是羞怯地改述了乔姆斯基自己 1975 年的叙述（上文曾引过）而已，对于相关问题的详细探讨来说毫无贡献。尤其是，他没有提及古德曼对简约性标准的执着沉迷以及这一点曾经（并继续）对乔姆斯基所造成的影响。另外，虽然他讨论了乔姆斯基跟巴希尔就语言理论与逻辑句法学和语义学的关系问题所发生的辩论,但是相关分析基本上只是对主要争论做了一个简短的总结,并未探讨这场辩论所表达的观点与同一时期其他人对数学、逻辑学、形式科学等普遍所持的态度之间的关系。除杰拉飞的评述外,彼得·马修斯在 2001 年出版的《结构主义语言学简史》(*A Short History of Structural Linguistics*)中也回到了 TGG 起源的话题上;尽管这本书延续了马修斯自 1993 年的著作以来关于青年乔姆斯基与后布龙菲尔德学派之间关系的探讨,但是在探讨形式科学对 TGG 起源的影响方面却没有贡献什么重要的东西。

　　以上对现有 TGG 学史研究所做的总结表明,之前的著作都未能就形式科学对 TGG 的发展所产生的影响予以足够重视,最多只是提供了一些偶然的、粗略的概述而已。因此,本书接下来的几章里进行的讨论就旨在纠正这种状况。全书的基本结构可以概述如下。第二章旨在综述导致 20 世纪早期所谓“基础危机”发生的数学领域内的发展状况。首先简单考察与微积分的早期形式相关的一些不合逻辑的问题,接着描述 19 世纪的严谨性运动以及康托尔集合论的出现,而后评估集合论中的各种悖论,并讨论数学基础中存在的危机。对三个主要的基础学派——形式主义、逻辑主义和直觉主义——中的每一个都会做详细的思考。最后还会描述一下把逻辑主义与形式主义的知识信念传播开来的几本有影响力的教科书。在稳妥地确立相关知识背景之后,第三章会追踪一下形式科学在 20 世纪上半叶对句法理论逐渐产生的影响,主要目的是为后面第四章和第五章详细考察 TGG 做铺垫。接下来的讨论主要从几个各自分散但又相互关联的方面入手,考虑到的主要话题有:TGG 之前的语言学家们对公理演绎方法的兴趣,递归定义在逻辑学以及在 TGG 之前的语言学中的运用，建构式系统理论的发展，建设性唯名论的出现，语言学家对逻辑句法和逻辑语义日渐浓厚的偏好，以及人们对在 1940 年代、1950 年代期间语言学已变得更加数学化这一事实的理解。相对而言，第四章和第五章构成了一组关于形式科学对 TGG 发展之具体影响的连续评价。一开始的焦点主要放在乔姆斯基 1956 年之前的著作上，主要考察的问题有他对简约性标准的偏好，将建设性唯名论运用于句法理论的早期信念，以及他对于在语言学分析中使用源于逻辑学的方法的复杂态度。然后把相关讨论的焦点转向乔姆斯基 1955 年到 1957 年的著作，思考若干相关的话题，包括他对随机方法的否定评价、对评价程序而非发现程序的提倡、对建构性系统理论中经验主义思想的拒绝、在自己著作中对建构性方法的使用、他早期的转换规则概念、对递归法则的利用，以及 1957 风格的 TGG 的公理演绎特征等。

行文至此，本篇导论也到了该自然结尾的时候了，但有一点最后还是有必要交代一下。尽管前面的段落里多次出现了诸如"历史研究""后布龙菲尔德学派"这样的词语和"1950 年代"这样的短语，而且实际上这些术语也会显著地出现在接下来的章节中，但如果因此就认定这本书探讨的仅仅是已经变得离奇有趣、如同封存在落满灰尘的博物馆里需要保护并即将绝迹的展品一样的语言学理论的话，那么就大错特错了。相反，这本关于当代生成语法的书里所探讨的各种论题，具有潜在的深刻意义。自 1990 年代早期最简方案（MP）问世以来，这个领域里的大多数领军人物一直用各种不同的办法精简生成语法理论，以期使它缩减到只保留最精要的内容为止，他们拒绝所有可以用更基础的构件来进行重新解读的理论建构方法。有意思的是，很多现在已经被视为是其中最根本的、不可或缺的元素，事实上最初在 1950 年代时是从形式科学中改造过来并为 TGG 理论吸纳的。例如公理演绎法和形式化递归法，以及对于理论内部简约性的普遍关注等，都以不同的形式与生成语法最早的版本联系在一起。因此，它们在该理论的不同当代版本中的继续存在就引起了我们极大的兴趣。尽管在结论部分我们还会用更多的篇幅来讨论这些问题，但在这里还是有必要强调一下本书所考量的话题与当下理论的相关性。实际上我们或许可以这样说，如果打算考察当代生成语法的目标和目的，却不去首先尝试了解该理论赖以发展的知识背景，那么所有的努力都只能因盲目混沌而流于表面，徒劳无果。

　　权且以这些警示的话语来结束这篇导论；既然我们已经为何以要旧事重提做了辩解，接下来就可以着手详细考察语言学理论与形式科学之间的复杂关系了。

2. 分析学的影响

2.1 本章内容概览

本章旨在总结 19 世纪和 20 世纪发生在形式科学内部并最终对 TGG 的发展产生深刻影响的几大运动。因为接下来几章讨论的主要焦点是 TGG 的起源,又因为如果以极端的方式来理解的话,任何探源的研究必然意味着无止境的追溯,因此就有必要选一个任意的讨论起点。在此,我们把 17 世纪晚期微积分法清楚明显地作为一个子集出现在算法程序中这一点作为讨论的起点。因此,2.2 节将讨论微积分的出现,同时也会评述与微积分的出现有关的一些争论以及那些导致了被称之为"分析学"的数学分支产生的其他一些主要的后续研究进展①。2.3 节简单评述人们为给分析学提供一个更加稳妥牢靠的基础而做出的各种尝试,对那些为从数论的基本原理中推导出微积分而做的努力给予了特别的关注。2.4 节总结集合论的发展(集合论的发展源于使算术基础更

---

① 对于这一章所有章节里使用的术语"微积分",我们采用的都是它的标准定义,指的是与微分和积分有关的一整套算法程序,而术语"分析"则用来指代以微积分为基础的技术的各种扩展形式,其中包括微分方程、变分法和多元微积分。

加稳固的需求),同时也考察了由此导致的一些相关悖论。本章其余几节内容将讨论出现于 19 世纪末、20 世纪初的三种主要理论,这三大理论是为应对由集合论所触发的基础危机而出现的,它们为人所知的标准称法分别是逻辑主义(2.5 节)、形式主义(2.6 节)和直觉主义(2.7 节)。作为本章内容的尾声(也是后面一章内容的序曲),2.8 节主要讨论一些主要的教材,这些教材出现于 1911—1955 年间,曾使得很多话题(本章将会考量这些话题)首次在更大范围的读者中间得到普及。特别要说的是,本章所讨论的这些教材起到了一种工具的作用,使得形式科学各分支领域里所提出的各种观点能够在语言学语境之下得以运用。还有一点至关重要,那就是读者应该从整体上认识到,这里思考的所有话题都是直接面向第三章、第四章和第五章中关于句法理论的讨论的。尽管接下来的几节所评述的有些话题与句法理论之间的关系或许并不总是能够立即显现,但是到了最后它们之间的很多联系终会浮现。

2.2　微积分:质疑和分歧

尽管与微积分有关的数学方法在勒内·笛卡尔(René Descartes)、博纳文图拉·卡瓦列里(Buonaventura Cavalieri)、皮埃尔·德·费马(Pierre de Fermat)、布莱兹·帕斯卡(Blaise Pascal)、伊萨克·巴罗(Isaac Barrow)以及很多其他人的著作中都可以找到源头,但可以用来代表微积分公共史开端的一个重要年代则是 1684 年(时点的选择略微有点任意);这一年戈特弗里德·威廉·莱布尼茨(Gottfried Wilhelm Leibniz,1646—1716)发表了他那篇题名为"一种求极大极小的新方法"(A New Method of Maxima and Minima)的文章。这篇文章的重要意义在于以下几个方面的事实:(i)它包含了对微分基本程序的清晰表述;(ii)它介绍了函数积微分法则,函数商微分法则和幂次方法则;(iii)而且正如文章标题所示,它提供了一种关于求解极大值和极小值的全新而实用的操作方法。随着他那"奇妙类型的算法"(remarkable type of calculus)①(Leibniz,1863c[1684]:467)向更大范围的数学社群推介,莱布尼茨 1684 年的论文因此开启了现代数学发展的新时期。两年后,他发表了"关于一种隐藏颇深的几何"(Concerning a Deeply Hidden Geometry),提出了积分运算过程并证明了它是与微分的逆过程;这是极其重要的一个发现,现在人们通常把它称作"微积分基本定理"(the fundamental theorem of the calculus)。众所周知,尽管这些文章构成了对数学发展的重大贡献,但莱布尼茨的结论在很大程度上已经为伊萨克·牛顿(Isaac Newton,1643—1727)所预测。特别是在写于 1664—1671 年间的几篇未发表的论文里,牛顿同样用他自己的概念系统创建过微分算法和积分算法,并且继续在他的数学物理巨著《自然哲学的数学原理》(The Mathmatical Principles of Natural Philosophy)(1687)中广泛使用了这些方法。尽管事实上牛顿和莱布尼茨在各自提供的微积分版本里都得出了相似的基本结论,但两人各自为自己介绍的程序提供了不同概念解释的事实却最终导致了太多让人始料未及的后果。而让人深思的是,两人又都未能为微积分构建一个具有说服力的基础。例如,在其 1665 年的文

---

① "singulare...calculi genus"。

章"一种寻找定理的方法"（A Method for Finding Theorems）中，牛顿使用了符号"0"来表示"无穷小的距离"，并（在括号里！）补充说："除非是从几何学的角度来考查无穷小，否则在这种情况下并不能认为这是一种好的"手段（Newton, 1967[1665]: 282）。牛顿需要像"0"一样的数字，这是因为，当他计算某些类型的导数时得出了诸如以下所示的公式：[①]

$$\nu = 0 + \frac{a}{2} + x \qquad (2.1)$$

因为其中包含"0"的项"必须要去掉"，从而缩减后的公式就剩下：

$$\nu = \frac{a}{2} + x \qquad (2.2)$$

为了完成这个任务，牛顿（态度迟疑地）辩论说，在像（2.1）这样的等式里，"0"变得无穷小，因而可以直接忽略不计（Newton, 1967[1665]: 273）。然而，正如开头所引用过的来自他 1665 年的文章里的那句话所显示的那样，牛顿本人深深怀疑这种推理的合理性，因为他不能确信"无穷小"的概念在完全脱离了几何式表达的算术语境中还有多少有效性。

牛顿始终未能完全打消他早期对于无穷小数字的半信半疑。在 1670 年代期间，他开始换用一种不同的方法来着手解决这个问题，声言实际上微分所包含的量是流动不息的，而不是像他曾经在早年的著作中所用过的那种静态的无穷小数字的量。比如在 1670 年的文章"关于级数和流数的方法"（Concerning the Method of Series and Fluxions）中，牛顿就介绍了处于流动状态

[①]　参看 Newton(1967[1665]: 273)对此例的完整表述。

中的无限小增量，把它们描述为"在无限小的时间瞬间里所增长的量"①(Newton，1969[1670]:80)。这样的文字表述表明牛顿此时已开始把他那些无限小的量看成是不断变化的，并因此开始使用"流数"这一术语。然而，他为了澄清"流数"的概念而提出的一些定义和解释，其含糊程度并不亚于他关于无穷小的解释；无需说，此类含混隐晦的表述对于阐明新微积分算法的这一至关重要的方面并没有起到什么作用。② 不过，对于流数的使用，牛顿自己似乎也并不满意，因为几年后在《自然哲学的数学原理》(The Mathematical Principles of Natural Philosophy)中他又采取了另外一种微积分算法。这一次他没有再提无穷小量或流数，而是谈到极比和极限，并且评论说：

> 量消失于其中时的最终极比实际上并非真的是最终量的比率，而是一些极限，那些无止境地减少的量的比率总是向这些极限收敛趋近，这些量的比值比任何给定的差值都要更接近极限，但是它们决不会超越极限，事实上也不会达到极限，直到这些量无限减少为止。(Newton，1972[1687/1726]:88)

尽管牛顿关于极限的早期概念实际上由新一代的数学家们得到了继承发展，并最终为微积分学提供了稳固基础，但是，正如前面的引文所概述的那样，牛顿本人却并没有能够澄清这种方法内在固有的含混之处。结果就是，他自己所提议的方法其定义依然不够严密，而他则继续主要通过使用几何的(而非纯算术的)手段

---

① "quantitates per singula temporis infinite parva intervalla augentur"。

② 参看 Westfall(1980:131—140)对牛顿流数演算的详细讨论。

和通过强调他所获得的实验结果的毋庸置疑的功用等来为他之所以使用这些定义模糊的数学方法而辩护。

如果说牛顿的含糊定义不够完善的话,那么莱布尼茨尝试为他自己所描述的微积分所作的解释和辩护也并不更有说服力。比如,在"一种求极大极小的新方法"(A New Method for Maxima and Minima)一文里,莱布尼茨就只是宣称他的著作应该可以被熟悉这些话题的人们所理解,从而直接回避了这个问题:

> 对于那些具有这方面经验的人和那些认真思考那个到目前为止尚未被充分强调过的事实的人来说,所有这一切的证明都将是容易的事情;那个到目前为止尚未被充分强调过的事实是:可以认为 dx, dy, dv, dw, dz 和与其相对应的 x, y, v, w, z 的瞬时变化差值(无论是递增还是递减)之间是成比例的。(Leibniz, 1863c[1684]:223)

可是,莱布尼茨接下来也并没有为这些"瞬间差异"提供解释,也没有停下来做进一步的讨论或者澄清工作,而是立即开始介绍起微分的基本理论来。他希望那些拥有共同知识的专家可以与己心照不宣,产生共鸣,然而不出所料,这种乐观的呼吁实际上并没有使怀疑者们信服,莱布尼茨的方法很快便受到了猛烈攻击。比如,伯纳德·牛文提特(Bernhard Nieuwentijdt)就在他 1695 年的文章里批判了莱布尼茨对无穷小数的使用;而作为回应,莱布尼茨也仅仅是(相当无力地)对那些太过细心谨慎的批评者进行了一通指责而已。[①]

---

① 参看 Leibniz (1863b[1695]:332)里莱布尼茨对此的全部回应。

不出所料,随着微积分的发展以及随之而来的无法避免的有关首创权的争议,相关学者也在 17 世纪后期开始确立起各自的不同传统,他们大体上要么与牛顿所描述的微积分有关,要么与莱布尼茨的有关。大体上来看,这种分野具有一定的国别性,在英国起领军作用的数学家约翰·兰登(John Landen)、布鲁克·泰勒(Brook Taylor)、科林·麦克劳林(Colin Maclaurin)等继承发展了牛顿的流数处理法,而欧洲大陆的数学家雅各布·伯努利(Jakob Bernoulli)、约翰·伯努利(Johann Bernoulli)、莱昂哈德·欧拉(Lepnhard Euler)等则牢固地延续和扩展了莱布尼茨的工作。[①]

不过,尽管存在各种各样的派别分野和观点分歧,微积分还是迅速成为某些数学圈子里的主导性研究话题。也就是在 18 世纪期间,那个被称作分析学的数学分支开始形成了,在很大程度上来说,这正是由于微分方程、幂级数和变分法等理论产生的重要进展而取得的一个成果。这些进展常常与那些引人注目的实验结果有关,虽然它们的基本理论还欠缺清晰的基础,但却往往被视作是可以证明其基础方法之有效性的充分证据。尽管这些新分析法的务实的实践者们大多都满足于这种现状,但不难理解的是,仍然有很多领军式的知识分子为以下事实感到忧虑,那就是,分析学居然是建立在如此不牢靠的理论基础及其自 17 世纪以来就已经开始受到攻击并且每况愈下的可信度之上。可能其中最激烈的批评当属乔治·伯克莱(George Berkeley,1685—1753)了,在其权威论著

---

① 从 Struik(1969)尤其是其第三节里,我们可以找到为 18 世纪分析的发展做出过贡献的一个有用的论文集(英译本)。尽管英国传统和欧洲传统的两派学者经常互相充满了敌意,但他们之间的互动似乎要远比人们认为的更加频繁。参看 Boyer(1949)(第六章)、Guicciardini(1989)以及 Fraser(1997)对这些复杂问题的详细讨论。

《分析学者》(*The Analyst*)(1734)中,他淋漓尽致地讽刺了那些毫无批判性地接受了微积分学所提供的程序的数学家们,指责他们心甘情愿地接受了逻辑荒谬,而此类逻辑荒谬若是出现在基督教教义中,他们肯定会立即开始嘲讽。他把攻击对象主要集中在未能准确定义的无穷小量上,并令人难忘地把它们称作"消失量之幽灵"(Ghosts of departed Quantities)(Berkeley,1992[1734]:199)。尽管伯克莱的批判最为鞭辟入里,可能也最有影响力,但却并非是独一无二的;同样明确地给出过负面评价的还有包括皮埃尔·伽桑狄(Pierre Gassendi)和皮埃尔·贝尔(Pierre Bayle)等在内的其他人。

渐渐地,当类似的批判影响越来越大、数量越来越多的时候,这门最受景仰的现代数学分支的知识可信度很明显已经受到威胁。不难预料,那个时代前沿的数学家们对这种情形很不满意,作为回应,他们开始致力于(再次)证明分析的有效性。他们使用了各种各样的方法。例如,在《微分算法基础》(*Foundations of Differential Calculus*)(1755)中,莱昂哈德·欧拉(Leonhard Euler,1707—1783)就尝试抛弃了微积分算法的几何基础(这是牛顿遗产的一个组成部分),转而把基础建构在函数理论之上。这样做的结果是,他的方法比他的前辈学人们更具系统性,因为他对所有的基本函数以及它们各自的导数和积分都进行了全面的研究。但遗憾的是,他仍然未能充分处理无穷小的概念。他只是把它们称作"无穷小量"的比率(Euler,1912[1755]:69),却未能说清楚这到底是什么意思。无穷小的概念在整个18世纪的后半期继续带来很多绝非无关紧要的问题,不过,还是有一个重要的进展被让·勒朗·达朗贝尔(Jean le Rond D'Alembert,1717—1783)大

致预见到了，他复活了牛顿关于极限的那个含混概念，并在 1754
年的一篇题目为"微分"（Differential）的文章中争辩说，如果能够
给予清晰的定义，那么使用这样的极限将可以为整个分析学提供
一个更加牢靠的基础。尽管这个想法最终实际上启发了 19 世纪的
整整一代数学家，却未能受到达朗贝尔同时代的数学家们的重视。
事实上，约瑟夫·刘易斯·拉格朗日（Joseph Louis Lagrange，
1736—1813）在陈述他自己版本的微积分时，就既拒绝了莱布尼茨
的无穷小的概念，又拒绝了达朗贝尔的极限的概念。拉格朗日主
要是通过"散论一种新方法"（Essay Concerning a New Method）
（1760）一文连贯一致地清晰描述了他自己的研究方法，在该文中
他尝试在一种纯代数的框架下来讲述（由欧拉提出的）变分法。
18 世纪的最后几年里所表现出的主要特征就在于出现了各种不
同的研究提案，它们都试图把分析学定位在一个稳固的、合乎逻辑
的基础之上；然而，尽管存在如此众多的不同研究提案，其结果却
只不过加剧了人们整体的忧虑感而已。

2.3　严谨性、算术与公理

正如 2.2 节所示，18 世纪时与分析学发展有关的各种分歧和
争论是由于其概念基础的逻辑性令人生疑而直接诱发的。因此，
19 世纪伊始，就有很多数学家开始改进他们的招数，尝试用毫不
含混的方式来确立分析的有效性。而奥古斯丁-路易·柯西
（Augustin-Louis Cauthy，1789—1857）则被证明是其中最有影响
力的改革者。他对这个问题所持的整体研究思路首先在《代数分
析》（*Algebraic Analysis*）（1821）中提纲挈领地进行了陈述，之后

又在《无穷小微积分教程》(*Lesson Concerning the Infinitesimal Calculus*)(1823)和其他文献中做了进一步详细的论述。按照伯克霍夫的说法,这一成果在微积分的发展史上"标志着一个新时代的黎明"(Birkhoff,1973:1)事实证明柯西的研究提案也的确产生了极大影响。从根本上讲,柯西相信只要把分析建立在数论所提供的基础上,就可以使其安然无恙,而他著作的一大特点就是不断重复地表达对于严谨性的向往。例如,在《无穷小微积分教程》的前言中,柯西就谈到他的主要目的是要"通过由对无穷小(quantité infiniment petite)的直接思考而获得的简约性……来与严谨性保持一致"(引自 Birkhoff,1973:1)。正如格拉比纳已经表明的那样,在此情境之下,19 世纪早期的数学"严谨性"一般要求遵循三段式研究法:

> 首先,关于研究对象的每一个概念都必须用那些性质已为人所熟知的其他概念来进行明确定义……;第二,定理必须被证明,而且,证明的每一步也都要或者用一个之前已经被证明了的定理,或者用一个定义,或者通过一个表述明确的公理来加以解释说明……第三,所选择的概念和所证明的定理都必须足够广泛到能够支持属于这个研究对象的全部有效结论。(Grabiner,1981:5)

从本质上来讲,这表明柯西最重要的贡献之一就是将关注焦点放在公理-演绎方法上。后面几节将要讨论到,正是这种对演绎法和对有效的证明方法的关注导致了 19 世纪末的公理学热潮,而这反过来又继续影响了 20 世纪语言学的发展。

简言之,柯西的基本策略就是要通过把分析建立在数论的基础之上来确保它的稳妥牢靠,并且为基本定理提供更为严谨的证明。这一总体方法带来了许多后果。例如,由于柯西强调证明在数学论辩中的作用,因此他似乎破坏了一个由来已久但却可疑的传统,那就是,要想证明一种特定理论技术的使用是合理的,就需要强调所获得的实验结果是具有明显功用的。而在柯西的框架里,分析却必须是不提及实际功效就可以合理解释的。另一后果跟他所理解的分析与逻辑的关系有关。由于柯西的研究课题对严谨性的要求增加了,他常常不得不为他所竭力证明的定理寻找充分和必要的条件,而因为决定这些条件的任务主要是通过逻辑演绎完成的,所以不难想象他的工作本身就昭示了逻辑与算法的关系,这间接地鼓励了在逻辑系统中所进行的数学的而非纯哲学的研究(尽管这些学科是有明显交叉的)。① 在此顺便提及的是,应该注意到尽管柯西对于严谨性的强调(在一定程度上)是全新的,然而他同时也极大地借鉴了之前那些最杰出的前辈的工作。例如,为了建构微分和积分的定义,他沿承达朗贝尔的做法,使用了一种极限的概念,而这反过来又使他能够把欧拉提倡的函数理论与泰勒等学者探讨的有关无限极数的收敛的理论统一起来。② 也就是说,柯西基本上成功地综合了人们在 18 世纪时提出的各种关于分析的相互对立的理论方法,因此为在国际数学界的成员之间达成更大的一致铺平了道路。

如上面提到过的,柯西的作品被证明在整个 19 世纪都极具影

① 参看后面第 2.5 节里对于 19 世纪逻辑学发展的简短总结。
② 有关柯西对 19 世纪分析学革命的贡献的综述中最权威的当属 Grabiner (1981)。此外,Grattan-Guinness(2000:64—68)也把柯西观点的发展与逻辑学和集合论放在一起进行了讨论。

响力,而他最有力的继承者包括卡尔·魏尔斯特拉斯(Karl
Weierstrass,1815—1892)、理查德·戴德金(Richard Dedekind,
1831—1916)和乔尔格·康托尔(Georg Cantor,1845—1918)。
这些人都参与了那一有时被称作"分析算术化"的运动;而这个运
动指的正是(由柯西开始的)尝试通过把分析的基础建立在数论基
础上,从而保证其基础的稳妥性的研究方案。特别是魏尔斯特拉
斯,他在完成柯西把非逻辑性和模糊性剔除出微积分核心的心愿
方面提供了极大的助益。在柏林大学 1858/1859 学年进行的系列
讲座中,魏尔斯特拉斯开始了对于分析基础的考量,而这一考量最
终为极限提供了 $\in$-δ 的基本定义,并且为相应的微分和积分提供
了至今仍在沿用的定义。[①] 然而,正如魏尔斯特拉斯也明白的那
样,把分析建立在数论基础上这一任务显然要预设后者是稳妥可
靠的,所以,19 世纪中期到后期,有大量的研究都把精力放在探究
算术基础的任务上。这个时期经常(某种程度上是有害地)假设实
数本身是定义良好的,而无理数和复数则需要补以条理分明的详
细说明。与此相应,戴德金于 1872 年出版了一个标题叫《连续性
与无理数》(*Continuity and Irrational Numbers*)的小册子,在该
书中,他提供了一个关于无理数的详尽定义。他所使用的方法需
要创造一个他称之为"切"(Schnitt)的技术程序,用以把连续的数

---

① Dugac(1973)和 Manning(1975)对魏尔斯特拉斯作品的各个方面进行了很好
的研究。但作为一个题外话我们应该提到的是,亚伯拉姆·鲁滨逊在 1960 年代提出
了"非标准分析"的概念,打破了数学界关于微分和积分定义的统一认识。这一理论为
莱布尼茨无限小的概念提供了理论模型基础,因而恰好使得实际上已经被魏尔斯特拉
斯所推翻的微积分概念基础得以复活。请看看 Robinson(1996)及 Dauben(1995)对这
一有趣进展的进一步讨论。

线切分为两个类,该方法最后成了数论中的一种标准程序。[①]

　　1870 年代至 1880 年代期间,戴德金继续对数论的各个方面进行深入探索,焦点也越来越集中在了有理数方面。1888 年,他发表了那篇后来变得非常出名的文章"数是什么? 数应该是什么?"(What are the Numbers and What Should they Be?)在这篇文章里,戴德金为完成定义有理数的任务勾勒出了一种公理化的方法。这种方法与柯西发起的趋向更大严谨性的运动是完全一致的,因为如前文提及的那样,在 19 世纪期间,公理化系统越来越多地为那些关注基础问题的数学家们所用。而奇奥赛皮·皮亚诺(Giuseppe Peano,1858—1932)则发展延伸了戴德金的数论研究;在他的《算术的原理》(*Principles of Arithmetic*)(1889)里,皮亚诺从有关正整数的公理中推导出了有理数。有了皮亚诺的工作,离可以宣布"数论的基础是安全稳妥的"[②]似乎已经很近了。

　　既然有了上面所总结的受同时代学人的影响而产生的先入为主的看法,那么康托尔自从业伊始就对数论基础产生兴趣也就没什么好惊讶的了。事实上,他最早期的文章就完全致力于探索和延伸这个方面的工作,该领域的工作在很大程度上已由戴德金和其他人完成。[③] 不过,在 1870 年代,由于受到他本人有关数论研究的启发,他开始形成了新的想法,也因此开始走上一条漫长的知识旅程,并引领他建构起现代集合理论的基本原理。而从很大程度上来说,诱发 20 世纪早期从核心层面使数学发生动摇的有关基

---

① 参看 Hrbacek and Jech(1984:100—102)里对"戴德金分割理论"的解释。

② 此处引号是译者为方便读者理解所加。——译者注

③ 参看 Dauben(1979)特别是第二章对康托尔数论研究的精彩介绍。

础的那个危机的也正是集合论,因此就有必要来简要总结一下康托尔所提出的这个概念体系中的一些基础性的议题。

2.4 集合论及若干悖论

正如上文已表明的那样,康托尔的《集理论》(*Mengenlehre*)(这是他为最终成为现代集合理论之组成部分的一系列定义和操作所取的名字)起初受到了戴德金、波恩哈德・黎曼(Bernhard Riemann,1826—1866)和爱德华・海涅(Eduard Heine,1821—1881)关于三角级数研究的启发。尤其要注意的是,作为其研究尝试的一部分(其研究结果发表于 1867 年),黎曼对那些拥有无数转折点值(即极大和极小)和/或间断点的函数进行了检查讨论(Riemann,1990[1867]),该著作提出了很多悬而未决的问题。海涅则在 1870 年用同样的方式考察了与三角级数函数的收敛有关的各种问题,他的研究要求有一个位于实数轴的无穷个点的概念(Heine,1870)。由于受到这些关于数的理论思考的启发,康托尔在其 1872 年以前的文章里拓展并改进了其中的一些想法。不过,他旋即意识到,过去那些数字理论家们对于数学对象的无穷集合体的概念处理得太不正式,甚至那些和柯西-魏尔斯特拉斯的严谨化方案有关的人也是如此;而这些概念又是充分定义实数轴所必须用到的。因此,在 1872 年到 1895 年发表的一系列文章里,康托尔逐渐发展了一套以集合(Menge)概念为基础的关于数论的研究方法。他的想法逐渐演变,然后在几个重要的时间点其思想发生了汇合。例如,1874 年他发表了首篇专注于集合论的文章,就是一件非常重要的事情,就像 1883 年他那部里程碑式的巨著《一般集合论基础》(*Foundatins of a General Theory of Manifolds*)(亦即:"manifolds"解读作"集合")的出现一样,该著作概括了直至今日仍然是该理论主要内容的各个方面。不过,可能他最具影响力的文章还要数"对超穷集合论基础的贡献"(Contributions to the Foundations of Tranfinite Set Thoery)。该文发表于 1895年,随后即在整个国际数学界广泛传播开来。但是要在此对集合论的逐步发展进行详尽讨论既不具可行性,也非本书所愿,所以接下来的总括性内容就将仅限于介绍该理论中与后面几节将要详细考察的话题有关的那些方面。①

按照康托尔的理论传统,集合可以被视作一个由很多对象组成的聚合体;一个已知的集合构成了一个单一的实体,而它所包含的元素则可以称作该集合的"成员"。例如,若用现代的概念来表达,则表达式"A={α,β}"意味着,A 是一个包含了元素 α 和 β 两个成员的集合。有时,集合也可以通过详细说明其成员属性的方式来定义。例如,表达式"C={x|x 是一个偶数}"指的是 C 是偶数的集合,其中符号"|"可以理解为意指"满足这样的条件"。集合成员的资格属性可以用符号"∈"来表示(即,"α∈A"指的是 α 是集合 A 的一个成员),而符号"∉"则被定义为与"∈"相反(即,"γ∉A"是指 γ 不是集合 A 的一个成员)。康托尔还介绍了现在被称为并集("∪")、交集("∩")、差集(又称补集)("\")的集合论的基本运算法。另外,他还定义了子集的概念:如果 A 和 C 都是集

---

① 参看 Dauben(1979)(第十章及第十一章)、Jech(1991)以及 Grattan-Guinness(2000)(第三章)对康托尔集合论的更多详细介绍。参看 Hallett(1984:1—11)为相关问题所做出的简短而深刻的总结。

合,那么如果集合 A 的每一个元素同时也是集合 C 的一个元素,但并不是集合 C 中的每一个元素都是集合 A 的元素的话,就可以说集合 A 是集合 C 的一个真子集(即用符号表示为"A⊂C")。康托尔也介绍了幂集的概念:如果有一个集合 A,那么集合 A 的幂集就包含了集合 A 所有可能的子集,用符号表示为"P(A)"。虽然如此种种的概念和运算,在有穷域里似乎并无妨害,但康托尔提出这一理论的动机之一,就是要制造一套用以处理实数轴上无穷个点的集合的方法。因为他把集合看作是一个独立自足的整体(也就是说,它既是一个由若干个体构成的集合体,同时它本身又可以在整体上被当作一个单个的实体来处理),所以,他只要将有限集的概念进行扩展,就可以用来探讨无限集的概念。例如,如果 A={x|x 是一个偶数},那么很明显,集合 A 包含了无数个元素,因为它包含了所有的偶数。最后,按照这种推理,康托尔得出了一个令人惊讶的结论:并非所有的无限集都大小相等。为了证明这一点,他使用了一一对应的概念。例如,可以举个例子来看怎样利用对应原则,以证明两个集合大小相等:因为整数集的元素 I={1,2,3,...}可以和偶数集的元素 E={2,4,6,...}一一对应起来,所以可以认为这两个集合大小相等,但这显然违反直觉,因为 E⊂I。这个结果表明,至少在集合论里,部分是可以等于整体的。

康托尔关于无限集的研究产生了被称为"超限算术"的数论分支。如上所示,他基于集合理论的基础的形式化探索,致使他考虑到存在不同大小的无限集的可能性,而为了更充分地查验这一点,他引入了超限基数和序数。假如有一个有限集 A,其中 A={α,β}的话,那么 A 的基数是 2(用现代概念表示,"|A|=2"),这是因为 A 包含有两个元素。同样的想法可以延伸到无限集中,康托尔引

入符号"$\aleph 0$"(阿列夫零)来代表与整数集有关的基数(也就是说,如果 $I=\{1,2,3,\ldots\}$,那么 $|I|=\aleph 0$)。到 1890 年代中期,康托尔已经讨论了超限基数的各种属性,特别是他成功地证明了一个给定集合的幂集一定会有一个比原始集合自身更大的基数,这个看似无害的定理却将会在 20 世纪早期产生无法预料的后果。超限序数(康托尔也曾介绍过的)原则上与超限基数相似,不同之处在于它们只能在那些元素已经按事先定义好的顺序被组织起来的集合里求得。因此,康托尔使用了符号"ω"来代表与整数集有关的超限序数。因为在康托尔算术里,数是通过给已有数加"1"的生成程序产生的;康托尔意识到,只要把同样的程序运用到 ω 中,就可以求得无穷的序数。按照这种方法,就可以产生下面的无限序列:

$$1,1+1,\ldots,\omega,\omega+1,\ldots,\omega^2,\ldots,\omega^\omega,\ldots \qquad (2.3)$$

由于这些序数指的是对应集合的大小,由此自然也就可以构建出无数大小不同的无限集了。

不可否认,康托尔的集合论是一种很能刺激人们论辩欲的理论,所以很快就引起了争议。不过,它却很受那些关心算术分析任务的数学家们的青睐,因为它似乎提供了一个切实可行的框架,可以用来确保数论基础的稳妥牢靠。因此,康托尔的工作在其他研究者那里得到进一步精密细化,开始在很多不同的数学分支里被当作一种理论基础使用。毫无疑问,这一理论在后康托尔学者中间的发扬光大,主要归功于恩斯特·策梅洛(Ernst Zermelo,1871—1953)和阿多夫·费恩科(Adolf Fraenkel,1891—1965),他们成功地为集合论的概念提供了公理基础。事实上,他们提出的号称"ZF"的公理化集合论,至今仍然在规范意义上被当作现代经

典集合理论的基础来使用,它也使得这一学科兴旺发达,成为 20
世纪数学理论中一个高度精密的分支。[①] 然而,尽管那股对集合
理论盛行一时的狂热成了 1890 年代中期一个显著的时代特点,康
托尔自己却很快就开始觉察到他工作中存在着一些明显的弱点,
而且这些问题似乎都集中在其理论中与超限有关的方面。例如,
在 1899 年写给戴德金的一系列信件里,康托尔思考了包含所有集
合的那一集合的逻辑有效性问题,并且论辩说:既然这个集合包含
所有其他的集合,那么它的超限基数一定会大于任何其他的超限
基数。但是,既然某一集合的所有子集的集合必须有一个比这一
集合本身要大的基数(对此他先前已予证明),那就意味着还有一
个比最大的基数还要大的基数(Cantor,1937[1899])。这一悖论
促使他提议,包含了所有集合的集合以及与之相关的基数不应该
包括在本学科的讨论范围内,因为这个概念尚不清楚一致。因此,
他开始(有点含糊地)说到了一致集和不一致集,后者就包含了那
些导致悖论的集合。

　　和这一悖论的发现一样使人忧心的是,康托尔后来意识到,问
题还不仅仅是局限在超限基数上,他开始发现在超限序数理论中
也存在始料未及的不一致性。如上面所提到的,超限算术的一个
基本定理认为:所有小于等于 n 的序数的集合,其序数都大于 n,
而且与序数集 $\{1,2,3,\ldots,\omega\}$ 有关的序数是 $\omega+1$。因此,所有序数
的集合就应该与大于该集合里最大数的一个序数联系在一起。但
这显然是一个矛盾,因为这个集合已包含了所有的序数。康托尔
在 c.1896 年向希尔伯特表达了这一忧虑。因为凯撒·布拉利-福

----

① 参看 Johnson(1972)有关 20 世纪集合论的更多详细信息。

蒂(Cesare Burali-Forti,1861—1931)在之后的一篇文章中曾探讨过这个问题,因此该问题后来又以用凯撒·布拉利-福蒂的名字命名的"布拉利-福蒂悖论"而著称。这些问题(它们或许是些"悖论")传到数学界的时候引起了很大的不安:如果集合论本身显然已经含有内在的不合逻辑性,它又怎么能为数论提供一个稳妥可靠的基础呢? 事实上,这些源自超限算术的难题极大地激发了关于加固数学基础的种种研究提案的提出,它们最终汇聚成了我们后来所熟知的三大主导思想体系(但这种概括可能过于简单化了):逻辑主义、形式主义和直觉主义。由于这些哲学-数学运动最终影响了 20 世纪语言学的发展,那么就有必要分别对它们进行一番仔细的思考。

2.5 逻辑主义

尽管整个逻辑的源头是在古代,但现代符号逻辑获得其发展的重要原动力则是在 17 世纪。那个时候,莱布尼茨正开始思索一种可以用来澄清所有论证并解决所有分歧的普适性符号语言的可能性,正像他在《论组合的艺术》(*Dissertation Concerning the Arts of Combinations*)(1666)中所提议的那样。但莱布尼茨的想法仅仅在那些直接师承于他的后辈学人中得到了断续性的继承,而针对逻辑所进行的更集中也更充满雄心的论述直到 19 世纪初才开始出现。在英国,奥古斯德斯·德·摩根(Augustus De Morgan,1806—1871)、乔治·布尔(George Boole,1815—1865)和弗朗西斯·布拉德雷(Francis (F. H.) Bradley,1846—1924)为关系逻辑做出了巨大贡献,他们探讨了逻辑、代数和概率理论之间的联系;在德国,赫尔曼·格拉斯曼(Hermann Grassmann, 1809—1877)和恩斯特·施罗德(Ernst Schröder, 1841—1902)推进了逻辑算子的理论,澄清了恒等关系的本质;同时,在美国,查尔斯·皮尔士(1839—1914)糅合了布尔和德·摩根的思想,从而创造了关于关系的布尔逻辑,而为此他需要采纳命题演算的基本原理。[①] 不过,尽管这些各式各样的研究趋势都扩大了符号逻辑的范围和影响,但是第一个提出逻辑可以为算术乃至(再扩大一下范围的话)整个数学提供一个可靠基础的人则是戈特洛布·弗莱格(1848—1925)。在他第一本完全专注于逻辑研究的著作《概念文字》(Concept-Script)(即 *Begriffsschrift*,出版于 1879 年)中,弗莱格提出了一个复杂细致的逻辑系统,其中包括真值函数命题演算、作为函数和变量(而非传统的主谓分解)的命题分析、存在量词和全称量词的基本理论,还有完全建立在语句的表达-形式上的推导的使用,以及无数后来成为经典逻辑标准部分的其他步骤和方法。不过,直到他的下一部重要著作《算术的基础》(*Foundations of Arithmetic*)出现时,弗莱格才明确表示,他在《概念文字》中所描绘的逻辑系统类型可以用作算术的基础。在《算术的基本原理》(*Fundamentals of Arithmetic*)(1893)中,他对这一大胆主张继续进行了更彻底的探讨。他的这一大胆主张极大地引发了后来成为

[①]　参看 Kneale & Kneale(1962)和 Grattan-Guinness(2000)(第四章)关于逻辑学发展的综述。

49

20世纪早期符号逻辑研究主宰的逻辑主义运动。①

1880年代期间,正当弗莱格发展他的逻辑数学哲学时,皮亚诺则在意大利忙着发扬光大布尔、格拉斯曼和施罗德的研究,进而建立他自己的符号逻辑体系。在他那部力作《算术原理》(上文2.3节曾提到过)中,皮亚诺(像弗莱格一样)辩称说,算术应该可以在逻辑所提供的基础上得以建构。为了实现这一目标,他开始设计一套内部一致的概念系统,以便能够利用一种逻辑符号语言把数学公理化。此外,皮亚诺最重要的贡献之一是,使逻辑脱离了19世纪中期占主导地位的纯代数传统,而这(部分地)是通过考察逻辑与康托尔集合论之间的关系来实现的。② 逐渐地,皮亚诺的研究在国际上得到越来越多的关注,这也得益于他参与了1891年 *Rivista di Matematica*(即《数学评论》(*Mathematical Review*))期刊的创立,这使得他的思想(以及他越来越多的弟子的思想)能够更容易地得到传播。

这种从符号逻辑简洁的基本要素中推导出整个算术(以至整个数学)的运动,在阿尔弗雷德·怀特海 (1861—1947) 和伯特兰·罗素 (1872—1970)的著作中达到了登峰造极的地步。怀特海在提交了那篇关于詹姆斯·克拉克·麦克斯韦电磁学理论的博士论文(现已遗失)后,于1884年获得了剑桥三一学院的教职。而

① 参看 Baker(1984)和 Dummett(1991)给出的关于费雷格的逻辑系统的更多信息。随着20世纪的发展,费雷格逐渐被分析哲学家所"占用",被定位成一名分析哲学家,但近来有人尝试重新肯定费雷格作为一名逻辑学家和数学家的身份,详情请参阅Grattan-Guinness(2000:177—199)。

② 相比于其他与基础问题有关的逻辑学家的作品,皮亚诺的作品显然是被忽视了。参看 Grattan-Guinness(2000)第五章所做的较为详细的综述。

他对符号逻辑的兴趣是在 1890 年代逐渐形成的,当时他正在写作《论普通应用代数》(*A Treatise on Universal Algebra with Applications*),该书最终出版于 1898 年。这个时期,他参与了罗素关于几何基础的论文的评阅,所以这两位未来的合作者最初相遇时是以老师和学生的身份见面的。罗素早期对数学哲学的兴趣是受他最初尝试把几何学基本原理公式化的激发而产生的,而直到 1897 年他才开始认真投身于符号逻辑的研究。[①] 在此之前,在学习布拉德利的《逻辑的原理》(*The Principles of Logic*)(1883)时已经激发了他对这一主题的兴趣,而在 1897 年之后,他则有意地、迅速地加快了把自己变成一个羽翼丰满的逻辑学家的步伐。在 1897—1910 期间,他联手怀特海开始综合康托尔、弗莱格和皮亚诺(还有其他人)的研究,大胆尝试要从一个数量很小的、不证自明的逻辑公理集中推导出整个数学。他们直接追求的正是后来为人所知的逻辑主义研究方案,而关键则是,怀特海和罗素对符号逻辑理论的很多贡献,都是受到与集合论有关的各种悖论的促动而完成的。

　　罗素 1895 年得到了那本《一般集合论基础》(*Foundations of a General Theory of Manifolds*)的活页小册子,这是他第一次接触到康托尔的集合论;在 1896 年到 1897 年间,他仔细研读了康托尔的作品,后来直至 1899 年,他对康托尔基本方法的有效性是基本信服的。但问题也随之开始出现。1900 年 11 月,罗素在康托尔作品中发现了一个"谬误"(现在一般称为"罗素悖论"),这个谬

---

　　① 参看 Clark(1975)(第五章)和 Hylton(1990)(第三章)里有关罗素知识发展历程的更多详情。

论可以用下面的问句来简要表述:假如有一个集合 S,它是所有不以自身为元素的集合所组成的集合,那么 S 到底算不算自身的元素? 这个问题的答案是自相矛盾的:因为如果 S 是自身的一个元素,那么就(明显地)说明它不是自身的元素;反之亦然。受这一不合逻辑的问题的困扰,罗素于 1900 年代早期开始刻苦收集类似悖论,还经常给它们起上各种名字(如"骗子悖论""贝立悖论""布拉利-福蒂悖论"等),而他为自己和怀特海追求的研究方案所设定的部分任务就是要根除集合论中的这些悖论。1903 年发表的《数学原理》(*Foundations of Mathematics*)包含了罗素首次对这个意图的清楚表达。在该书的引言里,罗素表明自己的"基本教义"(他把这和莱布尼茨联系了起来)是:"所有的数学都是用来自逻辑原理的逻辑原理进行的演绎"(Russell,1938[1903]:5)。而且,在随后的文本中,他又继续更加精确地阐释了自己的信条:

> 数学与逻辑的联系……是异常紧密的。我相信,所有数学常量都是逻辑常量,数学的所有前提都与这些有关,这样的事实正好准确地说明了哲学家们断言数学是一个先验之物(a priori)[原文如此]时所要表达的意思。事实就是,逻辑的装备一旦被接受,所有的数学一定会随之产生……从目前我们已经论及的内容中读者应该能够认识到,本研究必须完成两个目标:首先,要证明所有的数学都随符号逻辑而产生;其次,要尽可能发现符号逻辑本身的原理是什么。(Russell,1938[1903]:8—9)

遵照这些目标,1903—1910 年间罗素与怀特海合作研究并发表了一系列文章,思考了在完成如下任务的过程中出现的种种困难:(1)试图发现最简单的公理逻辑系统;(2)试图要准确无误地从某一个基础推导出整个数学来。尽管如上面所提到的那样,他们的很多工作都是在综合前人和同辈的研究,然而事实上他们自己也做出了很多很重要的理论贡献。这其中可能最具争议性的就是"逻辑类型的理论"了。怀特海和罗素观察到,有关集合论的悖论总是包含着这样或那样的自我指涉,所以,他们习惯上把这称作"恶性循环谬论"。因此,设计逻辑类型理论的目的就是要限制那些可能的自我指涉的范围,进而避免那些悖论。正如他们后来所解释的:

> 经过对需要避免的悖论进行分析,发现它们全部来自某种恶性循环。这里说的恶性循环来源于人们假设一个物体的集合可以包含只能通过把这个集合看成一个整体的方式来定义的元素……能够使我们避免这种非法整体的原则可以总结为:"所有包含了一个集合的所有元素的集体不可以是该集合的一个元素。"(Whitehead and Russell,1925[1910]:37)

尽管这是一个不仅有点武断而且也有点绕的"原则",但是,这个理论至少在从既有逻辑系统公理中发展集合论概念的同时,也提供了一种避免悖论的实用的方法。[①]

怀特海和罗素这 10 年间对逻辑主义研究方案的可行性所进行的研究催生了《数学原理》(下文将简称之为 *PM*)在 1910 年至 1913 年的出版。*PM* 对 20 世纪逻辑发展的影响,真是再怎么高

---

① 在怀特海德和罗素发表了有关逻辑类型理论的随后几年里,出现了一大批有关该理论的批评。参看 Copi(1971)对该理论本身以及围绕其发展的一些争论的综述。

估都不为过。尽管它也有一些不可避免的不一致和含糊不清之处,但这部著作在把数学简化为逻辑方面仍然是意义最为深远的研究尝试。因此,有必要来详细考察一下 *PM* 的形式和内容。[①]

PM 的各章都分不同的小节,而每个小节又进一步细分为一些更小的用"数字"标示的小节,这些"数字"小节分别用星号和数字表示(如*1),这种做法有助于互相参照。在节码为*1—*5 的小节中,作者提出了一种被称作"演绎论"的理论,它有效地构成了命题演算系统。相应地,还引入了变量来代表基础命题(如:p,q),并在讨论原始命题的同时提出并定义了否定("¬")、析取("∨")、合取("∧")和蕴含("→")等基本逻辑算子。后面这一组还包括了像"凡是被真命题隐含的都为真"这类非正式的表述,使用它们为的是可以使更为复杂的命题得以推导。作者并没有假定上面列出的这些逻辑算子全部都是初始概念。相反,只有析取和否定是被直接定义了的,其他算子的定义则是基于这二者而建构出来的。例如,假如用符号"$=_{df}$"来指代"定义",那么蕴含就可以定义为:

$$p \to q =_{df} \neg p \lor q \qquad (2.4)$$

这意味着表达式"p 隐含 q"和表达式"或者非 p 或者 q"在功能上是等同的。从这个最小的基础开始,其他基本的非初始命题就都可以推导出来了。例如,"同义反复原理"可以被断言(即,"⊢")为:

$$\vdash(P \lor P \to P) \qquad (2.5)$$

而为了协助将来参考时使用,作者又把这个命题与符号"Taut"关联起来。

---

① 参看 Grattan-Guinness(2000),尤其是第七章的详细讨论。

在通过这样的方法建立起基础命题演算之后,怀特海和罗素接着又引入谓词演算,这是在节码数为 *9—*14 的小节中完成的。在这些小节里,那些为命题演算而建立起来的命题又得到扩展,从而使它们可以运用到那些含有变量作论元的函数里(即 φ(x))。此外,作者还引入了全称算子"∀",并且用"∀x[φ(x)]"这种形式的表达式来表示"对所有 x 来讲,φ(x)都为真"。有了既有形式可资利用,作者接着就用全称算子和否定算子把存在算子定义为:

$$\exists x\,[\,\phi(x)\,] =_{df} \neg\,[\,\forall x\,[\,\neg\,\phi(x)\,]\,] \tag{2.6}$$

像前面一样,这里的"$=_{df}$"指的是被定义者"被定义为"。在为一元命题函数确立的谓词演算的基础上,怀特海和罗素又对该框架进行了扩展,从而使 n 元函数也得以处理;在以此方式介绍完谓词演算后,节数为 *20 的小节又引入了关于类和关系的演算,为后面很多的技术发展做好了铺垫。*PM* 里使用的"类"指的是康托尔所说的集合。这个术语来源于康托尔之前的求和理论;1900 年代早期,怀特海和罗素开始把它作为康托尔的术语"Menge"(集合)的英文对应词来使用。[①] 正如 *PM* 中所定义的那样,类被理解为是满足了命题函数形式"φ(x)"的所有变量的组合。类的成员构成因此可以定义为:

$$\vdash x \in \hat{z}[\phi(z)] \equiv \phi(x) \tag{2.7}$$

这里的"≡"指双向蕴含。"$\hat{z}$"构成了由函数 φ 决定的类,因此(2.7)表示:表达式"x 是一个由函数 φ 决定的类的成员"隐含着表达式"φ(x)为真"(反之亦然)。紧接着,作者又沿着以函数为基础

来为类下定义的思路来定义关系。在 PM 里，关系被理解为用来
描述一个"关于对子的类"。换句话说，只要表达式"x R y"所表达
的 x 和 y 之间的关系成立，那么这个变量对儿(x,y)就是由所有存
在关系 R 的那些关系对儿所构成的那个类的成员。既然任何二
元命题函数都决定着一种关系，那么就存在一个可以被清楚地定
义的函数与关系之间的联系，这一联系是用下面的等式来表示的：

$$\vdash R = \hat{x}\hat{y}\,\phi(x,y) \equiv x\,R\,y \equiv_{x,y} \phi(x,y) \tag{2.8}$$

在这个理论基础上，关于关系的演算系统又在节码数为 *23—*38
的小节里得以发展。在这期间，作者还为读者提供了种种用方便
的简略形式表达的基本命题。例如，如果关系 R 隐含关系 S，那么
就使用这样的记法：

$$R \subset S = x\,R\,y \rightarrow_{x,y} x\,S\,y \tag{2.9}$$

其目的是避免因使用不实用的符号而带来无谓的劳动。

随着 PM 写作的继续深入，推导数学基本原理(即数论基础
部分)的中心任务也得以完成。首先完成目标的是有限算术
(*100—*106)，而后又在超限领域实现了研究飞跃(*118—*126)，
最后又提出了级数的一般理论(*200—*276)，并由此导出了矢量
家族概念的介绍(*330—*375)。整个课题一开始时仅仅是想要为
罗素的《数学原理》提供一个修正版，但是经过 10 年的不懈劳作，
他们最终出版了三大卷巨著。

对于 PM 的总体反应是比较复杂的，本书第三章将会讨论它
所带来的若干方面的影响及其后续发展。有必要在此指出的是，
在 1920 年代和 1930 年代期间，曾有很多研究者试图简化和(或)
扩展怀特海和罗素所建构的系统。在 PM 和 1920 年代的几次重
大辩论(下页几节将会讨论)之后，人们想要从逻辑中推导出整个

数学的热情开始减退,但把逻辑作为一门独立的学科所进行的研究则持久不衰。自 1950 年代以后,各种各样的非经典逻辑,如条件逻辑、模糊逻辑和量子逻辑等,开始受到更多的关注,也有很多研究尝试使用源自于现代符号逻辑的技术来分析自然语言(第三章将会讨论)[①]。不过,尽管自问世以来已经经历了无数发展和改变,但 *PM* 仍然是体现 20 世纪早期逻辑主义运动雄心壮志的一部惊人宝典。

2.6 形式主义

那个后来被人们称作"形式主义"并且被视为逻辑主义替代品的重要运动主要与 19 世纪末、20 世纪初最具影响力的数学家之一大卫·希尔伯特(David Hilbert)联系在一起。[②] 希尔伯特的早期工作主要是专注于研究数论、分析和代数等系列话题,而他对基础问题的兴趣直到 1899 年《几何基础》(*Foundations of Geometry*)出版时才显现出来。在这本册子里,希尔伯特尝试为几何学提供一个切实可行的公理基础,就像罗素两年前所尝试的那样。19 世纪时,非欧几里得几何知识的扩散从根本上削弱了把空间直觉作为验证几何的论证工具的地位,从而引发了人们对当时已知的公理演绎几何系统(尤其是欧几里得的《几何原本》(*Elements*))的普遍不满。与经典的欧几里得方法不同,希尔伯特

---

① 有关各种非经典逻辑的简短介绍,请参看 Priest(2001)。

② 有关希尔伯特生平的更多信息,请参阅 Reid(1996);有关整个形式主义的更多信息,参看 Kreisel(1958)、Detlefsen(1993)以及 Hintikka(1995)。

努力通过发掘几何与算术之间的对应关系来消除所有潜在的几何直觉的残余。他坚持主张,凡是几何关系都可以被理解为算术关系,如此一来,不需要以直觉为基础的论证,就可以保证公理演绎几何系统的有效性,这一主张(当然)假定算术本身是建立在稳妥可靠的基础之上的。这种相对性的基础方法让人联想到 2.3 节讨论过的借助数论来力保分析的那种尝试。

正如希尔伯特在《几何基础》里所主张的那样,既然几何终究要依赖于算术(或者更具体地讲,是依赖于实数理论),那么,这大概也是无法避免的事情:他本应在 1900 年代早期就开始探索数论本身的公理基础;而在 1900 年"关于数的概念"(Concerning the Concept of Number)的文章里,他也确实明确地思忖过这项任务的意义。但是,直到 1904 年,他才开始从整体上探讨数学基础的种种论题,而这似乎主要是受到罗素在《数学原理》中所收集和讨论的集合论悖论的激发而采取的行动,尽管其中部分难题希尔伯特早在 1890 年代末就已经比较熟悉。[①] 虽然希尔伯特同意罗素的说法,认为这些悖论确实从根本上削弱了现有形式所表示的集合论,但他并不赞同罗素关于只要从一小组逻辑公理中推导出数学操作程序就可以根除这些悖论的断言。希尔伯特坚持认为,逻辑主义的研究方案被误导了:这主要是因为逻辑使用了种种数学概念,而这些概念之后又要从逻辑中推导出来,从而造成致命的循环论证:

　　算术常常被认为是逻辑的一部分,而当问题是要为

---

① 正如第 2.4 节所提到的,对于康托尔本人对集合论的质疑,希尔伯特似乎早在 1896 年就已知晓。详情请参阅 Grattan-Guinness(2000:117—119)。

算术建立一个基础的时候,传统的基本逻辑概念通常被事先假定为正确的。可是如果我们注意观察一下就会意识到,逻辑法则的传统阐述中已经使用了某些基本的算术概念,例如集合的概念,在一定程度上还使用了数的概念。因此,我们发现自己在不断地兜圈子,这就是为什么说:若要避免悖论,就必须要求逻辑法则和算术法则必须部分地做到同步发展。(Hilbert,1967b[1904]:131)

这段话引自希尔伯特 1904 年的文章"论逻辑与算术的基础"(Concerning the Foundations of Logic and Arithmetic),该文经常被看作是希尔伯特形式主义宣言的最早陈述。毫无疑问,在这篇文章里希尔伯特确实对之后主导他成熟之作的若干关键思想做了介绍。

在 1910 年代期间,希尔伯特沉迷于《数学原理》,并因此开始更加充满激情地写作讨论逻辑。特别值得一提的是,他开始变得非常欣赏由怀特海和罗素为辅助逻辑演绎而发展起来的那个强大的符号语言。[①] 不过,尽管他的欣赏态度与日俱增,但希尔伯特还是继续坚持认为逻辑主义运动是有瑕疵的,原因如前所述,它所采用的策略中存在内在的循环性。但在这个时期,他感觉到自己不得不一方面展示新逻辑主义议题的弱点,另一方面又要证明当时已经开始渗入国际数学界意识的直觉主义论断(在 2.7 节中将会讨论)是站不住脚的。这些来自不同基础运动的刺激化作了行动的力量,希尔伯特开始更加清楚地表达自己试图把经典数学从集

---

① 例如,在 Hilbert(1932[1918])里,他就讨论过使用这种语言来建构公理演绎论证的问题。

合论的悖论中营救出来的研究计划。因此，在 1918—1934 年间（常常是在他的助手保罗·贝奈斯（Paul Bernays，1888—1977）的帮助下）发表的一系列文章里，希尔伯特阐释了他"Beweistheorie"（即"证明论"）的思想，其本意显然是要明确陈述他关于基础问题的形式主义立场。随着希尔伯特理论后来的不断发展，很多技术细节都发生了改变，但是深层的原则却在很大程度上仍然保持未变。因此，这里不会尝试为希尔伯特的整个理论提供一个肤浅的概述，而是会比较详细地来探讨他的理论当中一个比较成熟的具体表达，用以说明希尔伯特的主要目的和策略。这里讨论的理论是出现在他 1927 年的文章"数学基础"（The Foundations of Mathematics）里的那个版本。希尔伯特在这篇文章里所提供的阐述比较清楚，揭示了很多他所持续关注的问题，这些问题后来在其无数更加极端化的表述中被扭曲和夸大了，这其中的一部分问题将会在 2.8 节中讨论。

"数学基础"开篇的陈述开宗明义，清楚说明了文章的意图。这段陈述实际上也是对全文所要阐释的方法的一个非技术性的总述：

> 我想彻底根除所有有关数学基础的问题，就用它们现在提出来时所采用的形式。方法是把每一个数学命题都变成一个可以具体展示并且能够被严格地推导出来的公式，就用这种方法来重塑各种数学定义和种种推论。在这种方法之下，它们应该是不可动摇的，同时又能为整个科学提供一个充足的图景。（Hilbert，1967a［1927］：464）

这段话清楚地表明希尔伯特的证明论包含了两个相关的任务。第一,需要一套步骤使得"每一个数学命题"都能转换为一个"公式",然后还必须要证明的是,所获得的公式是能够被"严格地推导出来的"。第一个任务规定数学陈述必须被形式化(即要变成一串精确定义的符号),从而使整个数学可以被简单视为"一个公式的存储库"(Hilbert,1967a[1927]:465)。关于形式化的过程我们后面还会再讲到。第二个任务则涉及在一个既定的系统中进行公式推导的问题。这里最受关注的问题是所使用的证明方法的本质,因此希尔伯特用了复合名词"Beweistheorie"①。显然,既然这个任务涉及代表数学命题的符号串的操作问题,那么可以说它具有某种(不一定是恶性的)循环论证的特征:证明论的数学方法被用来决定(经过适当编码的)数学命题的有效性。正是这种明显的自我指涉,使得希尔伯特的第二个任务被称作是"元数学":也就是关于数学的数学。

希尔伯特在文章一开始描述了自己的基本意图后,接下来立刻开始介绍所需要的基本工具。他提出的三个主要构件是:一组逻辑算子,一个通用的证明模式和一套公理。逻辑算子没什么特别的,它们包括表示蕴含、合取、析取、否定以及全称算子和存在算子的符号。这些在 *PM* 风格的系统里都是寻常可见的,但是(如后面所示)希尔伯特为最后两个算子采用的定义,与 *PM* 中所提供的有所不同。而希尔伯特提出的通用证明模式却很有意思。在文章中,数学证明被非正式地定义(这一点挺让人不满意)为"对我们的认知直觉来说必须这样给出的数列"(Hilbert,1967a[1927]:

---

① 该术语为德语词,意为"证明论"。——译者注

465)，而后又声明(这一点则比较有用)：一个证明包含了一组推理的序列。希尔伯特提出那一具体的证明模式是以如下形式呈现的：

$$\frac{\mathfrak{G} \quad \mathfrak{G} \longrightarrow \mathfrak{F}}{\mathfrak{F}} \qquad (2.10)$$

它还定义了允许出现在证明式里的推理的类型。图式(2.10)中的符号 $\mathfrak{G}$ 和 $\mathfrak{F}$ 指公式(也就是把数学命题转换成了具体的形式符号记法)，它们要么是(i)系统里的公理，或(ii)运用替换法从(i)中推导出来的命题，或(iii)为之前的一个合法证明所呈现的最终公式；要么是(iv)运用替代法从(iii)中推导出来的命题。在图(2.10)中，$\mathfrak{G}$ 和蕴含式 $\mathfrak{G} \longrightarrow \mathfrak{F}$ 是已知项，而结果项 $\mathfrak{F}$ 则是可以被推导出来的。因此文章认为，如果公式 $\mathfrak{F}$ 是该系统中的一个公理，抑或如果它是一个证明过程的最终公式，那么它就是可证明的。这一方法使得证明过程被看成一序列的逻辑推理，可以使公式能够从一个已知的公理系统中推导出来。对于希尔伯特的研究方案来说至关重要的是，如上所述，一个证明的过程定义是清楚而没有歧义的。因为，如他自己后来在文中所讲的，"一个形式化了的证明，就像一个数字一样，是个具体而可考的对象"，这是个强制性的要求(Hilbert，1967a[1927]：471)。而"可考的"这一属性是如此的重要：如果一个证明无法用一种准确无误的方式来验证，那么数学就无法在一个稳妥的证明论的基础上建立起来。

上面提到的希尔伯特文中所介绍的公理又细分为六大主要范畴：

- 第一组：蕴含公理(例如：A→(B →A))
- 第二组：合取和析取公理(例如：(A ∧B) →A)

- 第三组:否定公理(例如:¬¬A ＝ A)
- 第四组:∈-公理:A(a) →A(∈ (A))
- 第五组:相等公理(例如:a ＝ a)
- 第六组:数的公理(例如:a' ≠0,其中 a' 指"a 后紧接下来的数")

　　第一组到第四组公理被称为"逻辑公理",而第五组和第六组则因为包含了数论的概念而被称为"数学公理"。这再一次突显了形式主义与逻辑主义的区别:希尔伯特认为某些数学对象,如数字"1",是作为思维对象("Gedankeding")先于理论而存在于直觉当中的,而怀特海和罗素则试图连这些基本对象都要从逻辑原则中推导出来。最应引起注意的公理组则是第四组,它包含了一个∈-公理。之所以使用这一公理,是为了使超限算术能被包括在基本证明论框架之内。更实用的是,它允许像"所有"和"存在一个"这样一些模糊的概念也能得到定义。如上所示,这个公理采用的形式是"(A(a)→A(∈ (A)))",如果它适用于任何命题的话,那么∈(A)指的是一个使得命题 A(a)有效的对象。因此,全称算子和存在算子就可以定义如下:

$$\forall x \left[A(x)\right] \equiv A(\in (\neg A)) \qquad (2.11)$$

$$\exists x \left[A(x)\right] \equiv A(\in (A)) \qquad (2.12)$$

这些定义应该和怀特海和罗素在 *PM* 中使用的那些定义,即上文(2.6)所包含的那些定义加以比较。如之前提到的,希尔伯特使用了∈-公理(其中使用了函数∈ (x)),这使得他能够按照证明论的规则来为超限算术建构证明过程。然而,虽然∈-函数有利于这类证明的建构,但希尔伯特在具体推导过程的最后阶段却常常设法消除这个函数。为了完成这个任务,他大量使用了递归和递归函数。希尔伯特著作的这个方面一定程度上推进了 20 世纪早期递归函数理论的进步,所以在 3.3 节的相关语境中我们还会再来细谈这方面的内容。

有了这一套逻辑算子、证明模式和公理体系的装备,希尔伯特现在就能来正式地讨论构建证明过程的问题了。其中心任务是要构建一个能够验证某一给定的公理集之有效性的元数学证明过程。对希尔伯特来说,这样一种集合的有效性总是与"完全性"和"一致性"的技术概念紧密相关。完全性的要求是指要求由一个给定系统所派生出的所有形式规范的公式,其对错都可以看得清清楚楚。至于一致性的要求,从证明论的角度看,一个特定的公理集,如果绝对不会从中推导出 $a \neq a$ 这种形式的公式的话,就可以认为是一致的。也就是说,一个符合一致性的公理集永远不允许有自我矛盾的东西能够被证明。所以,证明论的任务部分地是要通过建立内部的一致性来确保作为整个数学基础的公理系统能够稳妥牢靠。至少对希尔伯特来说,这个任务在本质上与把数学命题转换为形式化的符号串的任务是截然不同的。正如他在 1927年的文章里所写:

> 因此,要证明一致性,我们只需要证明:如果按照有效规则从我们的公理体系中进行推导的话,那么任何一个证明过程,其最后的公式都不会是 $0 \neq 0$;因此 $0 \neq 0$ 不是一个可证明的公式。而这是一个从根本上来说属于直觉范围之内的任务,就如同在内容数论中要证明的无理性之类的任务一样。(Hilbert,1967a[1927]:471)

诸如此类的陈述是具有典型性的。希尔伯特反复强调证明论在元

数学方面的内容本质。比如,在 1922 年的文章中,他在概述证明
论时就曾分析说:

> 　　除了这类严格意义上的数学外,现在看起来还有一
> 种数学,从某种程度上来讲它比较新。它是一种元数学,
> 主要起保障作用,用以保护数学本身,使其免受不必要的
> 禁忌之威胁以及种种悖论所带来的困扰。在这种元数学
> 中,与纯正数学本身所包含的推理中所使用的纯形式化
> 模式不同,我们使用的则是内容推理;特别是在关于公理
> 一致性的证明方面。(Hilbert,1998[1922]:212)

这里所强调的东西是绝对清楚的:尽管各种形式化的(也就是无意
义的)方法可以运用于数学本身,但是在分析的元数学阶段却不能
使用这些方法。这意味着,至少对希尔伯特来说,证明论绝不仅仅
是一个包含了对无意义的符号进行操控的游戏。上面这些论述焦
点主要集中在形式化的分析和元数学分析之间的不同之处上,人
们在思考希尔伯特式形式主义的性质时,应该对诸如此类的陈述
做些回顾。有一种常见的误解,认为希尔伯特想把整个数学精简
为一种在按照清楚定义过的规则来进行的符号操作中毫无内容的
练习活动。从这个角度看,在形式主义的游戏里,符号串之间的关
系才是至关重要的,而符号自身的意义或由符号组成的符号串的
意义则被认为是不相关的。对于希尔伯特研究方案的这种误解,
部分原因是由于很多人把他的一些评论从它们原来的直接语境中
剥离开来断章取义地理解所致。例如,上面曾提到的,希尔伯特
《几何原理》的部分贡献是证明在对几何对象进行分析时,并不需
要为了对它们进行连贯分析就把它们的意义也牵涉进来。也就是

说，有关线、点、面的陈述就像有关算术对象的陈述那样可以很容易地得到解释，或者就像（据说是希尔伯特所说的）"桌子、椅子和啤酒杯！"（引自 Grattan Guinness，2000：28）那样可以轻而易举地得到解释。不过，这种对希尔伯特研究方案习惯性的误解，也是由于人们忽略了他对于形式化过程和元数学过程之间的区分。比如，希尔伯特在很多场合都强调过，把数学命题转换成一种形式化的符号语言的任务是一个不依赖于意义考察的机械程序。例如，在 1927 年的文章中，他曾说："在我的理论里，内容推理被依规则而进行的符号操作所取代"（Hilbert，1967a[1927]：467）。尽管这一评论仅仅指关于分析先于元数学的那个阶段，但像这样的评论（在脱离语境时）似乎暗示着重要的是符号串之间的形式关系而不是符号串本身的意义，甚至在这些符号串的元数学操作阶段也是如此。正是由于对强调数学陈述的形式化特征的极端思想的这种识解（或误解）使得布劳威尔（Brouwer）把希尔伯特的研究方式称为"形式主义"。实际上，正如上面已证明的那样，希尔伯特在自己真正的形式主义招牌之下从未这么极端过。而这一发现使得一些评论者建议在讨论希尔伯特时要避免使用这个术语，或至少要坚持沿用它的准确定义。[①] 但是，如 2.8 节所讨论的，20 世纪 30 和40 年代在整个北美和欧洲普遍流行起来的是希尔伯特原版理论的一个夸大版，而这最终影响了 20 世纪句法理论的发展。

形式主义（或者更确切地说是证明论）的命运，已为人所熟知。1931 年，年轻的库尔特·哥德尔（Kurt Gödel）发表了一篇关于

---

① 参看 Ewald（1996：1106—1107）和 Mancosu（1998：163—164）对此做出的谨慎提示。

不完备定理的文献,该文献证明一个形式系统如果足够强大到能够证明来自基础算术的定理,那么总是会有这样一些定理,它们虽然是真实的,却无法在该系统内被证明。也就是说,哥德尔证明了完全性的标准是个妄想,而这一证明似乎推翻了在处理基础问题时采用形式主义方法的有效性。但是,尽管有哥德尔这样一些研究结果,很多的数学家还是继续在证明论的大体框架内进行研究,如第三章所示,这一理论背后的哲学对很多不同的学科产生了深刻影响。

2.7 直觉主义

第三大基础运动(后来以"直觉主义"著称)最初与荷兰数学家鲁伊兹·布劳威尔(Luitzen Brouwer,1881—1966)有关,其意图是要为逻辑主义和(早期)形式主义提供一种有效的替代理论。[①] 早在 1907 年,当布劳威尔提交了关于该主题的博士论文"有关数学的基础"(Concering the Foundations of Mathematics)时就已经表露出他对基础问题的倾向性见解。尽管后来他对自己早期作品中陈述的观点进行了大幅度修改,但是这篇论文中勾勒出的一些基本的倾向性见解在他后来漫长的职业生涯中却一直保持未变。例如,在论文的第二章里,布劳威尔明确拒绝了数学对象与用来表达它们的符号等同的假设,相反,他坚持认为,思想和语言在很大程度上是分离的。这一假设对整个直觉主义研究领域来讲如

---

① 目前为止,有关布劳威尔生平及作品各方面信息的最好介绍来自于 van Stigt (1990)。

此重要，以至于布劳威尔后来把它称作"直觉主义之第一法则"（Mancosu，1998：8—9）。这一法则不可避免的结果是，他开始把数学主要看作一个孤立的思维建构过程，它先由作为个体的数学家来完成，而后又必须与他人（并不完美地）通过语言进行交流：或者用自然语言，或者在数学文献中更多地则是用某种形式符号语言。因此，直觉被理解成是可以为所有数学提供基础的东西，而逻辑主义和形式主义以各自不同的方式将语言形式放到了优先次序的地位，所以文章认为它们被彻底误导了，因为他们始终都没有认识到这一至关重要的事实。

尽管布劳威尔在其博士论文中已经勾勒出关于基础问题特有的研究方法，但他似乎也已感觉到，如果他的新兴直觉哲学要想被国际数学界重视，就必须先把自己打造成一名领军式的数学家。结果就是，在1908—1912年间，他很快把自己变成了一名代数拓扑学的顶尖专家，四年里发表了大约40篇文章。这样，他很快就确立了作为一名顶尖数学家的名誉。① 随着职业生涯的确立，他立刻又回到了一直以来念念不忘的、为以直觉为基础的数学理论提供阐释的任务上来；而对基础问题的这种回归，标志着他开始继续尝试发展直觉主义，以便为其确立有效的哲学地位。直觉主义研究复兴的公开亮相实际上始于1912年10月14日，那天，布劳威尔发表了一篇题为"直觉主义与形式主义"（Intuitionism and Formalism）的文章。这一开启新篇章式的作品虽然基本上是在

---

① 有趣的是，布劳威尔的论文大都与经典的数学设想相一致而并没有明显体现出他的直觉主义思想。无疑，他在这一时期对自己真实想法的收敛，一部分原因是希望能够获得同行的认可。

重申他博士论文中提出的观点,但在一定程度上通过更多地聚焦于集合论问题的讨论而预测了未来的发展。由这篇文章的讨论所(再次)引发的研究直到 1928 年还毫无异议地持续进行着。随着其劲头的越来越强劲,它也开始引起一些不满,偶尔还会有激烈的争议。抱怨的主要原因是布劳威尔对基础问题的重构破坏了经典数学中很多重要组成部分的有效性。有些人则开始感觉到,如果可以相信赫尔曼·威尔(Hermann Weyl)(布劳威尔的早期信徒之一)所说的"布劳威尔,这是一场革命"(Brouwer, das ist die Revolution!)[1](引自 Van Stigt, 1990:71),那么旧的数学建构体系正在开始瓦解。

1920 年代期间,布劳威尔开始向人们阐述为什么在他那异常唯我独尊的哲学里数学可以被看作一项通过建构程序在个体意识中创造客体的任务。他主要是通过设计一些特定的、可以用于严格的直觉框架的技术方法来达到这一目标。例如,尽管在 1910 年代期间,他对逻辑持完全否定的态度,但是到 1920 年代,他却开始接受了,尽管他仍然拒绝赞同已发展成熟的 *PM* 风格的经典逻辑。能够标志他在这方面最具挑衅性的立场的可能要算他对所谓"被排除的中间原则"的拒绝这一点了。从亚里士多德以来,这一原则就在逻辑中发挥着根本性的作用。本质上来说,它声称所有的命题要么为真要么为假,而这一声称反过来又意味着所有的数学陈述都可以被证明是真或是假。布劳威尔不同意这一说法,从

---

① "布劳威尔,这就是革命!"(Brouwer, that is the revolution!)

而发展起后来为人所知的"直觉主义逻辑"。[①]

除了按照直觉主义原则来改革经典逻辑之外,布劳威尔同时也关注实数连续统的本质问题,他开始藐视维尔斯特拉斯、戴德金和康托尔作品中出现的标准集合论定义。对布劳威尔来说,连续统是一个原生的概念,无法从其他更基本的实体中构建出来。尤其是,它当然不能从离散的点的集合中构建起来,因此不像康托尔(及其他一些人)所认为的那样是一个实数的算术集。因此,在1920年代发表的一系列文章里,他开始在连续观的动态概念的基础上来设计直觉主义版本的集合论,在这个连续统中,实数线上的点被描述为由个体意志自由选择而生成的区间套的收敛序列。为了完成这一远大抱负,布劳威尔有时扩展现存的集合论方法,有时则设计自己激进的全新方法,这其中有很多新方法让各方保守的数学权威们非常震怒。[②]

尽管布劳威尔的劳动成果给很多人留下深刻印象,但由于不懈地坚持直觉原则的目标所需,其程序变得很不实用,这就让很多人望而却步。只有一小部分忠实的追随者(其中最重要的是阿兰·德海廷(Arend Heying,1898—1980)采用了布劳威尔的方法作为实用工具。毫无疑问,布劳威尔自己肯定对这种缺乏接受的普遍性感到失望。到1920年代时他的不满情绪越来越大,当时形式主义-逻辑主义之争,变成了他和希尔伯特个人之间的长期争吵,这

① 有关直觉主义逻辑的更多详细信息,请参看 Mancosu(1998)(第四部分)和 van Stigt(1990)尤其是第五章。有关直觉主义与证明论的关系,请参看 Kino et al. 1970。

② 有关直觉主义集合论的更多信息,请参阅 van Stigt 1990(第六章)和 Mancosu 1998:1—27。

导致了 1928 年他被后者从《数学编年史》(*Mathematische Annalen*)期刊的编辑部除名。在诸如此类争辩的最后一个阶段之后,布劳威尔开始退隐,变得相对默默无闻,直到 1950 年代才再次现身,此时他作为一个客座讲师云游世界,仍然在为直觉主义布道。这些讲座似乎深受听众喜爱,尽管布劳威尔主要还是被看作一个旧时代的标志性人物。而在这个时代里,职业数学家、逻辑学家和哲学家们激烈地辩论着数学基础问题。

2.8 知识传播与教学

在讨论完 20 世纪早期参与基础问题辩论的主要人物的著作后,有必要再来简单地讨论一下后来出版的一些文献,这些文献使得前面几节里所总结的中心论题传播到了更大的范围。我们不敢宣称这里提供的调查结果是穷尽性的和综合性的。事实上,在 1910—1960 年期间,关于已为人们所认识到的那些基础危机的书籍和文章急剧增加,以至于即使是单单探讨后世学人为了传播和教学的目的而对罗素、希尔伯特、布劳威尔和其他人的作品所进行的解读、修订、修改和利用,也是需要几大卷才能完成的。因此,我们需要一个选择过程,而这一节的文本中所提到的文献,只是在 20 世纪上半叶出版的语言学论文中那些经常被引用到的部分。因此,作为对本章的一个总结和对下一章的导论,下面的讨论同时也有意识地向读者预报一下第三章的一些主要内容。

第一批尝试要为 1910 年以前的各数学分支的发展提供一个详细总结的教材之一是约翰·扬(John Young, 1879—1932)的《代数与几何基本概念讲义》(*Fundamental Concepts of Algebra and Geometry*）。这部出版于 1911 年的作品，是基于他 1909 年在伊利诺埃大学所举办的一系列讲座而写成的。因此，书中没能论及 *PM* 的意义，因为 *PM* 的第一卷直到 1910 年才问世；但他确实对一系列相关的话题做了非常详尽的介绍，包括欧几里得几何和非欧几里得几何，逻辑、集合论、数以及很多其他的话题。他公开宣称他的主要目的是要提供"一个代数和几何的逻辑基础的基础叙述"（Young，1911：v），这句话可能表明他对逻辑主义运动的某种同情，而且他不断地强调数学命题是"逻辑关联的"事实（Young，1911：1）。不过，他也承认在整本书里他采用的是一种"形式的视角"（Young，1911：v）。诚然，他对希尔伯特的原形式主义作品的了解在该书第十三和十四章中是有迹可循的。这两章比较详细地讨论了希尔伯特的公理几何方法。在这个语境下，有点令人惊讶的是在 1911 年，为具体的数学分支提供逻辑基础的任务已经与形式主义的研究联系在了一起。

尽管如上面提到的那样，扬的作品未能讨论 *PM* 或者希尔伯特的成熟证明论，但最终还是出现了颇为详细地涵盖了这些话题的其他教材。这些教材的对象常常是高年级的本科生或低年级的研究生，它们主要是想尝试以一种连贯的方式来总结符号逻辑与元数学方面的已知结论。这类教科书的一个早期例子就是奎因的《数学逻辑》，这本书于 1940 年问世（1951 年再印），提供了 *PM* 风格的符号逻辑基本问题的清楚综述，其中包括关于语句、量化、类理论、关系、数和逻辑句法的章节。正如 3.7 节所示，逻辑句法的理论在 1930 年代、1940 年代得到了长足的发展，这主要是因为卡尔纳普的影响，他改进了希尔伯特介绍的观点。奎因对形式语言句法的兴趣在整本书中非常明显：他用了整整一章来介绍这个话题,他的讲述也显然受到了形式主义的影响。比如,在讨论形式逻辑系统的句法时,他介绍了一套原始符号字母表,同时参照在这个基本符号集基础上所组成的符串,补充讨论说:"所有这些描述都是形式系统,因为它们说的仅仅是所讨论的表达式的字面形式构成,而不是指这些表达式的意思"(Quine,1940:283),正是这种对符号表达式的形式而非内容的强调,提示了(被卡尔纳普修改过的)希尔伯特证明论的影响。下面将会更加清楚地显示,这样的评论成了 1940 年代、1950 年代这类概论的标准言论。

另外一部有关符号逻辑基本理论的论著出现于 1944 年,即邱奇的《数理逻辑概论:第一部》(*Introduction to Mathematical Logic:Part I*),1956 年,这本书又以修改版和扩充版的形式面世。像奎因一样,邱奇也同样讲到那些到 1950 年代中期迅速成为一种魔咒一般的基本话题(即原始符号、变量、量词、命题演算、一阶谓词演算、二阶谓词演算等),他的形式化思想也在他的这句评论里得到清楚无误的表达:"从传统来看,(形式)逻辑关心句子或命题的分析以及证明的分析,它关注的是从事物中抽象出来的形式"(Church,1956:1)。当时使用逻辑来对一个证明进行分析的任务已经可以像传统的做法那样进行描述,这一点意味深长,因为它表明希尔伯特的元数学方法被接受的速度是如此之快。邱奇在导论的一个小节里,继续讨论了逻辑系统的句法这个具体话题,对自然语言与形式语言进行了区分。像罗素一样,邱奇觉得自然语言要比形式(即人工)语言复杂得多,因为它们"经历了历史漫长的、以服务于协助沟通为实际目的的历史演变"(Church,1956:3)。因而,邱奇使用句法这一术语来特指形式语言的句法,而非自然语言的句法。他还进一步区分了"基础"句法与"理论"句法。基础句法关注的是"建立逻辑系统和证实具体的、形式良好的公式、公理、直接推理和证明"，而理论句法构成的是"一个逻辑系统或多个逻辑系统的普遍数学理论，而且还关注它们的形式结构（抽离于解释的）的所有后果"（Church，1956：59）。很明显，这一方法扎根于希尔伯特的证明论，因为它的区分本质上是绝对数学（即对存在于某一逻辑系统"之中"的那些定理进行证明）与元数学（即对一个"关于"逻辑系统的定理进行证明）的区别。但需要注意，对邱奇来说，系统的"解释"甚至在元数学阶段也是无关的。而如 2.6 节所示，至少对希尔伯特来说，在元数学的考量中是涉及到了意义的。邱奇推荐的方法是后来主导了 1940 年代那种抛弃了希尔伯特更谨慎更精细的方法的、极端形式主义的一个例子。同样非常重要的是，关于形式系统，邱奇说"像任何一个数学分支一样，理论句法不仅可以而且最终必须通过公理的方法来研究"（Church，1956：59）。因为如 3.2 节所示，语言学家（尤其是句法学家们）在 20 世纪第一个十年变得对公理演绎方法越来越感兴趣，这种方法最终大大影响了 TGG 的发展。

尽管如上面所讲，邱奇的作品采纳了形式主义的观点，但在介绍符号逻辑的基本原理时，其主要意图并不是介绍证明论。但是，1952 年的确出现了一个对证明论的权威性说明，那就是克莱尼《元数学概论》（*Introduction to Metamathematics*）的出版。单从书名就可以看出克莱尼受到了希尔伯特的巨大影响，而由于这本书的目的是要介绍完整的证明论，它所包含的内容就比上面讨论的对逻辑的介绍要多得多。例如，除了有关命题演算和谓词演算等必需的章节外，它还包含了关于集合论、形式系统理论和普遍递归函数理论的章节。像我们预料的一样，它也一再地强调在一个形式系统里操作符号串时需要避免意义或"解释"的存在。例如，在介绍形式系统这个概念时，克莱尼讲到它必须是"用有限的方法而且不使用对系统的解释来被描述或调查的"(Kleene，1952：69)。上面的建议后来在介绍系统的原始符号时又以一种更加清楚（却也非常笨拙）的方式进行了重复：

> 我们重申，意义解释对于形式系统本身的描述来说是外在的东西。因此必须允许把形式符号仅仅看成一些符号标记，而不是把它们看成某种它们所代表或指示的某个对象的符号。(Kleene，1952：70)

所以，一个形式系统中的符号必须能够在不必顾虑它们意指何物的前提下进行操作。为避免更多的疑问，克莱尼在下一页再次强调说："在元数学里，我们必须把形式符号当作没有意义的符号来对待。"(Kleene，1952：71)。这些段落的论述表明，像邱奇的陈述一样，克莱尼的作品可以被看作更为极端的形式主义立场的又一个例子，而这种立场代表了1940年代和1950年代此类教科书的典型特征。

另有一本同样出版于1952年的书，也值得在现在这个语境里评论一下，那就是瑞蒙德·怀德(Raymond Wilder)的《数学基础概论》(*Introduction to the Foundations of Mathematics*)。当邱奇和克莱尼只专注于讲述符号逻辑与证明论各自的方法工具，而把有关这些理论发展的历史综述仅仅放在了脚注与边角时，怀德则想要提供一个有关整个基础危机的详细历史调查。最终，除了我们可以预料的话题外，他的书里还包含了有关公理演绎方法、集合论、数论和有关逻辑主义、直觉主义和形式主义的章节。特别有意思的是，怀德的书直接受到上面所讨论的扬的作品的启发。正如怀德在导论中

解释的那样:

> 大体来说,这本书的想法与促动 J. W. 扬写作《代数
> 与几何的基本概念》的想法是相似的,扬的那本书出版于
> 1911 年。1932 年时,我曾和扬教授讨论过撰写一本像这
> 样的书的可取性。他非常同意,认为很值得一写,不过又
> 觉得,如果这是一本关于基础概念方面的书,并且能够把
> 自从他的书出版以来在"基础学"方面已经取得的进展都
> 包括进去,那就好了。(Wilder,1952:vi)

很显然,到1950 年代早期时,人们感兴趣的不仅是从基础危机中
出现的数学方法,而且也有这个时期的文化史与知识史,而怀德这
本具有影响力的作品,就是有意识地为了满足这个需求而设计的。

到目前为止所提到的文本要么是有关数学的课本,要么是有
关逻辑的课本,它们都试图为逻辑与元数学的基础性结论提供解
读。但在 1940 年代和 1950 年代,另外一些方面的作品也开始出
现,它们强调的是这些领域里所取得的一些技术方法的更广泛的
功用性。例如,有一部分作品就试图论证逻辑可以用来辅助自然
语言的分析。其中有两本很有影响力,分别是汉斯·赖欣巴赫
(Hans Reichenbach)的《符号逻辑元素》(*Elements of Symbolic
Logic*)(1947)和保罗·罗森布罗姆(Paul Rosenbloom)的《数学逻
辑元素》(*Elements of Mathematical Logic*)(1950)。赖欣巴赫
的作品是一个新奇的混合物,既包含了介绍标准话题的习惯性说
明的部分,也包括了主要关于他自己研究兴趣的新颖的部分。从
语言学理论的角度来看,最重要的一章是题为"对话性语言分析"
的第七章,其中,赖欣巴赫描绘了他的"逻辑化的语法"的计划,源

于他的"想要把逻辑和语言的自然使用联系起来的愿望"（Reichenbach,1947:vi）。尽管这里不需要讨论有关赖欣巴赫的系统的细节,但是需要注意的是他的基本意图是要为英语创造一种建立在命题函数上的语法。例如,他讲到陈述句"x loves y"可以用命题函数"f(x,y)"来表示,这里的"f"对应于动词"love",而他对这类函数理论语法的兴趣是受到对传统的主-谓分析法的不满的激发而形成的。事实上,赖欣巴赫声称标准的主-谓分析法"违反了句子的结构"（Reichenbach,1947:252）。举一个例子,他分析了"Peter is taller than Paul"这个句子,认为如果简单地把这个结构中的"Peter"分析为主语,而把剩下的部分分析为谓语,这是明显不充分的。因为很明显,在这个例子里,"Peter"和"Paul"之间有着某种功能上的相似性,因此这种相似性（以及明显的功能差异）在一项足够详细的分析里都应该体现出来。他继续宣称:一种建立在像上文提过的命题函数基础上的语法可以比主谓分析能更加准确地捕捉到这些结构的相似性。尽管赖欣巴赫的作品从来没有被职业语言学家们广泛研究过,但是如 3.4 节所示,他认为自然语言与逻辑比当时人们通常以为的更具兼容性,这一主张激发了1950 年代那些想要走数学路线的语言学家们的兴趣。

罗森布罗姆的小册子尽管不如赖欣巴赫的作品那么激进,但也暗示了形式逻辑系统句法与自然语言的句法本质上是相同的。他对这个问题的主要讨论包含在第四章里,这一章的标题为"语言的普遍句法",而他在这里提供的关于语言的定义,已经足够广义到既包括形式语言又包括自然语言。

一门语言是由一些符号以及这些符号所构成的符号串组成的;其句法则由对这些符号串进行分类和转换的规

则组成。一门语言的字母表包含了一些基本的符号,它们的数量通常是有限的[原文如此]。我们用符号串来指一个有限的符号序列。一个符号串的展现是通过把符号按线性的顺序从左到右写出来的。(Rosenbloom,1950:152)

这再一次说明,形式主义非常强调符号的表达(即有限符号序列的书写),而在这一方面,上文给出的定义也就没有什么特殊之处了。比较有意思的是罗森布罗姆在接着讨论形式语言和自然语言的差别时所采用的方法。例如,他暗示了这两类语言仅仅是程度上的差异,而不存在类别上的本质不同:

> 像在所有的自然语言(包括世界语)里那样,英语里的单词和句子形成的规则是如此复杂,而且充满了不规则和例外,以至于要对该语言的结构有一个总体认识,并做出有关这门语言的普遍有效的断言,几乎是不可能的事情。正是因为这个原因,元数学家和逻辑学家都更喜欢使用像 L_3[书中前面部分定义的一种形式语言]这样的结构简单而规则的语言。(Rosenbloom,1950:153)

那么,这里的意思就是尽管英语和其他自然语言惊人地复杂,而且尽管元数学家们和哲学家们都发现使用人工构造的语言会更容易,但是,从"原则上"讲没有理由说,对自然语言为什么不能像对它们的那些人造语言兄弟一样进行同样的形式化分析。正如第三章所示,这正是 1940 年代和 1950 年代时某些语言学家们逐渐采用的方法类型;这样看来,乔姆斯基在 1950 年代早期曾把罗森布罗姆的作品作为他有关形式句法的主要信息来源之一,也就不是巧合之事了。

3. 数理语言学

3.1　本章内容概览

本章旨在对 20 世纪头几十年里在关于数学基础的辩论的基础上所产生的与形式科学有关的研究进展进行总结,并且考察它们对语言学理论的形成所产生的影响。基本策略则是把焦点放在最终参与了 TGG 的产生的那些具体的方法和理论上。因此,阅读通篇应该记住的是,本章的内容必然是有选择性的,它并不打算提供一个涵盖 20 世纪上半期曾讨论过的关于数学与语言学之间联系的所有问题的整体图景。3.2 节所讨论的第一个主题是公理演绎方法的使用,具体关注的是布龙菲尔德(Bloomfield)、布洛赫(Bloch)和哈伍德(Harwood)的作品。3.3 节接着考察递归函数理论,具体参考了歌德尔(Gödel)、克莱尼(Kleene)、普斯特(Post)和巴希尔(Bar-Hillel)的作品。3.4 节主要评估利沃夫-华沙逻辑学派(Lvov-Warsaw school of logicians)的作品,具体的重点放在1950 年代早期巴希尔是如何复原埃杜凯威兹(Ajdukiewicz)的一些逻辑系统研究的。建构性系统理论的发展在 3.5 节进行讨论,该节探讨卡尔纳普(Carnap)和古德曼(Goodman)的联系,而 3.6 节则陈述后来被称为建构唯名论(constructive nominalism)的这种极端的哲学立场。3.7 节考察形式句法学的一些关键话题，主要焦点会放在卡尔纳普、布龙菲尔德、叶尔姆斯列夫（Hjelmslev）和哈里斯的作品上。最后，3.8 节将把本章所提出的各种立场综合起来进行概述。1950 年代早期，语言学的大部分领域都在逐渐变得数学化，而 3.8 节则旨在对语言学家们就此所做出的普遍反应做些思考。

3.2 公理学

正如第二章所指出的，20 世纪早期风行的有关数学基础的辩论，在当时引起了极大的关注，而这场大辩论的主要参与者所提出的各种基本方法的细节，在扬、奎因、邱奇、克莱尼、怀德（如 2.8 节总结的那样）等人所著的介绍性文本中都有所讨论，而这些对于有数学倾向的语言学家来说都是可及的。当时实际上一直紧跟基础辩论的进展的最重要的语言学家毫无疑问是雷纳尔多·布龙菲尔德（1887—1949）；体现他对数学着迷程度的第一篇作品应该是他 1926 年的文章"语言科学的一套基本假设"（A Set of Postulates for the Sciences of Language）。在这篇短文里，布龙菲尔德提出，语言学家同样应该开始使用已经改变了 19 世纪算术和几何研究的基本公理演绎方法。布龙菲尔德使用了术语"假设"而非公理，而且在文章一开篇就解释了为什么一套假定性的研究方法可以给语言学家带来好处：

> 假设（即假定和公理）和定义的方法，对于数学来讲已经是足够充分的了；至于其他科学的话，主题越复杂，就越不适合使用这种方法。因为，在这套方法里，每一个

描述或历史事实都变成了一个新的假设的主题……不
过,这种假设的方法能够推动语言研究,因为它促使我们
明确地说明我们所假定的内容,从而来定义我们的术语
并决定哪些事物是可能独立存在的而哪些是相互依赖
的。(Bloomfield,1926:153)

那么,对布龙菲尔德而言,公理演绎方法是有价值的,因为就像它
在 19 世纪时被用来使数学变得更加精确那样,它也可以把新的严
谨性(像柯西所理解的那样)引入到语言学中。与柯西的严谨性研
究进行比较并不是无意义的,因为上段文字的重点就在于要把假
设"明确地"说清楚,并且要决定某一理论的哪些方面是"相互依赖
的",而哪些又可以看作是"独立的"。这样一来,布龙菲尔德似乎
是在推动一种语言学的改革,这种改革从精神上和方法上都与柯
西在 19 世纪初提出的对微积分进行的改革相似(如 2.3 节所讨论
过的)。为了进一步说明如何来实现这种新的趋向严谨化的语言
学研究,布龙菲尔德在这篇文章中后来又明确解释说:如果通过审
慎地使用公理、定义和演绎"来检查和形成我们(现在还是隐性)的
假设并定义我们的(常常是未加定义的)术语的话,某些错误就是
可以避免或者纠正的"(Bloomfield,1926:153)。也就是说,比起
一些发展得更加充分的形式科学(如数学),语言学似乎是充满了
错误的,而如果采用了公理演绎方法这些错误则是可以避免的;根
据这一提议,布龙菲尔德提出了可以为整个语言学提供一个稳固
基础的一套假设。他所介绍的这些具体假设包含了如下图所示的
一些定义和假设。①

---

① 关于这些具体的例子,请参看 Bloomfield(1926:154)。

定义:一个言语行为即是一个语句。

假设:在某些社群里,连续的语句是相像的或部分相像的。

重要的是,尽管布龙菲尔德推荐使用基本的假设方法,因为这可以使语言学变得更加精确,但是,如这些例子所示,他却并没有尝试引入一套(像 *PM* 那样的)形式语言从而使语言学的公理都能转化为无歧义的、定义精确的符号序列。不过,如下文所示,这种延伸性的工作还是由后来的语言学家们完成了。

布龙菲尔德引用的与公理演绎方法有关的主要信息来源文本是扬 1911 年的《代数与几何基本概念讲义》(*Lectures on the Fundamental Concepts of Algebra and Geometry*)(曾在 2.8 节讨论过);第二章我们所总结的 1911 年前的那些话题在扬的书里都讨论过。既然布龙菲尔德了解扬的这本书,那么我们便有理由推测,至少到 1926 年时他对那些话题也已经相当熟悉了。除了从数学教材中获得直接灵感外,布龙菲尔德也信服于心理学家阿尔伯特·怀斯(Albert Weiss,1879—1931)的作品,认为数学过程可以有效应用到基于思维的科学中。例如,在 1925 年的文章中,怀斯提出了一套心理学的假设,而这一公理化的尝试一定程度上启发了布龙菲尔德就改革语言学研究方法所做的提议。[①] 因此,很显然,到 1926 年布龙菲尔德已经着迷于数学与认知现象(如自然语言)之间关系的精确性,他对这个话题的兴趣并没有昙花一现,而是在 1926 年之后的几年里似乎越来越浓。比如,在他 1933 年出版的最出名也最有影响力的《语言论》(*Language*)这本书里,他

---

① 有关维斯对布龙菲尔德作品影响的更多信息,请参看 Belyi(1967)。布龙菲尔德在自己的文章(Bloomfield,1926)里直接引用了维斯的文章(Weiss,1925)。

就几次就语言与数学之间的关系进行了评论。举一个例子,在某处他把数学称作是"对语言的理想使用"(Bloomfield,1933:29),而后又(相当大胆地)声称语言学研究者所面临的任务之一就是来"揭示数学的言语特征"(Bloomfield,1933:507)。虽然布龙菲尔德在《语言论》中并没有明确说明这样一个任务如何才能最好地实现,但是这句话确实表明到 1930 年代早期时,他已经开始考虑使用语言学方法来分析数学的可能性问题,而不仅仅是使用数学方法来探讨语言的根本属性。[①]

虽然布龙菲尔德对于自然语言研究有很大的影响,但是他对公理演绎方法的认同和热情,特别是他提出的语言学假设,却并没有立刻启发其他的语言学家来使用类似的方法。事实上,直到 1940 年代后期,其他的研究者才开始发展他在 1926 年的文章中就提出的基本方法。例如,1948 年伯纳德·布洛赫(Bernard Bloch,1907—1965)发表了"一套语音分析的假设"(A Set of Postulates for Phonemic Analysis),文中就直接参考了布龙菲尔德早期的作品。

> 雷纳尔多·布龙菲尔德是第一个明确表述了构成语言科学方法的一些假设的人,他的这些公理构想……在 20 多年里一直是独一无二的。现在,我们可能发现,按照最新的理论讨论来看,有必要对他所列出的一套假设的一些细节问题进行某种修改,但是这篇文章为语言学

---

① 有关布龙菲尔德后期作品里关于这一话题的一些内容,我们将在 3.7 节里另行讨论。

理论所做出的贡献的重要性并没有因此降低。将来不管
是谁，在应用假设的方法来进行语言学研究时，都会发现
他的任务因为有了布龙菲尔德所提供的模型而变得更容
易了。(Bloch,1948:3)

这段话表明布洛赫在为语音分析提供一套公理而做出努力时，部
分地受到了布龙菲尔德作品的启发，但是他的评论（即由于有"新
近的理论探讨"，布龙菲尔德所提出的具体系统须要得到修改）表
明他对于 1926 年的那套假设的局限性也是了解的。因此，布洛赫
自己就对布龙菲尔德的系统进行了几个"细节性修改"。例如，他
舍弃了布龙菲尔德关于音素实际上在声波中是显性的的假设，而
采用了（当时）同一时期出现的关于音素是抽象的语言单位的观
点。不过，尽管有了这些修改，布洛赫所使用的基本假设方法与布
龙菲尔德所提出的假设方法实际上还是相同的。尤其是，布洛赫
的假设是用英语语句来表达的，意图是毫无歧义地来定义与语音
分析有关的所有现象。例如，布洛赫的第一个假设和第一个定义
就采用了下面的形式①

1.1　假设 1:有一些人类社群通过使用约定俗成的声音符号
来进行部分互动。

1.2　定义:这样的社群就是一个言语社群。

如这些例子所示，像布龙菲尔德一样，布洛赫也没有尝试把他
的假设转换为一套精确定义的形式语言，而是满足于用自然语言
来说明他的系统。

---

① 关于这些具体的例子，请参看 Bloch(1948:6—7)。

　　布洛赫 1948 年的这套语音分析假设,预告了北美语言学界对公理演绎方法重新燃起的兴趣,其激烈程度可以从 1940 年代后期和 1950 年代早期开始出现的公理演绎语言理论的数量增长之迅速窥见一斑。这里我们就来看一个例子,[①]1955 年 F. W. 哈伍德(日期未知)发表了一篇题为"公理句法:句法微积分的建构和评估"(Axiomatic Syntax:The Construction and Evaluation of a Syntactic Calculus)的文章。这篇文章很具启发性,哈伍德在该文中既没有直接引用布龙菲尔德的作品,也没有引用布洛赫,而是声称文中所列明的方法是一种要把"数理逻辑领域的思想"应用在语言学语境中的尝试(Harwood,1955:409)。这句话表明,布龙菲尔德主要是受到了几何学(和心理学)的启发,而布洛赫是有意识地试图复兴布龙菲尔德的方法,但哈伍德则是直接受到了符号逻辑研究的影响。不过他也确实明确提到了巴希尔,这表明他对于同一时期那些有意于通过采用源于数学的方法来辅助句法研究的兴趣也是知情的。哈伍德受到逻辑研究的影响的程度,可以从他在文中所使用的术语和形式工具中明显地看出来。例如,他的基本意图是要讨论"用微积分的形式来表达句法信息并测量其与语言的契合度的方法"(Harwood,1955:409)。更准确地讲,他提出了一套系统,该系统包含了一个有限的词汇表和可以把表中的单词进行组合从而生成某种语言的句子的各种原则方法。哈伍德把句子看成是"一个依序排列的位置的集合 1,2,…,p,每一个位置都由词汇表中的一个词来填充"(Harwood,1955:410)。所以,句子

---

　　① 关于另一个重要的例子,即巴希尔的范畴语法,我们将在 3.4 节进行详细讨论。

"John discovered the path"就是一个四位句。定义了这些术语之后,哈伍德继续说道:

> 这样,一组 P 位置就可以通过 r^p 种方式从有限词表 r 中选用词语 $w_1, w_2, \ldots, w_r$ 来得到填充;我们把 N 种可能的 P 位置称作是 $w_{1\ldots r}$ 的序列。我们用 Lp 来表示 $w_{1\ldots r}$ 在 P 位置形成的 N 种可能的序列的一个子集(它们在语言 L 中以句子的形式出现),而一Lp(读作非 Lp)则指其余的形式。(Harwood,1955:410)

这个公式表明,在哈伍德的方法里,语言 L 里的句子集可以细分为两个不相交的子集;即合语法句集 Lp 和不合语法句集一Lp。他接着又说:

> 一个用来操作 $w_{1\ldots r}$ 的公理系统 S 把分布在 P 位置上的 $w_{1\ldots r}$ 所构成的 N 种可能的序列分成了可以在 S 中推导出来的子集 Kp 和其余无法从 S 中推导出来的子集一Kp。(Harwood,1955:410)

也就是说,在上面所提到的二分式的合语法性假设中,像 S 这样一个公理句法系统的任务就是要把可能的句子集合分成两个不同的子集;即,可以推导出来的序列集合 Kp 和无法推导出来的序列集合一Kp。很明显,Kp 越接近上面定义的 Lp,就越说明系统 S 的性能好。为了达到目的,在实际操作上,哈伍德的理论要求具备以下的元素(参见 Harwood,1955:410):

- 一个有限的单词集合 $w_{1\ldots r}$,它又区分为 $C_{1\ldots m}$ 种类型,使得 $C_{1\ldots m}$ 可以用作变量,而这些不同词类里的具体单词则是这些变量的值。

- 一个关于序列的初始集 $C_{1...m}$。

- 一个可以从这个初始集推导出更多序列的程序规则的
集合。

下面是哈伍德所举到的程序规则的一个例子:"假如 C_aC_i 是一个
初始序列,而 $C_i \rightarrow C_j$ 就是我们可以推导出 C_aC_j 的程序规则"
(Harwood,1955:410)。这个例子演示了从一个既有序列中推导
出另外一个序列的方法,它显然与前文(2.10)中所提到的希尔伯
特的证明图式是非常相似的,因为它为了推导出一个特定的序列
也使用了逻辑隐涵的方式。顺便提及的是,应该注意到,当哈伍德
在讨论 Kp 应当要尽可能地接近 Lp 这个事实时,他不得不说到简
洁性的问题;即,他表示系统 S 的建构应当尽可能地经济性一些。
具体来说,他曾说到"简洁性是一个不仅重要而且可以测量的特
征"(Harwood,1955:411),而这一对简洁性语法的关注,将会成为
4.3 节探讨与 TGG 有关的简约性标准时的焦点内容。

正如这一简短综述所清晰展示的,到 1955 年时,在某些研究
者看来,自然语言已经不能胜任用来分析自然语言的公理演绎系
统的说明任务了。以哈伍德为例,如上面的引文所示,他具体引入
了一套形式符号语言,使他能够比布龙菲尔德或布洛赫更精确地
说明他的初步假设,也从而使得他所提出的系统的模糊程度大大
降低。此外,必须要认清的是哈伍德系统最具启示意义的一大特
征就是这样的假设:在他所分析的语言里,所有句子(即,单词序
列)都可以归类为要么属于子集 Kp(即可以推导的句子的集合),
要么属于子集-Kp(即无法推导的句子的集合)。这个分类系统
表明,在句法理论中采用一套严格的公理演绎方法的一个自然结

果就是要接受这样的假设:合语法性是一个非此即彼的二分式的、集合论的概念:在一门语言所有句子的集合里,每一个句子都可以被证明要么是合乎语法的(即可推导的),要么是不合语法的(即不可推导的)。所以,一个句子必须要属于这两个互不相交的子集当中的某一个。这里所涉及的一些问题将会在第四章和第五章再进一步讨论。这里重点要说的是,正如通过哈伍德的作品所表明的,到了 1950 年代中期时,某些语言学家在语言学特别是句法学中复兴了对公理演绎方法的使用,他们采纳了布龙菲尔德 1926 年最初的提议,同时又使用了由逻辑系统推演而来的形式符号语言,因而其描述变得更加精确。这一进展对于 TGG 的发展有着深刻的影响,而且如 5.7 节所示,使其最早期的评说者们为之迷醉的正是 TGG 的公理演绎特质。①

3.3   递归定义

如 3.2 节所示,公理演绎方法对语言学的影响导致了 1950 年代"公理句法"(这里借用哈伍德的用语)系统的兴起,再加上希尔伯特公理演绎证明论对于以语言为基础的强调(相应地吸取了怀特海和罗素建立在语言基础上的公理演绎逻辑主义),那么其他证明论方法最终被运用到语言学语境中恐怕也就成了不可避免之事。正如 2.6 节所简短提及的,希尔伯特形式主义最为与众不同

---

①   值得注意的是在《句法结构》里乔姆斯基直接讨论了哈伍德的文章,并且把哈伍德的系统和他自己版本的短语结构语法进行了比较。详情请参阅 Chomsky(1957b:26n1)。有关 TGG 的公理演绎特征之所以让当代语言学家感到印象深刻的原因,我们将在第四章和第五章各处进行讨论。

的特征之一就是强调了在数学证明构建过程中有限方法的使用，而递归函数就被看作是这一目标的重要工具。因此，在 1930 年代、1940 年代期间，大批研究者都在提倡递归函数理论；在 1950 年代早期递归构件开始被明确引入到句法理论当中。既然初期的 TGG 形式主义使用了这些构件，我们就有必要来考察一下这些方法是如何从证明论中迁徙到语言学当中去的。[①] 但是，在为各种类型的递归函数提供明确定义之前，有必要先来概括一下以下段落中将要讨论到的一些主要观点的渊源关系，因为递归函数理论的发展实在是错综复杂且充满问题的。

概括说来，递归函数的基本概念是在 19 世纪时被提出来的，这些函数被戴德金用在了他对实数性质的调查研究上。然后，戴德金对递归函数的使用影响了皮亚诺，皮亚诺在定义数学归纳时（如 Peano1959a[1889]）使用了这些方法，之后在希尔伯特之前的一些领先的数学家和逻辑学家进一步发展了这套理论，接着希尔伯特开始提倡在形式主义语境里来使用递归函数。不过，当歌德尔在他 1931 年著名的不完整性定理中使用了原始递归函数，而且，在 1934 年引入普遍递归函数之后，这些基本理论又被赋予了特别的意义。歌德尔的研究后来在 1930 年代到 1940 年代间由邱奇、克莱尼、阿兰·图灵（Alan Turing，1912—1954）和艾米尔·普斯特（Emil Post，1897—1954）做了进一步发展。具体来说，它证明递归函数理论、λ-演算和可计算性理论等为有效计算性的非

---

① 关于原始递归函数的详细讨论，请参看 Kleene(1952)（第九章）、Crossley & Dummett(1965)以及 Fitting(1981)。Soare(1996)对 1930 年代后期以来围绕递归函数理论的各种术语问题进行了浅显易懂又不失深刻的分析，请参阅。

正式概念提供了可替代的然而却是等效的形式化说明。尤为重要的是,递归性可数集的概念在 1936 年被邱奇引入,之后在 1944 年时普斯特受到新的因素驱使又对它进行了修改。

以上综述为 19 世纪晚期到 1940 年代期间递归函数理论的基本发展提供了一个(非常)简短的总结,不过有一点或许强调得还不够,那就是,该理论从 1930 年代到现在的历史是很复杂的,因为它开始与 λ-可定义性的概念及可计算性的理论错综复杂地交织在了一起。这种交错结合的后果,将会在结论中再做讨论,而在下面的段落中则不再详细考察递归、λ-微积分和可计算性的关系,因为我们的主要焦点必须放在歌德尔的递归函数理论上。这样做的理由很简单:归纳法和递归可数集(二者主要是与歌德尔的递归函数理论相关)这样一些概念对 1950 年代句法理论的发展产生了最深刻的影响,因此对于该理论的这些方面应该进行重点考察。对讨论的范围进行如此这般的限定之后,有必要来更精确地定义一下递归函数了。

如果一个已知的递归函数被看作是由非负整数的域来定义的数论函数,那么,用不太正式的说法来说,这个函数的典型特征就是它所计算的每一个值都是由同一函数已经计算过的之前的值所规定的。也就是说,递归函数与某种特定的自我参照相关联,这可以称作是它的关键性特征。在数论函数和谓词的语境中,递归定义就包括了一对等式,其中第一个等式决定着递归终结的条件,而第二个等式则构成了递归的步骤。例如,我们可以来思考一下下面的一对等式:

$$\phi(0) = q \tag{3.1}$$

$$\phi(y') = \chi(y, \phi(y)) \tag{3.2}$$

这里,q,y,y′∈ℕ,其中 y′表示 y 紧接下来的一个数(即,y′=y+1)。
在这对等式里(3.1)定义了终结条件,因为当以 0 为变量来调用函
数 φ 时,它就会直接返回到自然数 q。相比之下,等式(3.2)定义
的是递归步骤,因为如果以自然数 y′作为变量调用函数 φ,那么
φ(y′)的值就通过调用函数 χ 而得以计算,其中 χ 带有两个变量,
即自然数 y(即,y′−1)和函数 φ(y)。我们来看一个具体的例子,
设有公式"加(x,y)=x+y","加(0,x)=x",如果我们首先调用
"加法"来求 4 和 1 两个数的和,那么通过函数而返回的值就可以
计算如下:

1. 加(4,1)=加(3,1)+1

2. 加(3,1)=加(2,1)+1

3. 加(2,1)=加(1,1)+1

4. 加(1,1)=加(0,1)+1

5. 加(0,1)=1

6. 加(1,1)=1+1=2

7. 加(2,1)=(1+1)+1=3

8. 加(3,1)=((1+1)+1)+1=4

9. 加(4,1)=(((1+1)+1)+1)+1=5

在这个例子里,对初始函数"加法(4,1)"的调用指令触发了对另外
四个连续的递归函数的调用指令,这种调令直到第五行到达"加法
(0,1)"时才终止。而一旦递归这样中止,每个递归调用指令所返
回的值就会被计算。皮亚诺曾用如(3.1)和(3.2)这样定义的等式
来定义数学归纳,而它们也一直都处于递归函数理论的核心部分。

如 2.6 节所示,希尔伯特之所以对原始递归函数感兴趣,主要

是因为它们可以取代数学证明中的$\in$-函数，而为了更好地理解为什么它是可取的，有必要来强调一下递归函数与归纳式证明之间的关系。

在数学里，归纳式证明法总是试图通过先证明某个给定的定理对第一种案例为真，而后再在此基础上证明第 n+1 个例子也为真的方法来证明该定理。因为这个证明在初始例子和其一般的后继例子中都同样有效，所以这个证明就可以理解为对所有的例子来说都为真，因为任何一个例子都可以从初始例子中通过重复应用那个归纳的步骤而得出。因此，虽然一个归纳式证明是有限的，但是它却覆盖了无限的例子。初始递归函数允许同一类型的重复推断，所以，希尔伯特认为这些函数可以保证之前不得不使用$\in$-函数的证明的有效性。相应地，递归的概念是在形式主义的核心部分被确立的，因此，它引起了其他数学家的广泛关注。事实上，递归函数和归纳的关系是极度密切的，密切到了递归可以视为是通过归纳来定义的程度（如 Kleene1952:217）。此外，递归函数使得有限的证明方法得以使用这一事实也受了很多研究者的关注，这一点常被作为一个颇具价值的特征属性来提及。例如，哥德尔就明确说道"递归函数有一个重要属性，这就是，对于每一个给定的变量值的集合，它的函数值都可以通过有限的程序被计算（Gödel,1986b[1934]:348）。这类评论所引起的一个明显问题可以表达如下：哪些类型的数论函数是可以被递归定义的？这个问题的答案在 1930 年代得到了探讨，而对它进行探讨的主要还是哥德尔，后来又被他的追随者们特别是克莱尼做了进一步的研究发展。而这些研究的一个结果是有一个关键的概念得到了长足的发展,这个关键概念就是原始递归的概念。用正式的说法来说,一个函数如果可以通过运用下面一系列的等式来定义的话,那么就可以被归结为是原始递归函数:[1]

$$\phi(x) = x' \tag{3.3}$$

$$\phi(x_1, x_2, \ldots, x_n) = q \tag{3.4}$$

$$\phi(x_1, x_2, \ldots, x_n) = x_i \tag{3.5}$$

$$\phi(x_1, x_2, \ldots, x_n) = \psi(\chi_1(x_1, x_2, \ldots, x_n), \ldots, \chi_m(x_1, x_2, \ldots, x_n)) \tag{3.6}$$

$$\phi(0) = q \tag{3.7}$$

$$\phi(y') = \chi(y, \phi(y)) \tag{3.8}$$

$$\phi(0, x_2, \ldots, x_n) = \phi(x_2, \ldots, x_n) \tag{3.9}$$

$$\phi(y', x_2, \ldots, x_n) = \chi(y, \phi(y, x_2, \ldots, x_n), x_2, \ldots, x_n) \tag{3.10}$$

上面的等式定义了当 n 和 m 是正整数时的数论函数,i 是一个 $1 \leqslant i \leqslant n$ 的整数,q 是一个自然数,而 $\phi, \psi, \chi, \chi_1 \ldots \chi_m$ 是带有所示数目变量的数论函数。用克莱尼的术语来讲,满足等式(3.3)的函数可以称为是一个后继函数;满足(3.3—3.4)或(3.5)的函数叫初始函数;满足(3.6),(3.7—3.8)或(3.9—3.10)的函数被称作是其它函数(如 χ 函数)的直接因变量。因此,如果有一个有限的函数出现序列,$\phi_1, \phi_2, \ldots, \phi_k$,且 $k \geqslant 1$,且序列里的每一个函数要么是一个初始函数,要么是序列里前面函数的一个直接因变量,而最后一个函数 ϕ_k 是函数 ϕ,那么,函数 ϕ 就被称为是一个原始递

---

① 此处讨论的著名图式由 Kleene(1952:219)提出,产生了很大影响。

归函数。

虽然上面的等式可以用来定义原始递归函数,但哥德尔很快意识到,有一些可以有效计算的函数却并不是原始递归(例如同时与两个变量相关的用归纳法来定义的函数)。因此,他明确了一类涵盖面更广的函数类,称作广义递归函数。从本质上来讲,假设有一个关于等式的系统,它可以从 $\psi_1,\ldots,\psi_n$ 来递归地定义 ϕ,那么函数 ϕ 就是关于函数 $\psi_1,\ldots,\psi_n$ 的广义递归函数。[1]

有了原始递归函数和广义递归函数的定义后,一些研究者便开始考虑递归函数理论的后果。例如,1936 年邱奇就提出了递归可数集的想法,而这个基本想法在 1940 年代早期由普斯特(特别是 Post 1944)进行了卓有影响的扩展。一般而言,如果有一个普遍递归函数 ϕ 可以把这个集合里的元素列举出来,那么一个非负自然数的集合 A 就是递归可数的。也就是说,如果 $\phi(0) \in A$,$\phi(1) \in A, \phi(2) \in A,\ldots$ 其中 ϕ 是广义递归函数,并且这个序列构成了集合 A 元素的一个枚举读数的话,那么集合 A 就是递归可数的。从句法理论的角度来看,让人兴趣十足的是,普斯特使用了动词"生成"来描述利用递归工具(比如广义递归函数)来获取集合元素的过程,因此就能说成是"被生成的集合"(Post,1944:286)。关键是,普斯特把列举递归可数集合元素的任务看成是一个生成性的问题。这样做的意义,将会在 5.6 节讨论 TGG 的时候再来考量。

就像 3.2 节所讨论的公理演绎方法一样,1950 年代时,递归

---

[1]　更多详情,参阅 Gödel(1986b[1934])及 Kleene(1952:270—276)。

函数理论也开始在那些具有数学思想的语言学家们那里得到研究。这些语言学家们渴望探索一种形式科学方法,以找到能够使语言学研究更加严谨的方法。其中,最早对语言学理论中递归定义的好处进行明确讨论的文献之一是巴希尔 1953 年的短文"论经验科学中的递归定义"(On Recursive Definitions in Empirical Science)。① 如文章标题所示,巴希尔这篇文章的主要目的是要论证递归定义不仅需要在形式数学范围内使用,也可以在经验科学的情境中得到有益的使用。作为基础递归的一个例子,巴希尔讨论了他在克莱尼的《元数学导论》(*Introduction to Metamathematics*)②中所碰到的皮亚诺的直接后继(IS)函数;巴希尔沿袭了克莱尼的思想,为这个函数提供了一个由两个部分组成的定义:

定义 3.1:IS 直接后继函数(递归)

1. $a+1=a'$

2. $a+n'=(a+n)'$

定义 3.1 可以直接用来和前面(3.1)—(3.2)的等式对作比较,因为在两种方法中,递归都是通过第二步归纳出来的。讨论完在数学语境中采用这种定义的基本含义之后,巴希尔继续表示,在经验科学中,定义也经常包括自身实际上是递归的语句,不过这一

---

① 巴希尔作品的各个方面会在本章各个小节里得到讨论。之所以要对他的作品进行突出介绍,原因在于他在 TGG 发展中的作用经常被忽略,而这种忽略实际上是不公正的,因为就连乔姆斯基自己都承认,对于 TGG 的发展来说,巴希尔是一名"假设性参与者"(引自 Kasher,1991:6)。

② 巴希尔的作品也受到了卡尔纳普 1952 年文章"意义假定"的影响,4.3 节里我们将对卡尔纳普的这篇文章进行详细讨论。

特征还没有被明确认识到。为演示他的观点,他说:"为了变一变做法"(Bar Hillel,1953a:163),他将会讨论几个来自语言学的例子。正如引语所暗示的,这种做法是出乎人们意料的,因为先前递归定义常常是与形式科学(特别是证明论)放在一起来考察的,在此之前还从来没有被明确使用在语言学理论的语境中。然而,在他对这个问题的讨论里,巴希尔采用的却是一种纯粹以语言为基础的方法,他把英语作为元语言并用它来分析他所选的目标语言:法语。在分析的一开始,他就介绍了下面的定义(参看 Bar-Hillel,1953a:163):[①]

定义 3.2:句子(乔装了的递归)

x 被称为是个句子(在法语里)当(且仅当)x 是一个体词和一个(不及物)动词的序列,或一个体词、一个(及物)动词和一个体词的序列,……,或者一个句子、单词"et"和一个句子的序列,或……

在这个定义里,术语"体词"和"动词"可以理解为分别指的是"名词短语"和"动词",而且需要注意到的是,这个定义尝试要定义的,是用通过连接词"et"结合起来的构件来表示的有可能是无限长的句子。介绍完定义 3.2 之后,巴希尔继续证明了尽管它没有明确体现出递归定义的两部分结构,但是它却是"乔装了的递归",它通过重新把句子的定义按以下方式进行表述,完成了这一证明任务(巴希尔,1953a:163):

---

① 下面例子里出现的多处省略号,全部来自于巴希尔的原文。

定义 3.3：句子（递归）

1. x 是一个句子$_1$（一个简单句）＝$_{df}$ x 是一个体词加一个（不及物）动词的序列或者一个体词、一个（及物）动词和一个体词的序列，或者……

2. x 是一个句子$_{n+1}$（第 n＋1 个复合句）＝$_{df}$ x 是一个句子$_p$、连接词"et"和一个句子$_m$形成的序列，其中 p 或者 m（或者两者都）等于 n 且都不能大于 n，或者……

这样表达后，一个句子的定义现在就采用了熟悉的"一对同时递归的定义"的形式；巴希尔继续表示，要检查某个复合句是不是"一个好的法语句子"是很"简单的"，因为这个结构可以不断地分为更小的单位直到得到它的基本构成单位（如，从句）（巴希尔，1953a：164）。如果可以做到这一点的话，那么一个句子就是"正确的"；如果不能，那么（想必）就是"不正确的"（即不合语法的）。这再一次表明，用数学（在这里指的是递归）的方法来研究句法的结果之一，就是语法性是很自然地用二分法来表达的：如果一个句子可以按照所假定的递归定义来分析的话，那么它就是合语法性的；如果不可以，那么它就是不合语法性的。巴希尔在短文结尾处吹响了战斗的号角，尽管表达的用词比较笼统，但是却注定会触动任何一个哪怕是对形式科学和语言学理论的关系只有一星半点兴趣的语言学者的心灵：

> 总之，我想说，鉴于递归定义在经验科学的概念形成中所扮演的角色，方法学家们的任务就是要投入时间和精力来评估它们在不同研究领域里的具体重要性，而科学家的任务就是要使自己熟知有关递归定义的新近研

> 究，熟悉到至少能够解除他们经常持有的在遇到乔装过
> 的递归定义时所出现的误解的程度。（Bar-Hillel，
> 1953a:165）

上述文字的基本核心是经验科学的某些领域里之所以充满了"误解"，主要是因为它们没能意识到他们所关注的现象是可以很容易地被递归定义的。再结合巴希尔自己讨论的主题：即自然语言，那么就不难得出一个结论：语言学就是被类似的误解所困扰的经验科学中的一支。这段文字同样强调更高的精确性和避免误读，它与布龙菲尔德 1926 年关于语言学研究要避免"错误"的呼吁是多么地吻合，这一点令人惊讶。所以巴希尔对于精确性的向往，当然很快就成为了那些有兴趣要把自己研究的学科变得更加数学化的语言学家们的作品当中的一个明显特征。这样的态度在布龙菲尔德、布洛赫和哈伍德的作品中已经确立，而他们只是那些积极地参与到严谨化过程当中的研究者中的少数几个代表。其他人稍后会被提及。但是，毫无疑问，我们可以认为，巴希尔使用递归定义来分析自然语言中的句子结构，这体现了他对于句法分析数学化的强烈向往，而这也成了 20 世纪中叶某些语言学研究的一个重要特征。有意义的是，巴希尔的思想在 1950 年代早期启发了乔姆斯基，5.6 节将直接来讨论递归函数理论对于 TGG 的影响。

3.4 逻辑系统

如 2.5 节简短提及的，在 *PM* 出版之后符号逻辑的发展变得复杂而不统一，因为出现了一些新的研究团体，这些研究者通常聚

集在某个学术机构,他们常常有一种强烈的愿望要改进、扩展或取代怀特海和罗素所提出的逻辑系统。这些团体当中的一个团队就是维也纳学派。关于他们的作品我们将在 3.5 节再行讨论;而本节则主要思考一下另外一个团队——后 *PM* 逻辑学家,即利沃夫-华沙学派——的有关研究。

利沃夫-华沙学派形成于 20 世纪早期,带头人是在 1895 年从维也纳搬到利沃夫的卡济梅尔兹·塔多斯基(Kazimierz Tawardowski,1866—1938)。尽管塔多斯基接受的主要是哲学和心理学的训练,但是他上任后很快就开始讲授逻辑学,逐渐地,在他的指导下,一代波兰逻辑学家成长了起来。其中主要的人物有彦·武卡谢维奇(Jan Lukasiewicz,1878—1956),斯坦尼斯瓦·列斯涅夫斯基(Stanislow Leśniewski,1886—1939),卡其米日·阿吉图库威茨(Kazimierz Ajdukiewicz,1890—1963)和阿尔弗莱德·塔斯基(Alfred Tarski,1902—1983)。尽管这一学派的每个人所追求的研究兴趣不同,但他们的作品都认识到了 *PM* 提出的逻辑系统的局限性和缺点并从中得到启发。由于后文将会清楚地提到的原因,这里将只讨论一下列斯涅夫斯基和阿吉图库威茨的作品。[①]

列斯涅夫斯基师从塔多斯基,1915 年在华沙被聘任为哲学首席教授之职。他对逻辑学发展最重要的贡献就是设计了三分法逻辑系统,该系统意在为数学提供一个比 *PM* 中包含的系统要更加

---

① 有关里沃夫-华沙学派的整体介绍,请看 Woleński(1989)。参看 McCall (1967)里相关人物的英译论文集,参看 *Historiographia Linguistica* 25:1/2(1998)里探索该学派成员语言学兴趣的精彩论文集。在本研究里,我们将在 4.5 节对塔斯基的作品进行单独讨论。

稳妥可靠的基础。这部作品的雄心壮志本身就透漏出很多信息，因为列斯涅夫斯基发起这样一个计划的事实本身就说明了在1920 年代期间逻辑主义运动仍然是非常活跃的。他对 PM 系统的种种疑问关注的主要是该系统所使用的形式符号语言内在的不完善之处；尤其是对怀特海和罗素断言算子有效性的质疑。例如，列斯涅夫斯基把命题"p"和断言"⊢p"并列在一起，然后问这两个命题是否有同样的意思。事实上，他甚至问到后者是否真的算是一个命题（Leśniewski,1992c［1927］:181—196）。至于颇具争议的逻辑类型理论，列斯涅夫斯基认为，这个理论所规定的到底是本体论层级还是语义层级，这一点并不清楚。另外，他也确信，这个理论太过错综复杂，因而无法成为一个逻辑系统基本的、符合直觉的组成部分（Leśniewski,1992b［1914］:115—128）。因此，上述这些疑问促使列斯涅夫斯基在 1914—1939 年期间逐渐地研发了一套自己的用来替代 PM 的理论系统，该系统以三分法结构为特征，他把其中主要的构件称作是"原命题"（protothesis）、"本体"（ontology）和"分体论"（mereology）。① 原命题和本体论放在一起，就形成了整个系统的逻辑基础，前者是一个建立在相等关系基础上的广义句子演算，后者则是一个把函数"∈"（将"ἐστ ί"［希腊语，意思是"它是"］的首字母进行改造后的形式∈）作为其原始词的名词演算。由这些构件提供的逻辑核心，在功能上等同于 PM 的逻辑核心。列斯涅夫斯基系统的第三个构件（即分体论）是一个建立在单原始非逻辑常量"部分"上的超逻辑理论。本质上，分体论是康托尔集合理论的一种重构，其中，集合的元素是可传递的，

---

① 有关列斯涅夫斯基系统的更多详情，请参看 Luschei(1962)。

而不是非传递性的。例如,在经典集合理论中,如果(i)x ∈ A 且 (ii)A ∈ B,未必就能得出 x ∈ B,但在分体论中,如果 if(i)和(ii)成立,那么 x ∈ B 也成立。

之所以更偏好这种集合理论的原因之一,是它使得在从逻辑公理中导出集合理论时避免了罗素悖论,因而无需再求助于扩展陈述和其他非逻辑的方法。不过,列斯涅夫斯基也试图基于自己的唯名论思想来建立一套能够替代经典集合理论的、具有可传递性的系统。这些思想体现在他声称只有个体是存在的,因此任何类型的合并或集合都不应该被当作独立的实体来操作,而应该用它们所包含的个体元素来进行定义(参看 Leśniewski,1992c [1927]:229—230,尤其是公理 II)。因此,对经典的集合必须一以贯之地加以拒绝。这一极端的立场可以看作是对集合论悖论的直接反应:一种按规范的做法建构起来的理论,如果它允许自相矛盾的现象存在,那它就必须得到修正;唯名论的聚焦点在于个体,它拒绝接受关于集合的抽象概念,因而构成了一种理论上讲可能的替代性框架。具体到关于形式符号语言,唯名论使列斯涅夫斯基把它们看作是有限的字符序列,它们可以通过各种各样的方法来进行组合从而生成更长的序列,而如 3.5 节和 3.6 节将要讨论到的,这些方法很大程度上预测到了 1940 年代建构唯名论的设计师们所主张的那些方法类型。

如上所示,对 *PM* 的瑕疵的认知启发列斯涅夫斯基形成了一套可行的替代理论,而怀特海和罗素的作品也刺激了阿吉图库威茨,他是列斯涅夫斯基在华沙的一个年轻同辈。阿吉图库威茨并没有聚焦在逻辑主义基础研究上,而是更加关注探索怀特海和罗素所合成的形式逻辑语言的句法和语义任务。尤其值得一提的是，他对于这种语言与自然语言之间存在的差异特别感兴趣。因此，他从 1931 年的"论表达式的意义"（On the Meaning of Expressions）开始，在一系列的文章中讨论了语义学和句法学的各个技术层面。在已发表的作品中，他常常只选择聚焦于定义良好的形式语言，因为相比较而言，自然语言有着"模糊而不清晰"的毛病（Ajdukiewicz,1978b[1931]:26）。但是，他一直都渴望把他的结论与自然语言联系起来。尤其应该提到的是，在这篇作品的很多部分里，阿吉图库威茨反复强调了句法与语义之间的密切联系，并试图为自然语言的各种"意义-规则"组合提供详细说明。（Ajdukiewicz,1978a[1934]:57）。由于他经常提倡要对语言采取一种相对论的视角，并且旗帜鲜明地把重点放在情景解读上，他在这个领域的作品（一定程度上）可以被视作是一种原语用学。①

　　不过，阿吉图库威茨对于句法理论的主要贡献是"句法联系"（Syntactic Connecxion）（1936）一文。文章开篇伊始，他就表明他对于形式语言句法的兴趣是受到了集合论悖论以及试图要消除这些悖论的逻辑主义运动的启发："这些二律背反的发现，以及它们的解决方法，使语言句法的问题成了逻辑学最重要的问题"（Ajdukiewicz,1978a[1936]:118）。因此，他最终受集合悖论的促发，形成了一套能够辅助"句法联系"分析的句法分析系统。到文章快结束的时候，阿吉图库威茨为"联系"提供了一个合理的定义，但是最初他是通过一个例子来说明这个概念的："John loves Ann"的这个词语符串序列就具有句法联系的特性，而"Perhaps

---

① 有关意义规则的更多信息，参看 Ajdukiewicz(1978a[1934]:57—66)。他对语用学的兴趣最终在 Ajdukiewicz(1965)里达到极致。

horse of will however shine"的序列则不具有这种特性
(Ajdukiewicz,1978a[1936]:118)。正如这个例子所示,阿吉图库
威茨关于"联系"的概念与传统的合语法性的概念是相关联的,他
在文中所发展的这类分析句法系统的基本任务就是要证明第一个
句子是有内在联系的(即合乎语法的),而第二个则不是。但是,重
要的是要清楚这样的句法联系与形式主义句法合格性(syntactic
wellformedness)的概念并不是直接对应的。因为对阿吉图库威
茨来说,句法联系是作为一个语义范畴理论发展而来的,而句法合
格性则是不需要参照意义就可以决定的。在进一步解释这个想法
时,阿吉图库威茨说他主要是受到了他的同仁列斯涅夫斯基的作
品的影响,但同时也受到了罗素和怀特海的类型理论的促发。如
下文所讨论的,阿吉图库威茨提出的句法联系理论反过来又启发
了1950年代范畴语法理论的发展。

阿吉图库威茨在他的主要理论阐释中所规划的基本方法,包
含了一个用下面的形式指数表示的语义范畴层次:

$$s,n,\frac{s}{n},\frac{s}{nn},\ldots,\frac{s}{s},\frac{s}{ss},\ldots,\frac{n}{n},\frac{n}{nn},\ldots,\frac{n}{s},\frac{n}{ss}\ldots \quad (3.11)$$

将这样的分析方法具体运用到自然语言时,每一个言语基本部分
都会和其中某一个指数有关。例如,定冠词"the"就对应于指数
"n/n",而像"lilac"一样的名词则对应于指数"n"。这样一来,就可
以通过对指数操作来进行句法分析。必须明白的是,虽然阿吉图
库威茨是为形式语言而研发这套句法分析系统的,但是他也明确
指出,对他而言,这种方法也可以有效地运用到自然语言当中。这
再一次表明一个事实,那就是在1930年代到1940年代期间,把形
式语言和自然语言分割开来的假定的鸿沟似乎正在逐渐缩小。

阿吉图库威茨的作品虽然被逻辑学家们所讨论，但却一直被语言学家们忽略，直到 1953 年巴希尔题为"一个句法描述的准算术概念"（A Quasi-Arithmetical Notation for Syntactic Description）的文章中，他的基本设想才被复活采用。巴希尔开始的目的陈述很有意思：

> 这篇文章的目的是要展示一套目前为止还算新颖的句法描述方法，它一方面结合了波兰逻辑学家 Kasimir［原文为此］阿吉图库威茨提出的方法，另一方面也包含了美国结构主义语言学家的方法。（Bar-Hillel，1953b：47）

巴希尔在脚注里说明，这里的"结构主义语言学家"具体包括了查尔斯·弗里斯（Charles Fries，1887—1967）和赛里格·哈里斯（Zellig Harris，1909—1992），而这两个人都可以大致上归为后布龙菲尔德学者（post-Bloomfiredians）。虽然可能没必要，但是我们还是想强调一下，尤其是哈里斯的作品，在 1940 年代和 1950 年代早期时是极具影响力的，他的《结构主义语言学的方法》（*Methods in Structural Linguistics*）（以下称作 *MSL*）（1951）强调了分布发现程序，帮助定义了结构主义语言学的基本方法。[①] 正如后面几章所示，巴希尔坚信从形式科学得出的方法可以和结

---

① 有关哈里斯"程序"的最好的信息来源当属 *MSL* 本身。但这里我们可以给大家举个例子，典型的分布（形态音位）程序是那种被称为"一个语素的变体里的替换音素"的程序。对于这一程序的目的和功能，哈里斯总结如下："我们把一个语素的不同成员中相应部分可以相互替代的那些音素归结为一个形态音位"（Harris，1951：224）。因此，"knife"和"knive"就被归结在一起属于同一个形态音位序列//nayF//。有关分布语言学的更多详情，请参看 Matthews（1993）第三章。

构主义语言学家们所采用的方法结合起来,这一点在 1950 年代时经常挂在各类研究者的嘴边,而这些讨论所认为的数学方法和结构语言学方法的直接联系或兼容性的一些理由,我们将在 3.7 节再行讨论。在这儿完全可以这样说,对于巴希尔来讲,他们之所以认为存在这个联系,是由于从逻辑学获得的某些方法满足了结构主义对一种机械式操作的分析程序的需求。不过,为了更充分地了解巴希尔的思想,关键还是要知道整篇文章的重点都是放在了句子结构的"描写"上,而并非是主要放在哈里斯(和其他人)所追求的那类机械的发现程序上。正像巴希尔自己所说的那样:

> 我们这里对研发一套语言学家可以用来**获得**语料库分析的方法不感兴趣,而只是对一种新的可以被语言学家用来**呈现**自己的研究结果的方法感兴趣。(Bar-Hillel,1953b:47)

这句话的一个可能的含义是,对于巴希尔来说,哈里斯式的发现程序并不是最重要的,而我们这样解读的原因是合理的,因为正如 5.3 节讨论 TGG 时所展现的,这种对发现程序缺乏关注的现象在那些在 1950 年代早期时认识变得成熟起来的年轻一辈语言学家中开始变得非常突出。特别值得一提的是,对这些程序的拒绝被认为是成熟的 TGG 中最激进的方面之一。

不论其初衷是什么,巴希尔在表明了阿吉图库威茨的句法分析方法可以和结构主义语言学方法结合起来的观点后,就开始讲起了后来(在语言学圈子里)被称作范畴语法的基本理论。这个基本方法包含了基本句法范畴的定义和操作。例如,假设有一个句子"Poor John sleeps",和阿吉图库威茨一样,巴希尔声称这个结构可以用两个范畴"n"和"s"来进行详尽分析,他是这样来定义它们的:

- n:"类似名称的字符串"范畴
- s:句子范畴

有了这两个定义后,他接着引入了下面的派生范畴:

- n/[n]:它是这样一些语符串范畴:在它们的右边加入一个 n,就会形成了一个属于范畴 n 的字符串;
- s/n:它是这样的语符串范畴:在它们的左边加入一个 n,就会形成一个属于范畴 s 的字符串。

有了上面的定义后,对句子"Poor John sleeps"的范畴分析就只需要把这个句子和下面的指数序列对应起来:

$$\frac{n}{[n]} n \frac{s}{n} \tag{3.12}$$

其中,"n/[n]"指的是形容词"poor","n"指的是名词"John",而"s/n"指动词"sleeps"。因此,子序列"n/[n]n"就可以缩减成 n,生成了(3.12)的"第一个推导式":

$$n \frac{s}{n} \tag{3.13}$$

这接下来又可以缩减为"s",形成了(3.12)中的初始指数序列的"第二个也是最后一个推导式"。由于字符串的最后一个推导式属于范畴 s,而它又构成了一个合法的句子,那么这个句子也就可以被认为是合语法的。正如巴希尔所评论到的,也正如他的文章标题所示,上面所描绘的过程是"像普通的数学分数相乘一样的东西"(Bar-Hillel,1953b:48)。而且,如前面表明的,正是这个过程的机械性特征使它能够与结构主义语言学的方法融合在一起:采用巴希尔的分析程序之后,自然语言的句子就可以转换为用形式语言合乎语法的语符串,然后就像代数系统里的各个部分一样(不参照意义)进行运算。

和1950年代出现的句法理论的形式公理方法(在3.2节所讨论的)一样,巴希尔的作品暗示了符号逻辑学中所使用的形式语言类型(尤其是阿吉图库威茨所提出的方法)是与自然语言密切相关的。因此,以分析前者为目的而发展起来的方法完全可以在改编后用来分析后者。虽然巴希尔提议的句法分析方法类型一直未能明确地囊括到 TGG 的框架中,但是它却清楚地证实了逻辑句法的方法技巧可以使用在语言分析当中,而这是非常有意思的,因为,如第五章所示,TGG 本身就大大借鉴了符号逻辑学的方法。

3.5 建构系统理论

本章的前面几节讨论了形式科学对语言学的三个具体方面的影响,即公理演绎方法的影响、递归函数理论的影响和逻辑句法的影响。这一节将来描述一下建构系统理论,因为它也对1950年代的句法理论产生了持久的影响。这个理论最开始由卡尔纳普提出,起源于用 PM 的逻辑方法技巧来解决传统哲学问题的尝试。特别值得注意的是,这个理论后来在乔姆斯基发展 TGG 理论时产生了直接的影响,因此有必要来详细了解一下它的根源。

卡尔纳普在1928年出版了他的第一部专著《世界的逻辑结

构》(*The Logical Construction of the World*)(以下简称为 *LCW*)。[①]
将他引向这部作品里所采用的哲学立场的智识奥德赛之旅是漫长
而曲折的。在 1910 年到 1926 年期间他做学生时,就已经在耶拿
(Jena)和布亨巴赫(Buchenbach)学习过实验物理、数学逻辑(跟着
弗莱格)和哲学。由于兴趣又多又杂,他在一开始时虽然几经挣
扎,却未能提出一个对单个学科来说是可以接受的研究计划,不过
在 1921 年他最终还是获得了博士学位,并立刻着手写作 *LCW*。
这本厚厚的书卷是在 1922—1925 年期间写成的,并在他动身前往
维也纳之前得以出版。随后在维也纳,他成了著名的维也纳学派
这个兴趣繁杂的、由知识分子和学者组成的团体当中重要的人物
之一。维也纳学派起源于 20 世纪早期,当时维也纳的学生翰斯·
汉(Hans Hahn,1879—1934)、奥托·努厄拉斯(Otto Neurath,
1882—1945)和菲利普·福兰克(Phillip Frank,1884—1966)正着
手讨论有关逻辑、数学、哲学和科学之间关系的各种想法。翰斯于
1921 年以讲师身份回到维也纳,并成功安排摩里兹·石里克
(Moritz Schlick,1882—1936)做了归纳哲学的首席教授。石里克
是物理学科班出身,但却对认识论和伦理学的各种话题很着迷。
他开始在 1920 年代早期组织领导过一些咖啡馆的讨论小组的活

---

① 卡尔纳普文章的标题为翻译者提出了几个难题。原文真正的标题是 *Der
logische Aufbau der Welt:Versuch einer Konstitutionstheorie der Begriffe*,其中的
"*Aufbau*"一词在哲学作品里往往对应于英语里的"结构"(Structure)。难就难在卡尔
纳普还经常使用名词"*Konstitution*",而该词所表达的概念往往被认为是对应于术语
"建构"(Construction);但是,实际上把"*Aufbau*"翻译为"建构"才是更准确的英文翻
译。好在术语难题并不是这里的中心议题,因此就采用了这一翻译。有关该问题复杂
性的更多讨论,参看 Richardson(1998:6n3)。

动,通过这些聚会活动慢慢形成了维也纳学派。其他的核心成员还有卡尔-门格尔(Karl Menger,1902—1985)和哥德尔(Gödel),(简单来讲)这个分散的团体被一个共同的愿望团结在了一起,意在把哲学从形而上学主义者的手中拯救出来,使哲学变得更加精确,精确到像数学和物理学一样。具体来讲,这个学派的成员追求的是为各门科学提供一个稳妥可靠的基础,他们拒绝形而上学,主张使用逻辑分析来进行哲学质询。再加上卡尔纳普自身的兴趣所在,结果就是,当他 1925 年加入这个学派时,很快就成了该学派的重要人物之一,这一点都不令人感到意外。实际上,尽管 LCW 是在他去维也纳之前完成的,但是几年之后这本书开始被看作是与维也纳学派中所谓的逻辑经验主义运动有关的开创性文本之一,因为这本著作深刻影响了古德曼和奎因(这两个人随后又影响了乔姆斯基)的研究,所以,有必要简单来总结一下这本书描述的哲学思想。①

在他 1963 年的"学术思想自传"(Intellectual Autobiography)中,卡尔纳普回忆说,在 20 年代期间,他已经"多次尝试过把普通语言的概念与周围的环境事物和它们可以观察到的属性和关系联系起来进行分析,并尝试在符号逻辑的帮助下来建构这些概念的定义"(Carnap,1963:16)。让我们惊讶的是,卡尔纳普从一开始

---

① 像所有企图用几段话来讲述维也纳学派的总结性文字一样,这个总结也难免在很多方面是不够准确的。幸运的是,已经有一大批文献对逻辑实证主义本身以及维也纳学派本身进行了介绍。例如,魏恩贝格的经典之作《逻辑实证主义调查》(*An Examination of Logical Positivism*)(1936)仍然是同一时期的精辟之作,此外 Ayer 的《语言、真理和逻辑》(*Language, Truth and Logic*)(1936)也非常具有影响力。有关维也纳学派核心论文的选集,请看 Ayer(1959)及 Hanfling(1981)。近年来出现了对于整个运动的标准解读提出挑战的修正主义声音,具体参看 Richardson(1998)和 Friedman(1999)。

就对"普通语言的概念"感兴趣,因为这个研究是他探索逻辑认识论的开端,而这最终影响了句法理论的发展。他所采用的一般方法是利用 *PM* 提出的逻辑系统作为考察知识获得问题的工具。这个基础项目当然也受到罗素 1914 年发表的那部具有挑衅意味的《我们有关外部世界的知识》(*Our Knowledge of the External World*)的影响,该书就曾经探究过用这种方法研究认识论问题的可能性。① 具体来讲,在 *LCW* 中,卡尔纳普明确关注的任务是创造一个 Konstitutionssystem,或曰"建构系统",他是这样陈述的:

> 现在的这些调查的目的是要建立一个"建构系统",亦即一个有关物体或概念的认识论–逻辑系统……,与其他的概念系统不同,一个建构系统所要做的不仅仅是把概念区分为不同的种类并调查这些种类直接的差异和相互关系,除此之外,它还试图要一步一步地从某些基础概念中推导或"建构"所有的概念,这样就可以产生一个概念族谱,其中每一个概念都有自己确切的位置。建构论的主要议题就是所有的概念都可以用这种方式从少数几个基本概念中推导出来,而正是它这个方面的特点使它与其它大多数分类学区分开来。(Carnap,1967[1928]:5)

如卡尔纳普继续解释的那样,更确切地来说,一个建构系统应包含一个基本元素的集合和一个基本关系的集合,将这二者结合起来就构成了整个系统的基础,结果是这个系统所有其它的物体("Gegenstanden")最后都可以采用这个基础来进行定义。也就是

---

① *LCW* 和罗素作品的关系近来得以重新讨论。例如,参看 Richardson(1998:22—30)里的评论。

说,那些在逻辑认识论这个大框架下进行研究的哲学家们所面对的任务,就是以无法再简化的原始概念和它们之间存在的基本关系为基础,为话语环境里所有的东西生成一个定义族谱。

在 *LCW* 里,卡尔纳普在开始着手实际创造认识论逻辑建构系统之前,先长篇讨论了尝试建构任何此类系统之前一定会面临的各种各样的形式难题。他特别指出了四个方面的主要问题,并将它们称作是:(i)基础部分的问题;(ii)提升形式的问题;(iii)目标形式的问题;和(iv)系统形式的问题。他还简要地把这些问题总结如下:

> 首先,必须要选定一个基础,即一个能使系统中所有其它成员都建立在其基础之上的最低层次。其次,必须要决定可以使我们用来从一个层次提升到下一层次的重现形式。第三,必须要研究各种类型的目标对象如何才能通过重复运用那些提升形式而得以建构出来。第四个问题关注的是对不同类型的目标对象进行分层次安置之后所形成的系统的整体形式。(Carnap,1967[1928]:47)

卡尔纳普宣称问题(ii)、(iii)和(iv)与问题(i)密切相关,因为基础的选择基本上决定了所创造的目标对象的形式以及它们产生的方式,而这两个特征又大体上决定了整个系统的性质。既然这一大堆相互关联的技术问题对于卡尔纳普的逻辑认识论方法具有如此根本的重要性,而他最有影响力的后继者们对这些问题进行过探讨,这里就有必要对此进行一下简短讨论。

如上所述,在 *LCW* 中,卡尔纳普采用了 *PM* 提出的逻辑框架。也就是说,他的系统使用了逻辑常量(如否定、析取等)、变量、

逻辑算子(如全称算子和存在算子)、n 位函数和其他一些诸如在
2.5 节已经总结过的由怀特海和罗素发展的符号逻辑工具。因
此,基础的问题就可以归类为一种逻辑之外的问题,因为它关心的
是除了逻辑基础之外还必须要假设的基本元素和关系的选择。卡
尔纳普在他的系统里使用的基本元素是不可分析的基本经验
(Elementarerlebnisse)。这一选择表明了 *LCW* 中所描绘计划的
一大特点,那就是现象学和符号逻辑的糅合。在他的学术思想自
传里,卡尔纳普表示正是对现象学的这种关注使得这部作品与他
之前的研究区别开来。

> 在韦特海默(Wetheimer)和苛勒(Khler)的格式塔
> 心理学(Gestalt psychology)影响下,我的方法发生了改
> 变。我认识到,习惯性地把物质的东西分析为可分割的
> 感官数据的方法是不充分的——因为一瞬间的视觉域,
> 或许甚至一瞬间的整个经验,都是作为一个整体单位发
> 生的,而所谓的简单感官数据则是一个抽象过程的结果。
> 因此,我用来作为元素的应该是整个的瞬间经验,而不是
> 单个的感觉数据。我提出了一种叫作"准分析"(quasi-
> analysis)的方法,它可以在相似关系的经验基础上,将我
> 们的思维引导向那些通常被认为是构件的个体所组成的
> 逻辑构式。在经验中某个原始关系的基础上,准分析的
> 方法一步步产生了各种感官域——先是视觉域,然后是
> 视觉域里的各个位置、颜色及它们的相似系统、时间顺序
> 等。(Carnap,1963:16—17)

上面所指的"相似关系"构成了包含在系统基础内的唯一超逻辑关

系。这个关系"Rs"被解释为"相似的回忆"。也就是说,关系语句
"x Rs y"指的是"x 和 y 是可以通过比较 x 和 y 的记忆图式而确
认为部分相似的基础经验"。(Carnap,1967[1928]:127)从这个
超逻辑的原始关系中,卡尔纳普就能推导出更复杂的关系,如"部
分-同一性"。虽然如上面所示,这些关系都是逻辑之外的概念,
但是很明显,不管是从所使用的概念还是从它们被定义的方式
来看,卡尔纳普都受到怀特海和罗素在 PM 中所提出的(特别是
前文 2.5 节曾简要讨论过的标号为 *23—*38 的)关系理论的深刻
影响。

假定了这一最低限度的基础后,卡尔纳普进而又通过定义的
方式来建构更大的目标对象;亦即,新的对象是通过如下的演示手
段来定义的:对新的对象所进行的描述或者可以转化为对该系统
的基本元素的描述,或者可以转化为对已由这些基本元素本身建
构出来的对象的描述。这样的定义就被称作是显式定义。不过,
如果引入了一个概念但却不能用显式的定义来对它进行详细说
明,那就需要一个隐式定义的程序,从而允许它上升到一个新的建
构层。[①] 结果,各个建构层(最终由超逻辑的基础决定)基本上就
决定了所创造的整个系统的结构。因此,正如早先所提及的那样,
系统形式的问题是与基础问题直接相关的,而这种关系在某些卡
尔纳普的直接后继者们那里得到长篇讨论,其中包括奎因。

奎因最早接触到卡尔纳普的 LCW 似乎是在 1930 年代早期,
当时他在哈佛的一个研究生同学发现了这本书。虽然奎因博士阶
段的研究由怀特海亲自指导,并且是致力于简化 PM 的方法,但

---

① 详情参看 Carnap(1967[1928]:65ff)。

是他对整个维也纳学派的研究，尤其是对卡尔纳普的兴趣如此浓烈，促使他采纳了两位朋友的共同建议：申请一份奖学金，以使他能在维也纳待一段时间。他的申请获得了成功并在 1932 年 9 月到达维也纳这个城市。这次远行的结果就是，奎因成为将维也纳学派的思想传播到北美去的渠道之一，这个过程（最终）对句法理论产生了重要的影响。

奎因在维也纳一直待到了 1933 年 5 月（他在维也纳逗留时还穿插着对其他欧洲城市的频繁访问），在此期间他开始与石里克学派的各个成员密切交往起来。随着他德语的快速进步，他参加了这个团体的每周聚会，甚至还陈述了一篇概述他博士研究的短文。刚到维也纳，他就已经失望地发现卡尔纳普当时刚刚去了布拉格，但是在 1933 年卡尔纳普到访维也纳时他们两个还是被安排见了一次面。从此，开始了一段奎因后来自己描述为"旷日持久的思想约定"（Quine,1985:98）的关系。同年 2 月，奎因去往布拉格，受到卡尔纳普长达几个星期的招待；期间，他去听了卡尔纳普当时即将出版的《语言的逻辑句法》(*The Logical Syntax of Language*)（以下简称 *LSL*）的讲座课程。卡尔纳普鼓励奎因读他当时还在准备过程中的这本书的打印稿，所以，奎因对于卡尔纳普的最新作品有了详细的了解。[①] 回到哈佛后，奎因渴望把他在欧洲接触的一些思想传输给他的一些同辈们。所以，他在 1934 年 11 月讲授了卡尔纳普的最新作品，还在 1935 年领导了一系列有关 *LSL* 的

[①] 关于奎因本人对于他在维也纳的时光的详细叙述，参看 Quine(1985:86ff)。近来对奎因 Quine 的作品做出了有意义的评价的是 Orenstein(2002)，其中就讨论了乔姆斯基与奎因的复杂关系。

"非正式讨论会","参与者包括一个叫作[大卫]普劳尔([David] Prall)的教授,一个叫亨利·雷纳尔多(Henry Leonard)的讲师和一些研究生,其中包括纳尔逊·古德曼(Nelson Goodman),查尔斯·史蒂芬森(Charles Stevenson)和约翰·库利(John Cooley)"(Quine,1985:122)。[①]

1935 年 12 月时,因为要在芝加哥过冬,卡尔纳普自己也参加了这个群体。在哈佛时,他还讲授了 *LSL*,而古德曼和奎因(以及普劳尔和雷纳尔多)则担当起了他的思想保镖:"我们作为卡尔纳普的追随者与他一起踏过形而上学派的'阵营'"(Quine,1985:122)。这些互动似乎是互相得益的,它们在一定程度上决定了主要参与者们接下来几年里采取的研究路线。特别是奎因,他开始越来越多地关注与形式语言句法有关的技术难题。他对句法的兴趣可以清楚地通过他当时出版的两部教材(特别是 2.8 节讨论过的《数理逻辑》(*Mathematical Logic*)(Quine,1940))和一些期刊文章看出来。例如,受塔斯基(Taski)和汉斯·艾玛士(Hans Hermes)(b. 1912)作品的启发,奎因写了一整篇文章探讨串联在形式语言理论里的作用,暗示了串联关系可以为整个算术提供一个切实可行的基础(Quine,1946)。正如 5.4 节所示,这些思想的一些组成部分后来会在 TGG 里再现。

也正是在参与这些专门针对 *LSL* 的讨论会期间,古德曼和奎因开始了频繁的交往,再加上他们之间各自的哲学偏好,不出意外地,他们很快便成了朋友和合作者。虽然古德曼年长奎因两岁,但是他的学术生涯进展得更缓慢一些,不过到两人相遇之时,他的各

[①]　关于奎因有关卡尔纳普的讲课的全部文本,参看 Creath(1990:47—103)。

种学术兴趣已经开始汇合。事实上，他已经积极参与到了亨利-雷纳尔多研究卡尔纳普逻辑认识论若干问题的研究项目中，这最终也为他 1941 年的博士论文提供了素材。时机成熟的时候，古德曼和雷纳尔多在他们三人从美国剑桥（他们刚从这里离开卡尔纳普）回巴尔迪摩的路上第一次把他们的秘密研究计划透露给了奎因，而奎因对这段对话的回忆则表明当时他已经清楚了这项研究的来龙去脉：

> 我们在酒店房间里一直聊到凌晨四点。他们关注于建立一套感知质量的系统理论，做法与卡尔纳普的 *Logische Aufbau der Welt* 有很多相似之处。作为一种补充理论，他们提出了一个关于部分-整体的关系逻辑，我感觉到这就是列斯涅夫斯基所谓的分体论。他们之前是每两周见一次面来讨论这个项目，而我也很愉快地加入了他们随后的碰头会当中去。雷纳尔多后来被人叫走了，但是古德曼和我则继续碰面。这个计划在尼尔森的论文中开花结果，他后来把它修改并冠以《现象的结构》（*The Structure of Appearance*）的书名出版。（Quine, 1985:124）

我们在 3.4 节讨论过列斯涅夫斯基的"分体论"并强调了这一思想的唯名论特征。虽然古德曼（和雷纳尔多）在对列斯涅夫斯基的研究毫不知情的情况下提出了部分-整体关系的概念，但是正如后文所示，这两种方法无疑都共享有同样一种唯名论思想。不过从总体上来看，奎因关于古德曼和雷纳尔多的计划直接受到了 *LCW* 的启发这一论断是完全准确的。事实上，当古德曼的博士论文《质量的研究》(*A Study of Qualities*)最终提交时,大家普遍认为这实际上是想要对卡尔纳普在 *LCW* 中所提出的那种建构系统做改进的一种尝试。事实上,在随后几年时间里,卡尔纳普自己也开始意识到古德曼是第一个对他在早期作品中所提出的问题做了直接回应的哲学家之一。[①] 而古德曼对于卡尔纳普 *LCW* 的熟悉程度,也通过他 1940 年代和 1950 年代期间所发表的文本中频繁引用 *LCW* 这一事实而自显出来。例如,在出版于 1951 年的《现象的结构》(*The Structure of Appearance*)(此后称为 *SA*)的第五章就包含了一个有关 *LCW* 的延伸性总结和批判,而这样的对于卡尔纳普的作品既崇拜又不满的对立统一是古德曼的典型态度,如在 *SA* 中,他声称"我所做批判性考察的目的不是要贬低(卡尔纳普的)成就,而是要明确剩下的问题到底在哪里,并在可能的情况下为解决它们铺平道路"(Goodman,1951:114)。12 年后,在写作那篇发表于 1963 年的文章"《世界的逻辑结构》的重要性"(The Significance of *Der logische Aufbau der Welt*)时,针对其他研究者对卡尔纳普那部著作的批判抨击,甚至包括来自卡尔纳普本人的自我批判,古德曼都热忱地为其辩护,这篇文章因此也就成了为卡尔纳普逻辑认识论进行强有力辩护的辩文。

所以,古德曼和雷纳尔多进行的研究项目毫无疑问受到了卡尔纳普 *LCW* 的直接启发,而且奎因最终也参与其中。同样毫无疑问的是,这个研究项目为 1930 年代后期古德曼的学术作品提供了主要焦点,因为它催生了其处女作"个体计算方法及其使用"

---

① 有关卡尔纳普对于他的作品与古德曼作品之间联系的解释,请参看 Carnap (1963:19)。

(The Calculus of Individuals and its Uses) 的发表：该文发表于
1940 年，是与雷纳尔多合作完成的。这篇文章的主要目的是辅助
多级关系在建构系统中的使用。多级关系是一种谓词，它携带了
种种多级别的类作为其论元，因此不能按系统里最终定义原始元
素之间相互联系的二价关系来进行分析。例如，正如古德曼和雷
纳尔多所演证过的，谓词"见面"是一个多级关系，因为任何数目的
人都可以与任何数目的其他人见面，所以绝不能把见面这个事件
简单地分析为所有关于两个人见面的个体事件的总和，因为这样
分析并不准确。由于这些原因，也部分地受到古德曼和雷纳尔多
所称的"经济性考量"（considerations of economy）（Goodman
and Leonard,1940:51）的影响，那些在更广义的逻辑认识论框架
下工作的哲学家们，被逼无奈要拒绝把多级关系作为其建构系统
的原始概念。相应地，古德曼和雷纳尔多则希望鼓励对这些关系
的使用，从而引入了"部分-整体"关系，"x|y"表示"x 和 y 没有共
同的部分"，并证明了这个关系可以用来更直观地分析这些关系。
如前文所示，这正是奎因所认为的古德曼和雷纳尔多的作品是把
列斯涅夫斯基的分体论进行了独立重组的那部分事实。特别有意
思的是，古德曼和雷纳尔多引证说，以前人们之所以拒绝认为多级
关系可以作为建构系统超逻辑基础的合适谓词，其原因之一正是
"经济性考量"，此后，这样的经济性考量逐渐主宰了古德曼接下来
20 年的学术研究。更具体地讲，部分受到了他第一篇文章里定义
的部分-整体关系的探索的驱动，古德曼开始认为"简约性"和"经
济性"是系统构建中至关重要的方面。但是他也认识到这些相关
的概念在当时的使用是不一致的，而且它们的确切含义也是需要
澄清的。因此，在 1940 年代和 1950 年代期间，他就开始尝试做这

样一种澄清工作。

尽管"简约性"这个术语有直觉上的吸引力,但是古德曼意识到如果要想使人们充分认识到根本简约性在建构系统理论中的中心地位,就必须为它提供一个形式化的定义。他也认识到当时已有的定义是显然不充分的。他的研究方法背后的直觉假设是,一个拥有更简约、更经济基础的建构系统比其他使用更复杂基础的可选系统会更胜一筹。一开始,确定两个基础之相对简约性的最容易的方法似乎就是来简单数一数超逻辑初始概念的数目;当然,有了这样的目标后,古德曼就希望能提出一些减少此类初始概念的数目的方法。例如,在1940年和奎因合写的文章"消除超逻辑假设"(Elimination of Extra-Logical Postulates)中,古德曼提出了一套使得基础关系被消除的定义性方法。例如,如果一个基础包含了初始可传递关系"Pt"(这个符号表示"是……的一个空间部分"),那么"x Pt y"就表示"x 是 y 的一个空间部分",这个关系可以用超逻辑假设来确定:

$$\forall x \forall y \forall z \left[x \text{ Pt } y \wedge y \text{ Pt } z \rightarrow x \text{ Pt } z \right] \qquad (3.14)$$

这里没有把"Pt"作为一个基础的初始元素,而是可以引入更普遍的表示空间重叠的关系"O",所以,关系"Pt"的可传递性就成了一个定理而非一个初始概念:

$$x \text{ Pt } y =_{df} \forall z \left[x \text{ O } z \rightarrow y \text{ O } z \right] \qquad (3.15)$$

也就是说,(3.14)变得没必要了,因为按照可以用系统的逻辑构件推导出来的(3.15),它仅仅是一个缩写而已。这样一来,基础里的各种超逻辑初始概念都可以被"纯定义"取代(Goodman and Quine,1940:104)它们的数目也就可以减少。事实上,古德曼和奎因继续证明了"通常可消除的"(ordinarily eliminable)这样的初始概念（Goodman and Quine，1940：109），这使他们提出应该要重新评估已知的与建构系统基础有关的相对经济性考量。需要强调的是，他们认为必须要区分"真实的和表面的经济性"（real and apparent economy）（Goodman and Quine，1940：109），在随后的作品中他们两个都继续进一步探讨了这样的区分。例如，奎因在他 1953 年的《从逻辑的观点看》（*From a Logical Point of View*）（此后称为 *LPV*）全书里，回到了理论内部简约性的概念上，统一区分了仅仅是概念方便的"实用表达的经济性"（economy of practical expressions）和有效"简化理论论述"（simplifies theoretical discourse）的"语法和词汇的经济性"（economy in grammar and vocabulary）（Quine，1953：26）。借用上面引入的术语来讲，前者的关注点是"表面的"（apparent），而后者的关注点则是"真实的"（real）。相似地，古德曼也认为假如只是简单地把一个给定基础的所有超逻辑初始概念联系起来的话，就只是获得了表面的经济性。因为任何系统的基础都可以用这种方式轻易地进行缩减，所以推翻了用清点超逻辑初始概念数目来作为决定各个系统相对简约性方法的有效性。显然，这里迫切需要一种更精确地来研究基础的经济性问题的方法。古德曼关于这个话题的思索揭示了很多信息，值得在这里全文引用。

　　我们显然需要一种对概念的相对简约性和复杂性进行测量的方法……我们不需要能够决定一个给定概念是否在每个方面都比另一个简单，而只需要看看它在那些与经济性有关的方面是否是更简单的。自然，任何简约性的标准都必须在宣称的界限之内符合我们有关普遍简约性的更强烈、更合理的直觉。但是除此之外,就我们现在的目的而言,关键的考验是,用一个更加简单的概念替换一个既有概念时是否确实一般都需要——因而也预示着——对某些涉及的概念的特殊知识的运用。正是这点决定了经济性的重要性和纯粹性。如果通过使用诸如此类的某种自动程序总是能够使得基础的超逻辑初始概念的数目减少到一,一个按现有标准来说不那么简单的概念总是可以或甚至往往会被另一个更加简单的概念所取代的话,那么这个标准对我们的目标来说就是不能令人满意的。(Goodman,1943:108)

这里提到的几个问题都是值得突出强调的。例如,一定要清楚的是,对于古德曼来说,只有当涉及一个概念被另一个概念所取代,而且这个取代是受到"所涉及概念的一些特殊知识"的驱动时,简约性的考量才是有效的。因此,需要有几种简约性的标准来量化经济性的程度,经济性的程度应该是与两个给定的建构系统各自的基础的超逻辑初始概念相关联,所以,在他 1949 年的文章"谓词的逻辑简约性"(The Logical Simplicity of Predicates)中,古德曼就为唯名论建构系统提出了一个可能的标准。他提出了一个为给定的系统基础谓词赋值的复杂性测量方法。一开始,这个测量方法仅仅是用公式 $2n-1$ 来计算 n 元谓词的复杂性值。例如,一个 2 元谓词、3 元谓词、5 元谓词,分别对应的值是 3、5 和 9。复杂性测量方法揭示出:一个包含 5 元谓词的基础会比包含 2 元谓词和 3 元谓词的基础要更加复杂,因为这两个例子的基础的复杂值分别是 8 和 9。古德曼进而研究了谓词结构的其他方面,包括结点和分段的数目，最终一个既定谓词的复杂值就是通过计算初始复杂性测量的值再加上结点和分段的数目来决定的。[①] 他也强调了这些数目是依赖于既有信息的：如果不知道给定的谓词有多少结点和分段的话，那么（显然地）这些值是不能包含在复杂性测量中的。

古德曼在后来的几篇文章和 SA 中进一步阐释了他的复杂性测量方法。例如，1950 年他提出了一个更好的清点谓词结点的方法（Goodman，1950），而后在 1955 年，他又修改了对这个问题的整个研究方法，尝试把复杂性测量的任务建立在公理的基础上（Goodman，1955）。此外，在 1952 年的文章"关于简约性的若干新想法"（New Notes on Simplicity）中，他探讨了在两个复杂值一样的超逻辑基础中做出选择的问题，下文是有关他的启发决策标准的说明（参看 Goodman1952：190）：

如果 A 和 B 是两个计算复杂性相等的可选的不同基础，那么在下列情况下我们将选择 A 而不选择 B：

（i）每一个都包括一个谓词，但是 A 的论元更少些；

（ii）在谓词数和论元数方面，A 完全像一个由 B 的一些谓词组成但不是由 B 的全部谓词组成的基础，或者：

---

① 简而言之，古德曼意识到，"结合"（joints）和"分段"（segments）是测量简约性的有效措施。n-阶谓词把它的 n 阶里的某一阶的每一个占有者和其他阶的占有者结合了起来。因此，古德曼就能够对结合做出如下定义："结合的数……等于在最小阶对里把谓词所有的阶都连结起来的阶数——也就是说，为谓词里的每两个阶之间都提供了一条包含了相应集合里全部对阶之间的步骤的路线"（Goodman 1949：36）。相对应地，分段的定义就通过占有者相等的阶来进行表述，而其中的指导直觉是如果只有少数阶拥有相同的占有者的话，那么 n-阶谓词就会更加复杂。正如古德曼所说："既然与其他任何一阶拥有相同占有者的所有的阶都属于我称之为分段的范畴，那很显然在决定复杂性方面，分段而非阶数要更为重要"（Goodman 1949：37）。

（iii）在应用完上面两个规则后，A 和 B 虽然还有同样的论元数，但是 A 的谓词更多，所以论元和谓词的比率较低。

这些标准使得某一个基础在复杂性相等的情况下更受青睐，而且它们也为把基础分析和选择简化到一个基本上是机械式的步骤这一任务做出了贡献。

尽管相信基础经济性和复杂性测量对于创造建构系统的任务来说至关重要，但是古德曼自己也意识到系统理论这方面的重要性并不一定是立刻就能显现出来的。有一种明显的反对意见就认为，一个建构系统基础的内在的简约性仅仅是出于审美考量而设定，而对所产生的系统本身并没有什么重大的影响。在 1943 年的文章"论概念的简约性"（On the Simplicity of Ideas）中，古德曼明确反驳了这个论断。

追求一个系统基础的经济性的动因和建设一个系统本身的动因是相同的。对于一个给定的概念 A 来说，只要我们发现 A 和其他初始概念之间没有足够亲密到允许用它们来定义 A 的话，那么 A 就需要被保留下来作为系统的初始概念。因此在不会改变的不充分的前提下，初始概念能被减少得越多，这个系统就越能综合地展示出它所包含的主题之间的相互关系网络。当然，比起关注如何来定义某些概念以区分于其他概念的具体问题来，我们经常会更少关注简化我们的基础的明确努力。但是这些特殊的推导问题，这些认为某些概念是能够被其他概念消除的问题，只是普遍经济性问题的几个例子而已。因此，如果把寻求经济性看成是受到对表面整齐性的癖好所驱使的一种游戏，那就大错特错了。有些经

123

济性可能相对地没那么重要,但是如果把所有的经济性都看成是琐碎做法不可避免的后果,那就等于是愿意在一开始就接受所有的概念都是初始概念,而这就使得系统的存在既没有必要也没有可能。(Goodman,1943:107)

正如这里所提到的,简约性的普遍理论,绝不是"表面整齐性的癖好"的体现,而是一个关系到一个给定建构系统的有效性的认识论问题。基本上,在不会变得"不充分"的前提下,一个"更简约"的系统就是一个更好的系统;这里的"更好"指的是它是一个更经济的系统,因为这样的系统被认为是可以为所分析的现象提供更加深刻的见解的。到了1955年,古德曼明显感觉到他已经打赢了这一仗,因为他觉得他可以做以下宣称了:

我们不再需要把那种将简约性看作是一种只有在获得真理后还有余暇的话才去追求的东西的看法当一回事儿了。寻求真理就是寻求一个真实的系统,而寻求系统〔原文如此(译者注:指原文在"系统"前没有加不定冠词a)〕根本上就是寻求简约性。(Goodman,1955:709)

理论内部简约性在这里毫不含糊地是与某种哲学真理有关的,如后文所示,古德曼对这些思想的探索以及他在1940年代后期参与了这些令人受启发的辩论是非常有意义的;大概就是在这个时候,他开始在宾夕法尼亚大学给一位大有前途的、名叫诺姆·乔姆斯基的年轻本科生讲授哲学。而简约性探讨及建构系统其他方面对TGG的确切影响,将在4.3节,4.4节和4.5节再详细讨论。

3.6 建构性唯名论

如上一节所讲,古德曼开始了他作为 *LCW* 传统的逻辑经验主义者的哲学生涯。在 1940 年代期间,他的经验主义立场变得愈发严格。重申一下,卡尔纳普的影响是巨大的。卡尔纳普当时在 1940/1941 学年回到哈佛,并开始参与古德曼和奎因有关逻辑的各个方面讨论。自从完成了 *LSL* 之后,卡尔纳普的学术作品一直都聚焦在与形式语言理论有关的问题上,正如他后来回忆的,在哈佛的讨论使他得以改进自己的一些想法。

> 在哈佛的时候,我关于这些问题的思考受到与塔斯基和奎因之间一系列对话的巨大鼓舞……;后来纳尔逊·古德曼也参与到了我们的谈话中。我们特别讨论到,为了满足完全可理解性的要求,基础语言,即观察语言,必须要具有哪一种形式的问题。我们都认为语言必须是唯名论的,即,它的术语必须不能指抽象实体而只能指可以观察到的对象或事件。(Carnap,1963:79)

这些会面中所宣扬和辩论的思想显然影响了所有参与者的思考,古德曼和奎因最终在 1947 年的文章"通向建构性唯名论的步骤"(Steps Towards a Constructive Nominalism)(以下简称为 SCN)中做出了他们的回应。这篇文章的根本目的就是要把在哈佛讨论会中所提出的唯名论形式语言准确地付诸实施,而这一计划是在建构系统理论的大框架下提出的。这篇文章雄辩性的唯名论立场在其著名的开篇发语中就昭告天下了("我们不相信抽象的实体")

(Goodman and Quine,1947:105)，这一宣言为他们的整个计划提供了哲学根基。为了论证他们的极端立场，古德曼和奎因这样来解释之所以要拒绝这类概念的原因：

> 根本上，这一拒绝是建立在无法借助于任何更终极的东西来解释的哲学直觉上的，但同时也受到了某种后续考虑因素的影响。一些看似最自然的抽象类或属性的原则往往导致悖论，而避免这些悖论显然只能通过借助于其它的法则，但它们的非自然性和任意性却令人质疑，使我们迷失在一个编造的世界里。（Goodman and Quine,1947:105）

这些语句表明，对于古德曼和奎因（正如对先于他们的列斯涅夫斯基）来说，之所以要采用建构系统理论的唯名论方法的主要动因，是相信通过拒绝抽象物体的方式，或许就能避免所有那些声名狼藉的悖论，它们使得想要把数学建立在一个稳妥可靠的（集合论的）基础上的尝试全都受挫。所以，在这篇文章里，古德曼和奎因清楚地区分了"柏拉图逻辑"（Platonistic logic）（即承认集合之类的抽象实体的逻辑）和"唯名论逻辑"（nominalistic logic）（即不承认集合之类的抽象实体的逻辑），而文章的前几部分就主要致力于讲述为了把柏拉图式的语句转换为唯名论式的语句而必须要使用的一些策略。例如，柏拉图式语句"类 A 有三个元素"，预设了一个抽象实体，即有限类（即集合）的存在。但是，如果有三个不同的物体 x,y 和 z，而且当且仅当一个物体是 x 或 y 或 z 时，这个物体才会在 A 里，那么这个抽象的集合论语句就可以转换为下面的唯名论语句：

$$\exists x \exists y \exists z [x \neq y \wedge y \neq z \wedge x \neq z \wedge \forall w [w \in A$$
$$\equiv w = x \vee w = y \vee w = z]] \qquad (3.16)$$

很明显,按(3.16)的假定,除具体的个体元素和基本的逻辑算子之外,没有别的东西存在。

这样描述完他们的基本方法后,古德曼和奎因继续具体讲述为消除系统里的所有柏拉图式"污点"所需要的唯名论句法(Goodman and Quine,1947:107)。他们创造的句法在设计上是字符式的,因为它最终关注的是物体标记串而非任何形式的抽象物。所以,作为他们设计的系统的超逻辑基础的根基,古德曼和奎因定义了六种所谓的"形状谓词"。这些谓词以具体的个体作为变元,并且说明了某个符号的形状。例如,谓词"Vee x"的意思是"物体 x 是一个 vee(即,一个 v-形状的字符)"(Goodman and Quine,1947:112)。其他用这种方式定义的符号有:'、(,)、| 和 $\in$。此外,还假设了一个串联的关系 C,其中"x C yz"被理解为"x 和 y 是由这门语言的各种符号组成的……而且,字符 x 包含了被 z 跟着的 y"(Goodman and Quine,1947:112)。串联在这个系统里的作用是至关紧要的。如 3.5 节提到的,奎因早已经探讨过整个数学都可以建立在串联本身的基础上的想法,而 SCN 中包含了C 谓词,也表明了串联的概念,对于唯名论对象语言的形式句法来说,也被认为是根本性的。最后引入的两个谓词被称为"Part"和"Bgr",意思分别是"是……的一部分"和"大于"。确切来讲,"x Part y"的意思是"x 不管是否与 y 相等,都是完全包含在 y 之内",而"x Bgr y"的意思是"x 在空间上要大于 y"(Goodmad and Quine,1947:112—113)。

讲述完他们的对象语言的基本语法后，古德曼和奎因接着又提供了完全是用一种纯唯名论的方式从它们的初始谓词集里建构出来的辅助谓词的定义。例如，一个由四部分组成的谓词可以用存在算子、逻辑并接和串联算子来这样定义：

$$xy \; C \; zw = \exists t[x \; C \; yt \wedge t \; C \; zw] \qquad (3.17)$$

最后，阐明变量、量词、公式和（最终的）证明都可以从文章所提出的坚定不移的唯名论框架中得出。

有意思的是，他们关于建构性唯名论的合作最后却把古德曼和奎因带向了非常不同的方向。古德曼继续提倡严格的与唯名论建构系统理论有关的、建立在个体之上的逻辑认识论类型，所以，正如早先提到的，他改进了自己关于超逻辑基础的简约性测量的思想，使得他设计的这些方法可以用在 SCN 中提出的更加极端的唯名论框架中。接着在 1954 年的著作《事实、虚构和预告》(*Fact, Fiction and Forecast*)中，古德曼着重强调了几个困扰着 *LCW* 之类的逻辑认识论所需要的传统归纳过程的解释问题，然后尝试来解决这些问题，提出了"投射理论"(theory of projection)，以区别有效的归纳程序和无效的归纳程序。与之相对的是，1940 年代后期，奎因开始越来越拒绝那些曾经使他着迷的逻辑认识论类型。在"经验主义的两种教条"(Two Dogmas of Empiricism) (1953)中，他对这一哲学运动整体提出了最敏锐的批判；这本书至今仍是北美分析哲学的一个重要文本。在这篇精彩的文章中，奎因尝试来证明，如卡尔纳普逻辑认识论所提倡的"现代经验主义"典型的两个基本论断(Quine,1953:20)是根本无效的。这两个论断可以总结为：(i)康德式的认为分析真理和整合真理有质的区别的信念,①和(ii)精简式的认为每一个有意义的语句都可以作为一个最终从感官经验中获得的逻辑建构来详尽分析的信念。这里关键要注意的是,论断(i)是 1950 年代讨论的热点话题。例如,莫顿·怀特(Morton White)(b. 1917)在他的文章"分析与综合:不堪一击的二元论"(The Analytic and Synthetic:an Untenable Dualism)(1952)里就长篇讨论了这个具体问题。文章中,怀特声称要发起"起义"来反对普遍接受的传统康德式的区分,他表示这个起义的领导者是他和一些"革命同仁"(fellow revolutionaries)(White,1952:272)——即古德曼和奎因。可想而知,为了要进一步明晰革命的原因,奎因在文中说他的目的是要"陈述导致这种信仰缺失的一些原因"(White,1952:272)。尽管这里没有必要来说明怀特辩论的具体细节,但是需要清楚的是,怀特关于弱化分析-综合之间的区分的做法基于他对自然语言里关于意义概念内在问题的认识。例如,(继奎因之后)怀特思考了如下的句子:

$$\text{Every man is a man} \qquad (3.18)$$

然后论述说(加了一些解释)(3.18)例体现的是同义反复,因此可以归类为分析真理。他接着又提出了这么一个句子:

$$\text{Every man is a rational animal} \qquad (3.19)$$

然后表示句子(3.19)只有当"man"和"rational animal"的同义性能无可争辩地确定时,才可归类为是分析性的。在随后评估同义性时,怀特承认可以创造一些能解决所有同义词问题的人工语言(如,L_1),但是他接着又声称:

---

① 分析性真指的是因逻辑原因而真的真(例如,$p \rightarrow (p \vee \neg p)$),而综合性真则取决于逻辑之外的原因(例如,"苏格拉底是一个人"是否为真取决于语篇环境的状态)。

> 这些语言是一种形式幻想的产物;它们是被逻辑学家想象出来的东西。如果我问一下:"'All men are rational animals'在 L₁ 中是分析的吗?"我立刻被告知去 L₁ 语言的法则手册里去找答案。但是自然语言没有法则手册,所以它们中的某一个语句是否是分析的问题也就更加困难了。(White,1952:277)

显然,这里的意思是自然语言和逻辑语言差异巨大,至少是在谈论到意义的考量时是如此,而这种观点应该放在当时把自然语言和逻辑语言进一步整合起来的普遍走向的大环境下来看待,这一点已经在提及布龙菲尔德、阿吉图库威茨、哈伍德和巴希尔的作品时讨论过了。更确切地讲,怀特认为意义的问题在自然语言中根本就是有问题的,但是在逻辑语言中它们(通常)是可以解决的。正如 4.4 节和 4.5 节所示,奎因对逻辑经验主义的攻击,和古德曼对逻辑经验主义的辩护,再加上奎因和怀特对分析-综合二分法的质疑,都激发了乔姆斯基在发展 TGG 的过程中的思考,而且需要认识到的是这些发展大体都受到 1940 年代期间古德曼和奎因提出的建构性唯名论研究设想的启发。

3.7 形式语言学理论

前面一节讨论了卡尔纳普的 *LCW* 对于北美哲学的影响,而第四和第五章将会表明古德曼和奎因的作品直接启发了 TGG 的各个方面。但是,卡尔纳普后来有关逻辑句法(尤其是 *LSL*)的作品也在 20 世纪上半叶迷倒了语言学家们。因此,这一节将讨论形式句法理论的一些区别性特征,并评估它们对语言学的影响。

正如 3.4 节所示,一个由逻辑学家(即阿吉图库威茨)提出的形式句法理论后来由一个语言学家(即巴希尔)在 1950 年代进行了扩展的事实表明,到了 20 世纪中期,符号逻辑已经开始直接影响了语言学的某些领域。但是,在 1930 年代和 1940 年代时期,逻辑句法理论也有了其他发展,并最终对语言学家产生了深刻的启发,起始点通常是希尔伯特的证明论,它似乎暗示着:无意义的句法操作是足以解决整体范围的认识论问题的。正如 2.6 节所提及的,希尔伯特的作品直接影响了维也纳学派,而 1930 年代时在以维也纳为大本营的逻辑系统的性质的研究中,最突出的一个进展研究焦点从逻辑自身的结构转向了用来表达逻辑论证的语言的结构上。如前面提及的,这类作品中最有影响力的就是卡尔纳普 1934 年的 *LSL*,这本书原文为德文,在 1937 年出现了一个英文译本,而且应该要记住的是这本书迷倒了古德曼和奎因,并把他们两人最终推向了建构性唯名论。但是,卡尔纳普自己的计划,如 *LSL* 所表达的,其实并不具有明确的唯名论特征,它的主要意图仅仅是更精确地来探索逻辑句法的性质。尤其是,他强调了所有的逻辑论证,如在传统的文章中所表达的,通常都包含了用自然语言写成的句子连接起来的各种形式演绎。由于这些自然语言存在于所使用的形式逻辑系统之外,用它们所写成的句子未曾被精确定义,因此就在任何的逻辑论证中构成了弱联系。所以,卡尔纳普的目的是要提供一种可以用来分析关于句子的句子的统一逻辑系统。也就是说,就像希尔伯特创造了元数学(有关数学的数学)一样,卡尔纳普也希望建构一个能够用来定义和描述某种给定语言的更加普遍的元语言。

因为卡尔纳普的研究的重要性,我们有必要来精确地认定一下他所使用的术语"语言"到底是什么意思。在 *LSL* 的 1,2,3 部分，为了澄清逻辑与科学语言的关系，卡尔纳普发明了两套人工形式语言，并这样表达了他的中心目的：

> 逻辑句法的目的是要提供一个概念系统，一种语言，借助它的帮助来进行逻辑分析的结果将会是完全可以公式化的。哲学就会被科学的逻辑所取代——也就是说，被概念和科学句子的逻辑分析所取代，因为科学的逻辑根本就是科学语言的逻辑句法。(Carnap,1937[1934]：xiii)

这段话表明，在他职业生涯的这个阶段，卡尔纳普坚信哲学是可以被逻辑句法的系统性研究所取代的。但是，在第 4 部分他扩展了自己的基本方法，尝试整体描述语言的形式句法结构。关键要注意的是卡尔纳普一直把人工语言看作形成了自然语言的一个定义良好的子集，但是他清楚表明他的意图不是去描述自然语言的句法。

> 由于自然世界的语言（像德语或拉丁语）结构的毛病和逻辑瑕疵，表述它们的形成和转换的形式规则会太过复杂，所以在实际操作过程中几乎是不可能的……由于世界语言的缺陷，这里不会研究这类语言的逻辑结构。(Carnap,1937[1934]:2)

卡尔纳普这里称作"形成"和"转换"的规则类型，我们将在下面详细讨论，但是有必要先来强调一下的是，上面的文字表明卡尔纳普的研究范围不是聚焦在自然语言上，而是集中在了定义和建构形式化的人工语言的任务上；为了完成这个任务，他使用了源自于

(希尔伯特的)形式主义的假设和方法。即使有这样的强调,但是卡尔纳普并没有排除他在 *LSL* 中提出的方法可能会与自然语言理论是有关的可能性。事实上,他曾明确说道:

> 下面几页里提出的句法方法将不仅证明在科学理论的逻辑分析中是有用的——它也会帮助世界语言的逻辑分析。尽管因为上面提过的原因,我们在这里将要讨论的是符号语言,但是这些句法概念和规则——不是说在细节方面而是说在它们的整体特征方面——或许也可以运用到非常复杂的世界语言分析中。(Carnap,1937 [1934]:8)

正如第四章和第五章所示,这种认为"符号"语言和"世界"语言可以(原则上)使用同样的基本方法来进行分析的想法,在后面几年里对某些语言学家产生了强有力的影响。

上文表明 *LSL* 揭示了(希尔伯特)形式主义的影响,也几次明确承认了卡尔纳普受形式主义的深刻影响;事实上,希尔伯特的影响蔓延在整本书中。例如,卡尔纳普明确地把形式语言理论的发展归功于希尔伯特,并评价道"语言的形式理论(用我们的术语叫'句法')视角首先是由希尔伯特为数学而提出的"(Carnap,1937 [1934]:1);而且他扩展利用了希尔伯特的形式系统概念。例如,在第 1 部分的开头,卡尔纳普就为"形式的"(formal)一词提供了以下定义:

> 一个理论、一个规则、一个定义或类似的别的什么东西,当不需要参考其符号(如单词)的意义或表达式(如句子)的意义,而仅仅只需要参考构建表达式的符号的类型

和顺序时,就可以被称作是形式系统。(Carnap,1937[1934]:1)

很明显,这段引文表明了作者对无意义符号操作的关注,如同2.8节里曾考察过的各类教材文本一样。结果是卡尔纳普的形式语言就包含了通过典型的形式主义规则而最终从原始符号中导出的无意义公式;也就是说,这些形式语言是完全按照它们所生产的句子的句法结构来定义的,而生产的结果公式的意义和原始符号的意义都不考察。为了强调这一点,卡尔纳普考查了句子"Pirots karulize elastically"并表示这个句子可以被准确描述为一个名词＋动词＋副词的序列,即使这些词我们都不熟悉(Carnap,1937[1934]:2),因此证明了句子是可以完全按照它们的形式句法结构来详尽分析的,即使并不知道个体单词的意思。这类论证(据卡尔纳普认为)证实了意义和句法的分离,被证明是非常有影响的,它也将会在5.7节讨论TGG时再次出现。

卡尔纳普在*LSL*中提出的理论中还有一个方面是与TGG的发展相关的。如上面提到的,卡尔纳普区分了构成规则和转换规则;他是在考查把逻辑简化到"句法"的可能性的一段文字中引出这些术语的:

> 逻辑将会变成句法,前提是如果关于后者的假想足够宽广并且是被精确地阐述了的话。狭义的句法规则和逻辑演绎规则之间的差别仅仅是构成规则和转换规则的区别,两者都是可以用句法术语来完全公式化的。因此我们就有合理的理由把包含了构成规则和转换规则的系统标记为"逻辑句法"。(Carnap,1937[1934]:2)

正如这段文字所示,在卡尔纳普的 *LSL* 中所描述的框架里是可以把用来从(最终的)初始元素中建构符串的规则跟使得一个符串能够从另外一个符串中推测出来的推测规则区分开来的。具体地讲,前者可归类为构成规则,而后者则被称为转换规则。例如,在 *LSL* 的第 1 部分,逻辑并接是被归类为构成规则范畴的,因为它使得一个句子可以从更小的单位中被建构。这里,句子 $\mathfrak{S}_1$ 和 $\mathfrak{S}_2$ 可以被并连起来产生序列

$$\mathfrak{S}_1 \lor \mathfrak{S}_2 \tag{3.20}$$

这里的"$\lor$"是一个双词连接符号 (Carnap,1937[1934]:19),而这种连接被归类为构成过程。与此相对的是,在卡尔纳普的系统里,蕴含的规则就被归类到了转换法则的范畴里,因为它使得一个句子可以从其他的句子中推断出来。因此,假定有 $\mathfrak{S}_1$ 和 $\mathfrak{S}_2$,那蕴含的规则就可以用下图表示(Carnap,1937[1934]:32)

$$\mathfrak{S}_2 , \mathfrak{S}_1 \supset \mathfrak{S}_3 \tag{3.21}$$

这里"$\supset$"是卡尔纳普用来指代蕴含的符号。这个规则表明句子 $\mathfrak{S}_3$ 可以从句子 $\mathfrak{S}_1$ 和 $\mathfrak{S}_2$ 中通过蕴含的方式来获得,但是 $\mathfrak{S}_3$ 并不是简单由 $\mathfrak{S}_1$ 和 $\mathfrak{S}_2$ 的结合而成。因此,(3.21)就构成了一个转换规则,很显然,这个规则仅仅是前面(2.10)中给出的希尔伯特证明论图的一个重新演绎。

转换法则在 *LSL* 中被广泛使用,卡尔纳普反复强调了它们的核心性。下面的段落就非常典型:

> 对于演算的建构来说,转换规则以及构成规则(比如为语言 I 给出的规则)的表述是至关重要的。通过前者我们可以确定在什么条件下一个句子是另一个或多个句

子(前提)的结果。但是 $\mathbb{G}_2$ 是 $\mathbb{G}_1$ 的结果的事实,并不意味着 $\mathbb{G}_1$ 的概念就一定会伴随着 $\mathbb{G}_2$ 的概念。这并不是一个心理关系问题,而是一个逻辑关系问题。(Carnap, 1937[1934]:27)

这段文字再次强调了一个事实,在卡尔纳普的框架下,转换规则是表达具体句子间"逻辑关系"的纯逻辑推断规则,一个句子作为另外一个句子(或一组句子)的结果而在这个句子之后出现。为避免这个总结给人一种印象,即卡尔纳普并不担忧逻辑推断的性质,有必要指出的是,他对于困扰着他的方法论的很多难题都是知情的。事实上,卡尔纳普很乐意地承认"结果"(consequence)这个概念在他的系统中必须是保持未被定义的,不过更严格的可推导性的概念却又确实是可以确定的。

想要借助简单的方法来给术语"结果"设计一个定义,以表达它全部的含义,这是不可能的事情。这样一个定义在现代逻辑(当然或者在旧式逻辑)中从未实现过……现在,对于语言 I,我们将不使用术语"结果",而是采用狭义一点的术语"可推导的"……为了这个目的,我们将会给术语"可直接推导的"下定义,或者——换用另外一个常用的说法,——我们将会给"推断规则"下定义。(Carnap,1937[1934]:27)

正如 5.5 节将会证明的,卡尔纳普的构成规则和转换规则的提出,以及它们的相关术语和哲学思想,在 *LSL* 出版后的几年里,随后被一些语言学家用不同的方式采用了;正如下文将会表明的,这些规则的本质在伴随着 TGG 发展过程的各种讨论和各种分歧中都

136

被辩论过。

毫无疑问,像卡尔纳普在 *LSL* 里描述的那些形式句法方法,在 20 世纪上半期契合了很多语言学家们的想象,而布龙菲尔德也再次(可能有点让人有点意外地)作为一个先知人物出现了。布龙菲尔德对于公理演绎方法的兴趣在 3.2 节中已经讨论过了,这表明了他对现代数学的最新进展是熟悉的。确实,在 1930 年代期间,布龙菲尔德似乎已经对数学和语言学的关系的性质非常着迷,而他对这个话题的理解直接受到维也纳学派作品的影响。布龙菲尔德对于石里克圈子里的领军人物的主要作品的熟悉程度,可以从他 1936 年的文章"语言还是思想?"(Language or Ideas?)中判断出来。在文中,布龙菲尔德援引了诺伊拉特(Neurath)所著的五部作品和卡尔纳普的七部作品,包括 *LSL*。这表明布龙菲尔德完全清楚卡尔纳普有关逻辑句法的大胆思想,而后面我们会更清楚的是,这个事实意义重大。在这样的环境下,布龙菲尔德也开始对数学和语言学的关系感兴趣并已开始进行研究,在他贡献给 1939 年《统一科学国际百科全书》(在 *LSL* 出现五年后)的一篇长文中包含了他对这个主题最彻底的考察。这一百科全书是一个评估科学研究方法论的平台,它的很多作者都要么直接要么间接地与维也纳学派有关。特别值得一提的是,卡尔纳普正是评审这些被收录文章(包括布龙菲尔德的文章)的编委会中的一员。这篇文章题为"科学的语言面面观"(Linguistic Aspects of Science),这是以他在 1935 年发表的一篇文章为基础而写成的,它有几个目的:例如,它总结了 20 世纪早期在语言学研究中运用的各种思想和方法,从这个方面,它可以部分地被看作是布龙菲尔德 1933 年著作《语言论》的一篇简短的非正式总结。但是,除此之外,文章还考察了语言学和数学的关系，或者用布龙菲尔德自己的话来说，是"语言学对逻辑和数学的关系"（Bloomfield,1955[1939]:273）。考虑到基础辩论的影响（而且考虑到布龙菲尔德有同样的知识），这个语句应该仔细阅读，因为它似乎暗示了对于布龙菲尔德而言，数学和逻辑是不同的研究领域。也就是说，用这样的方式来表达自己的兴趣的话，布龙菲尔德可能是有意识地避免了把数学看成是完全可以从逻辑中推导出来的极端的逻辑主义观点。不管是不是这样的；在说完了基本意图后，布龙菲尔德接着讨论了他提出的这个大问题的若干方面的思想。例如，他声称"逻辑是与语言学关系密切的科学分支，因为它提供了关于人们如何建构某种类型的话语的思想"（Bloomfield,1955[1939]:273—274），这反过来又让他认为逻辑论证可以作为语言话语来具体分析。这些观点确定地表示了语言学与逻辑学的亲密对应关系，也印证了之前的看法（3.2节提出的），即在1930年代期间，布龙菲尔德就开始把数学看作是一种可以用语言学分析的方式来处理的语言形式。

　　显然，当时布龙菲尔德对逻辑与自然语言的关系非常着迷；他1939年的文章中所讨论的内容最能说明问题的一个方面是他对希尔伯特基本形式主义思想的欣然接受；而这套形式主义思想也启发卡尔纳普创作了 *LSL*。例如，布龙菲尔德清楚区分了正式的和非正式的科学话语，把前者描述为一种"使用一套严格限制的词汇和句法在约定的规则范围内从一个句子移往一个句子的"交流方式（Bloomfield,1955[1939]:261），他后来还论述道，在考察逻辑和数学话语里所使用的"字符"（即符号）时，他并没有"离开语言的领域"，因为：

　　　　总的来说，可以确定的是，那些各自分离的字符已经被约定用来作为某些具体的单词或者短语的替代品。但是,在很多情况下,如果我们忽略它们的值,而仅限于对书写符号本身去进行操作的话,我们会掌控到最好;特别是符号逻辑系统,从形式方面来看,它们可以被看作是符号和组织这些符号的规约的一些系统……而我们的形式系统仅仅是用作语言的话语之间的书面或机械的调节装置。(Bloomfield,1955[1939]:262)

这段文字特别像是从 2.8 节中讨论过的课本里挑出来的,它表明布龙菲尔德基本上已经确信了形式主义数学方法的有效性。至少,它意味着布龙菲尔德已经接受了形式主义的这一声称,即,如果我们聚焦在句法操作上而忽略对意义的考量的话,那么(用他自己的话来说)"我们会掌控到最好"。布龙菲尔德作品的这一方面意义很大,但还没有被充分讨论过。事实上,如果能对布龙菲尔德对形式主义的欣赏进行一次详细讨论的话,就可以帮助解释为什么在 1950 年代期间有那么多的年轻语言学家都认为结构主义语言学的方法似乎与形式科学所运用的方法是兼容的。本质上,如上段文字所证,布龙菲尔德语言学和形式科学在 1930 年代时都受到了形式主义的影响,而这一影响的效果在布龙菲尔德的作品里是显露无疑的。例如,大家都知道的是布龙菲尔德曾经反复表示过他对意义在语言学理论中所处地位的怀疑。而这种不信任的一个标准表述就来自于《语言论》里,它是这样说的:"意义的表述……是语言研究中的一个弱点,而且将会一直如此直到人类知识能够出现超越现状的大跃进"(Bloomfileld,1933:140)。过去,对于这种怀疑的解释一直都聚焦在了有关语言学内部的句法学和语义学观点上以及关于语言学与心理学的关系上。① 毫无疑问,语言学和心理学的影响共同决定了布龙菲尔德很多方面观点的方向,但是完全有可能的是,他关于意义在语言学理论中地位的一些观点直接受到对形式主义了解的影响(和/或者反过来也是一样),他似乎倡导应该对从语义语境中剥离出来的无意义的符号进行操作。尽管我们没有必要夸大地宣称布龙菲尔德之所以不信任语言的意义,主要就是因为他受到了形式主义方法论的启发,但同时,他对数学内部基础辩论的了解,也确实证实了他最开始对语言学研究中的语义心存疑虑的根由,这使得他在自己的作品中对意义的角色进行了边缘化处理,也因此在不知不觉中为 1940 年代和 1950 年代晚期逐渐浮现的"形式"句法理论类型铺好了道路。

尽管布龙菲尔德 1939 年的这篇文章既细致又权威,但却还并不算是他有关语言学与数学关系的最详尽的讨论;因为,两年前,他就已经提交了一篇有关这个话题的 300 页手稿给语言学学会研究委员会。他所提交的这部专著叫《科学的语言》(*The Language of Science*),该书是从语言学的角度对现代数学大部分内容进行分析的一个详尽研究尝试。② 事实上,这部特别的文献似乎成为一次从语言学理论的角度来研究集合论悖论从而解决基础危机的尝试。出于谦虚谨慎,该委员会的语言学家们认为自己不具备资格来完成评判这篇手稿的价值的任务,而是把它传给了几位专业的数学家,包括著名的形式主义学家哈斯凯尔·科里(Haskell

---

① 例如,参看 Fries(1954)。关于这些问题的更多讨论,参看 Matthews(1993: 118—122)。布龙菲尔德对语义学的不满经常会受到质疑。关于这一立场的一些讨论,参看 Murray(1994:130—132)。

② 有关内容的其余片段,参看 Bloomfield(1970b:333—338)。

Curry)(1900—1982)。由于手稿中包含了几处数学错误,科里建议不出版它;但是,尽管在技术上他的意见有所保留,但他还是对布龙菲尔德的研究留下深刻印象,并提出了改进手稿的大致建议。然而,布龙菲尔德觉得他没有办法把手稿修改成能被数学家或者语言学家接受的样子;于是废稿利用:把这些手稿的反面用作了草稿纸。所以,这篇手稿只有几个片段得以留存下来,不过(幸运的是)这已经足够来揭示这部作品的雄心壮志。例如,据知其中有几章就谈到了有限类、递归、逻辑词汇和句法,还有(当时)现代数学的其他话题。对布龙菲尔德手稿的这些观察让我们看到了他对逻辑句法的本质和功能等问题的熟悉程度,而且特别让人欣慰的是他所讨论的一些方法技巧(即与递归函数理论和逻辑句法有关的那些方法)后来被囊括在了 1950 年代的 TGG 当中。

尽管布龙菲尔德讨论了上面提到的各种话题,但是,他的主要意图却并不仅仅是为同期的数学理论提供一个说明性的综述,而是要解决破坏了集合论的一些自我参照的问题。他对自我参照这个问题的兴趣可以在他 1935 年的文章中讨论自然语言与数学语言的区别时窥见一斑。特别地,在这篇文章中他确认了科学活动过程的两个阶段,把它们描述成:

> 语言学家自然地把科学活动分为两个阶段:科学家施行"处置"的行为(观察,收集标本,实验)和进行语言表述(报告,分类,假设,预言)。无论是从形式上看还是从对听者所产生的效果上看,科学家表述内容时采用的言语形式都是特异的。(Bloomfield,1935:499)

他后来进一步解释了这种特异性的本质,认为数学的语言只能在

"严格的补充性培训"后，才能被理解，而且用这种语言做出的表达会产生一种使听者做出"统一而可以预测的反应"的奇异效果（Bloomfield，1935：499）。因此，显然科学语言与自然语言是迥然不同的，而且科学语言的言语形式似乎也构成了"一个非常专业的语言现象"（Bloomfield，1935：500）。正是在这一点上布龙菲尔德的雄心壮志开始显露出来。下面的段落尤为重要：

> 对于语言学来说，对这个现象进行描述和评估是一个首要的问题。特别需要指出的是，如果一个语言学家缺乏除了本学科以外的其他科学分支的知识，那么他（她）在解决这个问题的道路上是行之不远的。而本文作者在尝试触碰这个问题时也是最缺乏自信的。但是，正是语言学家，而且也只有语言学家，才能够在解决这个问题的道路上迈出第一步；如果没有语言学的能力就来染指这个问题，那就会惹火烧身。有关科学或者数学基础的书写中的无数混淆，很大程度上说就是由于作者缺乏语言学信息造成的。（Bloomfield，1935：500）

这里的中心思想显而易见：如果参与者们都能够从语言学的角度来看待这个问题的话，那么，1920年代和1930年代时有关数学基础危机辩论中的那些具有标志性的、复杂而尖锐的论题实际上就都可以得到解决。事实上，用布龙菲尔德的话来说，"正是语言学家，而且也只有语言学家"才能解决这场纷争。很明显，这是一个大胆而惊人的论断，因此布龙菲尔德才坦言自己"缺乏自信"，但是这一提议却是非常重要的。因为布龙菲尔德在讨论中（令人恼火地）并没有指出援引的文献出处，所以关于他对当时有关基础危机的解决方法心存不满的原因,我们也只能是猜测而已。但是,我们应该还记得前面曾提到过,像扬的《代数与几何基础概念讲义》(*Lectures on The Fundamental Concepts of Algebra and Geometry*)等概论性的文本是先于关于基础的主要辩论文献而出现的,因此它们没能包含有关主要分歧的详细讨论,这表明布龙菲尔德是从更重要的渠道获得有关这些辩论的知识的。正如,3.5节所提到的,关于基础的有些问题在维也纳学派的一些成员的作品中也被讨论过,而布龙菲尔德对于其中某些作品当然是熟悉的。不过,不可避免地,有关具体的细节问题仍然存在。布龙菲尔德有没有读过与希尔伯特或罗素有关的一些主要作品呢? 如果有,那具体他读的是哪些作品呢? 当然,卡尔纳普《语言的逻辑句法》(*Logische Syntax der Sprache*)(布龙菲尔德曾经读过该书)的参考书目可能为他提供了有关希尔伯特 1934 年之前最重要的文章的一些信息,以及 1930 年代中期之前罗素和怀特海的作品,尤其是《数学原理》(*Principia Mathematica*),这本书的内容已经成为当代符号逻辑大多数作品讨论的常见起点,所以其文本应该不是晦涩而无法理解的。但是,无论他的知识背景的确切来源在哪里,有一点很清楚,那就是,布龙菲尔德非常明白这样一个事实,即,导致 20 世纪前几十年人们对有关基础危机问题进行辩论的那些悖论主要与某种自我指涉有关。[1] 而似乎正是整个基础辩论的这一方面,给了布龙菲尔德最大的启发,因为他渴望证明的是自我指涉

---

[1] 这一事实本身表明了对罗素作品(很可能是他著名的《数学原理》(*The Principles of Mathematics*)(1903)?)的某种熟悉程度,因为罗素一直都是最勤奋的矛盾收集者,而且,如第 2.5 节所提到的,逻辑类型理论的提出主要就是为了消除使得悖论得以产生的那种集合论的自指问题。

的基本问题是可以从语言学的角度来分析的。他的具体关注可以从下面的脚注中体现出来,他在这里检查了库尔特·格雷林(Kurt Grelling,1886—1942)著名的异体悖论。[1]

> 一个对自身进行描述的形容词是自体的(如,*short* 就是自体的,因为形容词 *short* 本身实际上就是一个外形比较短的词)。而一个非自体的形容词是异体的(如,*long* 这个词本身并不是一个外形长的词)。那么 *heterological*(异体逻辑的)这个形容词是异体的吗? 如果它是异体的,它所描述的就是自己,因而也就是自体的。如果它是自体的,那么它描述的就不是自己,因而也就是异体的。(Bloomfield,1935:500.n3)

在继续引用这个脚注前,有必要停下来对这段讨论做一解释。很明显,格雷林的异体悖论与罗素悖论(上面 3.4 节曾讨论过)紧密相关,二者的主要不同在于:格雷林的讨论不以集合论为背景,它使布龙菲尔德得以从自然语言的角度来看待这个问题,从而使得该问题得以从不同的角度得到评估。当然,仅仅重述一个已知的难题是一回事,而如果能提出一个具体的解决方案那就是另一回事了,而正如上述所引脚注中继续说到的,这[2]恰恰就是布龙菲尔德要尝试去做的事情:

> 这个谬论是由于对语言学术语的误用而导致的:在任何可用的语言学术语系统中,"一个对自身进行描述的

---

[1] 有关 Grelling 悖论的详细介绍,参看 Grelling(1936)。
[2] 指"提出一个具体的解决方案"。——译者注

形容词"这个短语都是毫无意义的;"short"这个例子所展示的场景只有在不同的语篇中才能得到准确描述。例如,我们可以没有任何严格界限地、按照其意义来设定形容词的类别:一个描述某一单词语音特征的形容词标记的是形态类别特征(如短的、长的、单音节的),一个描述自身的语音特征的、标记形态类别特征的形容词是自体的,而一个非自体的、标记形态类别特征的形容词则是异体的。 形容词"autological"(自体逻辑的)和"heterological"(异体逻辑的)指的是形容词的意义而不是语音特征,因此它们并不是标记形态类别特征的。——试比较下面这段话中所呈现的显而易见的事实:hakab 指以双唇塞音(p,b)结尾的词,而不属于 hakab 这种类别的词叫作 cowp,然而 hakab 和 cowp 本身却都是 hakabs。(Bloomfield 1935:500.n2)

尽管这一讨论有些粗略(这一点可以理解),只是以一个简短的脚注形式出现,但是布龙菲尔德的基本主张却是清晰的:其用意是要通过重新分析所包含的词语的范畴归属,来避免这些词语的直接自指问题。在这个简单的例子里,布龙菲尔德通过引入标记形态特征的形容词这一概念,来说明为了排除导致悖论的那类直接自指现象,可以重新界定语言范畴。值得注意的是,对于布龙菲尔德来说,这是一个为解决无处不在的普遍问题所提供的语言学特有的解决方案。

这部未曾发表的写于 1937 年的手稿中所包含的激进立场,从这句评论里可以窥见一斑,即,它的特点可以归纳为:"与数学家们的思想是相抵触的",但是,布龙菲尔德的自我怀疑同样也是显而易见的。最后,他的怀疑似乎占了上风,因此,才如上文提到的,他没有再重新提交这篇手稿，所以只有几个片段留存了下来。但是，所幸的是，布龙菲尔德写作这篇文稿的基本动机在留存下来的一个段落中被清楚地表达了出来。例如，当注意到"研究人类言语的研究者"中没有谁对数学进行过详尽研究这一情况后，他继续说道：

> 经过这番尝试，本文作者得出了一个结论，即，这样的研究除引起语言学的兴趣之外，还可以引导人们找到对困扰着大家的某些非语言学批判问题的解决方案——有关数学基础的那些问题。如果这个结论是有道理的，那么接下来的几页要讨论的应该会引起比语言学更广泛一些的兴趣。(Bloomfield,1970a[1937]:335)

这段话非常耐人寻味。如上文所表明的那样，在 1935 年的文章中布龙菲尔德已经提到过，如果采用语言学方法的话，数学内部的某些自指问题就可以避免。这句话则表明了，现已遗失的那部 1937 年的书稿，实际上构成了一个为基础危机提供以语言学为基础的解决方案的扩展尝试。尽管我们已经没有可能再去重新详细地重构布龙菲尔德的论证，但是部分地还原还是可以做到的。例如，如早先所提到的，部分的章节列表幸存了下来，因此，我们就知道了该书稿包含了讨论"有限类""递归""逻辑词汇和句法"和当时数学研究的活动领域范围内的其他话题的章节。其中所指的有关"有限类"的章节是非常有意思的，因为布龙菲尔德在 1936 年语言学学会的年会上做了一篇关于这个话题的（未发表的）报告，表明这显然是他当时正关注的一个问题。[①] 考虑到他对基础辩论很熟

---

① 这篇文章在 Bloomfield(1970a[1937]:333)里曾被简单提及。

悉,这样的关注并不令人惊讶,因为,如 2.4 节所提及的,很多的数学悖论都被认为是与有限集的概念有关的,因此任何对于基础危机的有效解决方案都必须要么重新考虑此类集合的含义,要么就必须要用一种能够排除这些集合的方式来修改集合论的这个方面。① 事实上,现存的书稿片段表明,在他 1937 年的文稿中,布龙菲尔德主要聚焦在了命名有限集的任务上。例如,他考虑了可以用来定义无理数的各种方法,并批评了级数和的使用。

> 级数和中的元素是可以——获得的,但是我们没有
> 有限的公式来直接命名或认清这些元素。用这种形式来
> 规定一个无理数的命名,就是要坚持让我们的听众来完
> 成背诵一个有关言语形式的无限类。这个谬误在数学家
> 中仍然流行;我们将在 22 章再回到这个话题上。
> (Bloomfield,1970a[1937]:337)

不幸的是,22 章已经不存在了,所以布龙菲尔德对于这个所谓的谬误的讨论并不能被完全复原了。但是,他有关把极限作为定义无理数的手段的分析则幸存了下来,同样幸存下来的还有他简短讨论 Φ 类的小节。布龙菲尔德使用了与命名有关的语言学概念来定义 Φ 类。他定义了三类活动:

(1) 说出小数点;

(2) 背诵任意的数列或什么都不背;

(3) 命名第二个数列(不能全部为零)作为循环序列。

---

① 对集合进行重新定义是 20 世纪上半叶对康托尔、怀特海和罗素作品的常见回应。例如,在 3.4 节讨论过的,1920 年代列斯涅夫斯基"分体论"的提出就是为了避免某些自指的问题。更多详情,参看 Luschei(1962)。

这里的"循环序列"是指任意的自我重复的数列,布龙菲尔德总结声称"(1)—(2)—(3)形式的或(1)—(3)形式的任意言语形式都是Φ类的元素"(Bloomfield,1970a[1937]:338)。有了这个定义后,布龙菲尔德继续讨论了命名无限集的意义。

> 有了类 Φ,再加上可以为它排列好顺序的一个公式……我们就可以来定义 N 类型的言语形式的无限类:作为 Φ 的函数使之然。例如,除了当总和是 10 时我们就用 1 来取代它外,我们可以给第 K 个 R 的第 K 个数加上 1[Rs 在早前被定义为"事物名词"]。我们因此获得了言语形式 N^1 的有限集,其中头十个数字是 5471111117 的非循环小数。这个命名 N^1 的公式,是用 Φ 和它的良序来表述的:N^1 的一个数字只有当先命名了第 K 个 R 的第 K 个数后才能被命名。因此,计算和背诵 N^1 的数直到人没有了耐心这并不能算作是命名了一个数:只有用公式 N^1,按照上面的解释,才算是命名了一个数。(Bloomfield,1970a[1937]:338)

尽管这个关系到一个更大的讨论问题的残留片段有一些地方还是模糊不清的,但该段话的基本核心却是清楚的:列举一个无限类(即集合)的行为与命名一个集合的行为并不相同;因此,自然地,在手稿余留下来的章节里,布龙菲尔德尝试证明了:如果这种语言学区分能够被系统地观察到的话,那么集合论的悖论是可以消除的。

手稿剩余的片段在 1970 年被霍凯特收集起来并收录在《雷纳尔多·布龙菲尔德选集》(*A Leonard Bloomfield Anthology*)(他

当时正在编辑)时,针对手稿遭到损坏他这样评价道:

> 对于这一损失我感到扼腕痛惜。假如他能在有生之
> 年汲取凯里教授建议的有益成分(即使不全部接受这些
> 建议)并重新研究一下这个话题,那他的一些致力于研究
> 语言与数学之间相互关系的后继者们,可能就会获得助
> 益而避免犯各式愚蠢的错误了。(Bloomfield,1970b:
> 334)

遗憾的是,霍凯特并没有列出哪些语言学家是犯了这些"愚蠢的错误"的,也没有指出他说的是哪些具体错误。但是,几乎没有疑问的是,这本书剩下的几章里重点提到的一些名字很有可能就是霍凯特本来想要列为评论对象的名字。

布龙菲尔德有关数学与语言学关系的思想,尤其是他强调句法(而非语义)考量的首要性的形式主义倾向(不管是显性表达的还是隐性表达的),对于 1940 年代和 1950 年代期间逐渐成熟的整整一代语言学家产生了深刻的影响。但是,应该要看清的还有,这种想要用更加数学化的方式来进行语言分析的愿望不仅仅局限于北美。例如,单就欧洲为例来说,组成哥本哈根学派的那些兴趣各异的研究者们就与布龙菲尔德一样,对数学的最新发展兴趣十足,特别是路易斯·叶尔姆斯列夫 (Luis Hjelmsle,1899—1965)。例如,在 1943 年的著作《语言理论导论》(*Prolegomena to a Theory of language*)中,在提到尝试建构"公理体系"的"卓越的语言学家们"时,叶尔姆斯列夫在一个脚注中引用了布龙菲尔德 1926 年的文章 (Hjelmslev,1961[1943]:6)。叶尔姆斯列夫不仅和布龙菲尔德一样对公理和演绎感兴趣,同时,他也受到了强调句法操作的

形式主义方法的启发。具体讲,根据叶尔姆斯列夫,一个句子的描述应该是要"没有自我矛盾(自我一致)、详尽,并且越简单越好",语言学家们应该要假定"尽可能少的假设",而且建构的所有定义都应该是"严格地形式化的"(Hjelmslev,1961[1943]:20)。这一对避免自我矛盾的禁令,还有对于形式结构的强调,暗示了叶尔姆斯列夫对希尔伯特证明论的熟悉程度,所以他后来还明确地把希尔伯特的作品与利沃夫-华沙学派,卡尔纳普和索绪尔的语言学联系起来进行了讨论。

> 符号逻辑理论的起点是希尔伯特的元数学,他的想法是把数学符号系统看作一个完全忽略了符号内容的表达式系统,并用像我们可以描述一场游戏的规则一样的方式来描述这个系统的转换规则,而不考虑可能的解读。这种方法被波兰的逻辑学家们借用到了他们的"元语言"中,并被卡尔纳普在其符号学理论里做了总结,在这个系统里,从原则上讲任何的符号都被看成一种可以不去顾虑其内容的意义表达系统……语言学的符号理论,另一方面,深深地扎根于认为一个符号是被它的意义所定义的传统。正是在这个传统里索绪尔遇上了这个难题。(Hjelmslev,1961[1943]:110—111)

这段话表明,对叶尔姆斯列夫来说,元数学所关注的问题与语言学所关注的问题之间是有清楚的差异的。这两个学科由于它们各自都是符号学分支的地位而联系在了一起,但是语言学永远不能被元数学纳为旗下,因为对语义的考量主宰了前者,在后者中却并不存在这样的考量。不过,上面的段落也清楚地表明,希尔伯特形式主义在欧洲和北美都已经从数学的领域进入到了语言学的领域，而且(至少)对于叶尔姆斯列夫来说,这个思想的传输是由"波兰的逻辑学家们"和卡尔纳普负责调解的。

当某些欧洲的语言学家们如叶尔姆斯列夫在 1930 年代和 1940 年代期间逐渐地发展了形式主义语言理论方法时,在北美也有同样的进展发生,而且既然 TGG 是北美语言学故事的一部分,那我们的讨论焦点就必须再一次回到美国来。正如已经提到过的,形式主义的影响可能在后布龙菲尔德语言学家的作品中是显而易见的——他们是一个分散的群体,包括了布洛赫、霍凯特、赵元任(Yuen Ren Chao, 1892—1982)、卢伦·威尔斯(Rulon Wells, b. 1919)、马丁·裘斯(Martin Joos, 1902—1978),当然还有哈里斯他们[1],从很多方面,都把自己的研究方向定位于将发现程序形式化的任务上来,而这些发现程序被认为是从爱德华·萨丕尔(Edward Sapir, 1884—1939)和布龙菲尔德传统中发展而来的那种分布语言学分析所必须的程序。在 1940 年代期间,越来越多在这个大的领域里工作的研究者们开始强调追求更大程度的形式清晰性的可取性。例如,作为对他 1947 年所研究的直接成分分析法的部分解释,威尔斯就表达说他的目的是要"用一套统一的、系统的理论来取代目前存在的杂乱的、不完整的方法"(Wells, 1947:81)。相似地,在前一年,哈里斯也声称他的文章"从语素到言语"中所介绍的方法构成了一套"特别按照语素的序列,而非按

----

① 尝试确定哪些研究者是一致被认为属于后来被称为后布伦菲尔德学派的成员的任务,成为了一大批语言学历史学家所感兴趣的话题。有关其中各种问题复杂性的讨论,参看 Hymes and Fought(1981[1975])。

照单个的语素来描述言语的形式化的程序"(Harris,1946:161)。确实,"形式化的程序"在 1946 年还是足够新颖的一个概念,它促使哈里斯写了以下的"致歉"脚注:

> 考虑到诸如这里所建议的数学化方法还没有被语言学所接受这一事实,我感到应该为引入这样的程序而致歉。但是,这一程序操控符号所带来的麻烦应该可以由从它的明确性和与形态的兼容性所获得的好处得到补偿。(Harris,1946:161.n1)

"操控符号"这个短语表明了哈里斯思维的形式主义倾向(即形态分析主要被看成是符号排列的探索),而哈里斯为使用这种"数学的"方法而致歉的事实,表明他自己认为语言学研究的性质已经开始改变。同样地,很多写于 1940 年代和 1950 年代的后布龙菲尔德学派的文章也都透漏了他们知识继承的片段,从而让我们探明了促使这些改变的各种影响因素。然而,哈里斯本人也只是事后才全面地看清楚影响了他那个时代研究的多方面的因素:

> 对语言数据进行有用的数学描述这样的期待源于 20 世纪前半期逻辑学和数学基础的发展,其中一个主要来源是分析形式结构的句法学方法的增长,如在斯科伦常规范式和勒文海姆定理中、波兰逻辑学派(如 J. 卢卡谢维兹的句子演算处理系统和 S. 列斯涅夫斯基以及后来的 K. 阿吉图库威茨的范畴语法……)中,以及 W. V. O. 奎因 1940 年的《数理逻辑》(*Mathematical Logic*)(纽约诺顿出版社)中都有体现。另外一个来源是 L. E. J. 布鲁维尔和直觉主义数学家们的后康托尔悖论建构观点,

埃米尔·宝斯特与库尔特·哥德尔的具体建构方法,递归函数理论以及稍微有点方向不同的图灵机和自动机理论……在语言学领域里,爱德华·萨丕尔和雷纳尔多·布龙菲尔德的"分布"(组合)方法也对这种研究思路充满了热情。另外亦可参见纳尔逊·古德曼的《现象的结构》(*The Structure of Appearance*)……(Harris,1991:145)

对这一影响的目录式描述表明哈里斯熟知主宰了20世纪头几十年的数学哲学的发展状态,并且他相信这些思想直接影响了他本人的语言研究方法。而且,我们又一次碰到了认为从形式科学中得出的方法与后布龙菲尔德语言学家们所使用的分布式方法是相互兼容的的观点。对于哈里斯来说,语言学中所使用的、源自于布龙菲尔德和萨丕尔的"分布方法"似乎对于逻辑分析的技巧是"充满热情的";这回应了巴希尔的声称,即阿吉图库威茨的逻辑句法系统可以与机械的发现程序相结合;而且如上所示,布龙菲尔德的形式主义倾向很有可能为这种兼容性准备好了基础。另外,值得一提的是,在上面部分引用的同一段落里,哈里斯还继续明确提到了当时同一时期的两本教材,克莱尼的《元数学概论》(*Introduction to Metamathematics*)和邱奇的《数理逻辑概论》(*Introduction to Mathematical Logic*),并且是把它们作为当时语言学家们使用的参考来源而引用的。因此,这些教材对语言学界的影响也就是显而易见的了。事实上,逻辑学家们和语言学家的关系在1940年代时日益密切。有一点非常重要,那就是,在这种友好的氛围之下,邱奇著作的手稿就曾由哲学家兼语言学家卢伦·威尔斯(Rulon Wells)审阅过(Church,1944:vi)。

　　既然对于卡尔纳普 *LSL* 的考量已经占据了这一节的一部分,又因为这部作品将会直接影响 TGG 的发展,那么有一个事实就值得强调一下,那就是,虽然卡尔纳普并不是哈里斯在 1991 年的回忆中明确提及过的作者之一,但是哈里斯 1950 年代的一些文章却揭示了他对 *LSL* 的了解。例如在 MSL 中,哈里斯讨论了语言分析的普遍问题并在脚注中评论道:

　　　　广为周知的是,在任何一个科学中,凡是想要尝试为语言的所有规则建构详细的描述和调查,都必然会禁止复杂性。参见鲁道夫·卡尔纳普"语言的逻辑句法"(Logical Syntax of Language 8):"直接的(语言)分析必然失败[……]"。语言学家对待这个问题的方式与卡尔纳普和他所在的群体不一样。逻辑学家们避免分析已存在的语言,但这却恰好是语言学家们所研究的;但是他们并没有把所发生的真实言语部分当作他们的基本要素,而只是建立了非常简单的元素,而这些简单的要素仅仅是与发生的言语的特征有些关联。(Harris,1951:16,n17)

显然,这段话表明哈里斯是熟悉卡尔纳普的作品的。不过,不仅如此,这段话的内容也表明他并不是全心全意地提倡采取逻辑的方法来分析自然语言,而是重在强调区分语言学和逻辑学的不同之处。本质上,主要的不同之处似乎是语言学家处理的是自然语言,而逻辑学家却创造了人造语言。但是,这并不意味着,对于哈里斯来说,逻辑语言与自然语言是完全不同的两种系统,而只是说不同类型的研究者们(即语言学家们和逻辑学家们)把焦点放在了这个问题的不同方面。

如上所述,形式句法理论(特别是卡尔纳普在 *LSL* 中所提出的理论)对布龙菲尔德、叶尔姆斯列夫、威尔斯、哈里斯以及其他很多的语言学家们都产生了深刻影响,尤其是在 1940 年代和 1950 年代的时候。但是,卡尔纳普的句法理论在语言学圈子里最热衷的追随者很可能要数情绪高涨的巴希尔了。巴希尔读本科时已经接受了数学和哲学的训练(在当时没有很多语言学本科课程可以选择的情况下,这种选择路线对于语言理论研究来说并非很不寻常),在他的《语言与信息》(1964)的前言中,他为自己的知识成长经历提供了一个详细的概述。同样地,其中有一连串博学人士的大名被提及:如奎因、塔斯基、布龙菲尔德、莱辛巴赫、阿吉图库威茨等,尤其是提到了卡尔纳普对他的影响。他是在 1936/1937 学期第一次接触到 *LSL* 的,

> 接下来的几年里,我很少会不把这本书夹在腋下。我的同学们戏称它为"巴希尔的圣经"。这毫无疑问是我一生中读过的最有影响的书,而我的著作中好的一部分也都是直接或间接与它有关的。(Bar-Hillel,1964:2)

显然,当时巴希尔的同学们认为他对于 *LSL* 的痴迷已经是等同于宗教信仰一样的程度。巴希尔的逻辑句法信仰的一些主要方面会在 4.5 节和 TGG 放在一起来讨论。但有意思的是,巴希尔也读过布龙菲尔德 1939 年有关语言学的科学地位的文章,这也影响了他的思想发展。同样地,这一点可以通过自己的评论来表明:

> 我认为在这些谈话[与哈里斯在 1950 年代早期的那些谈话]之前,我读过的由专业的现代语言学家所写的具有一定深度的唯一作品就是布龙菲尔德发表于 1939 年

的那篇贡献给《统一科学百科全书》的短文。这本册子展
示了至少是美国某些语言学家圈的思维方式与如卡尔纳
普般的那些思想的惊人汇合,我在脑子里做了个记号想
以后要继续追寻这个问题。但是直到1951年我才得以
找出时间来做这件事情。(Bar-Hillel,1964:4)

这段文字表明,至少对于巴希尔来说,布龙菲尔德的作品表明了把
卡尔纳普的逻辑句法的方法与语言学方法整合起来所具有的可能
性。正如已经表明的,这种研究设想当然并不是独一无二的,因为
到了1950年代早期,在某些语言学圈子里已经有了寻求形式化的
语言学理论(尤其是句法理论)的普遍倾向,倡导的是无意义的符
号操作而不是基于内容的、以语义为基础的分析,而如上所讨论
的,卡尔纳普的 *LSL* 是一篇重要的文本,它似乎提供了一种能够
有效地从逻辑句法领域转换到语言学领域的形式分析方法。

3.8　新的研究走向

我们来总结一下目前为止所讨论的内容,这一章所讨论的话
题包括在语言学研究中使用公理演绎方法、利用递归定义来分析
自然语言句子、运用逻辑范畴来分析语法性的概念和建构句法描
述、创造建构性系统理论作为逻辑分析的延伸、对简约性测量的需
要、发展形式语言学理论,以及这些理论对于句法研究的影响。前
面几节讨论的研究所表明的数学、元数学、逻辑学和语言学之间的
各种联系,大体上激发了作为1950年代句法研究的典型特征的形
式分析方法的兴趣,而不出意料地,这些进展并没有被人忽视。比
如,在1949年,卡尔·伯格斯特罗姆(Carl Borgström,1909—

1986)就承认,近来的兴趣出现了从具体语言现象的分析到关注普遍分析发现程序本身的转变,他还明确区分了关注语言分析的"基础研究"和关注语言分析的分析的"元研究":

> 元研究是一种通过借助于新的研究工序(即通过命名和描述),把之前的研究工序(二手经验)变成研究对象(一手经验)的研究;之前的研究是基础研究。(Borgström,1949:4)

显而易见,这些术语带有明显的希尔伯特特征。但是,在讨论最近的转变时,伯格斯特罗姆还是看到了后布龙菲尔德语言学家的作品与哥本哈根学派的作品尤其是叶尔姆斯列夫的作品之间的相似性;具体地,他认为两个传统都对"形式"而非"内容"更感兴趣(Borgström,1949:9)。到了1950年代早期,这两大运动的相似性是如此地明显因而也得到了更详细的讨论。例如,在1951年艾那·豪根(Einar Haugen,1906—1994)提到语言学家们近来对"元语言"的兴趣表明它根源于受形式主义启发而做出的逻辑分析,并评论道,后布龙菲尔德语言学家与哥本哈根学派

> 二者都试图要为语言表述提供一个数学的形式。哈里斯就把自己的句法分析描述成是"数学的";叶尔姆斯列夫声称他的目的是要创造一门"语言学代数"。哈里斯公开指出他的分析是纯形式化的;叶尔姆斯列夫把自己的理论描述为是建立在"一套全部形式化的假定之上的"。(Haugen,1951:213—214)

豪根在总结时声称,后布龙菲尔德学派所提倡的形式化程序不是"我们已知的那种语言学,而是一种元语言学"(Haugen,1951:

212）。语言学论文现在"整页都扎满了逻辑符号"，豪根承认，尽管他不会改变现在的重点，但是他却怀念"传统语法轻松甚至迷人的特质"（Haugen,1951:222）。然而，迷人的传统语法却再也没有回到现实中来，因为正如第四和第五章所证实的，正是这种新的、复杂的、跨学科的知识文化，以及它对于日益严谨和精确的形式化说明的努力直接启发了 TGG 的诞生。

4. 句法系统(1951—1955)

4.1 本章内容概览

这一章的主要目的是联系前几章所提出的话题来考察乔姆斯基从 1951 年到 1955 年之间的研究;我们先来重温一下导论中曾提出的警诫,即,正是对于本章所讨论的这个时间段来说"TGG"这个方便的缩写开始变得不是特别有帮助了。正如前面所示,主要问题在于,在这个时期,乔姆斯基探索了几种不同的句法理论方法,而尽管这些方法中的不同方面被保留了下来并继续发展,但是其他的都迅速被抛弃了。因此,我们就不能仅仅用"TGG"这个术语指代乔姆斯基 1950 年代早期的作品,认为仿佛它指的是一个清楚而一致的可辨识的语法理论了。因而,我们有必要或者说必须把 TGG 看作是一个在这个时期不断改变的动态的概念,或者就干脆避免(在任何可能的时候)使用这个术语。这一章和下一章就采用了后面的办法,因为这使得我们可以具体地来指代乔姆斯基在这个时期所探索的各种观点,从而避免混淆。

这一章主要的几个小节,将聚焦于造就乔姆斯基早期作品的一些影响因素。采用的基本方法是,首先确定某一种影响的存在,然后追踪它在乔姆斯基 1950 年代逐渐成熟的研究中的发展痕迹。

因此,我们的意图不仅仅是要为整个 TGG 的逐渐演变提供一个严格的、一致的编年史研究,而是会讨论几个不同的(但又根本上相关的)主题。最后,随着各种主题被呈现出来,也就开始慢慢浮现出一幅有关 TGG 整体发展的更完整的图画。这种方法能更清楚地体现联续性和非连续性。应该顺便说明的是,我们的任务不仅仅是要确定乔姆斯基在自己的语言研究中确实采纳并使用过的那些方法和观点,而且也要探讨他所拒绝的一些方法,因为有时一个负面的评价和一个正面的倡导一样,都包含了重要的信息。记住这一点后,本章的计划可以概括如下:在 4.2 节会讨论一些有关乔姆斯基的人生经历,特别是会关注他与第三章提到的一些人物之间的交往。这样就可以把他的作品与他那些最重要的前辈之间的直接联系建立起来。4.3 节通过检视乔姆斯基用句法学术语修改简约性概念的事实来探讨古德曼的影响。对简约性的这一考察,自然地会引出关于古德曼对青年乔姆斯基产生影响的其他方面的评估。4.4 节则探讨他与建构性唯名论的简短而微妙的关系。最后,4.5 节讨论一些有关句法理论与形式科学之间的争论。尤其会讨论的是,巴希尔与乔姆斯基在 1954—1955 年期间参与的有关逻辑学和语言学理论的辩论,因为它为乔姆斯基的整个句法理论方法提供了重要见解。

4.2 人生经历及影响

有关乔姆斯基的早期生活及其知识发展的基本事实已经是人们熟知的事情了,所以这里并不打算对此提供综合性的叙述,而是会将接下来讨论的主要焦点放在乔姆斯基与那些对他的早期作品似乎发挥了最大影响的语言学家和哲学家的关系上。下面讨论中所涉及的有关问题的更多信息可以很容易地从那些标准性的文本中找到。[①]

乔姆斯基出生于 1928 年 12 月 7 日,他的整个早年生活都是以宾夕法尼亚的费城为中心。他的父亲威廉·扎夫·乔姆斯基(William Zav Chomsky,1897—1977)是一位希伯来语教师,他和妻子在 1913 年时离开俄罗斯来到美国,后来成了一位著名学者,出版了大量关于各类话题的著作,其中包括语言学与教育政策。他专攻中世纪的希伯来语,其中最重要的一部作品《希伯来语:永恒的语言》(*Hebrew, the Eternal Language*)出版于 1957 年。乔姆斯基的母亲,艾尔西·西蒙诺夫斯基(Elsie Simonofsky,1903—1972)也曾教授过希伯来语,而且被人认为给她的长子灌输了强烈的社会政治思想。先不论他的母亲对他的知识发展产生的是什么样的影响,总之乔姆斯基从 1930 年到 1940 年是在"奥克来乡村日间学校"上学,这是一所避免了传统教育中的一些陈规旧律的实验学校。因此,直到上了费城的中心高中学校,他才生平第一次经历了传统的教学方法。1945 年,在 16 岁时,他注册成了宾夕法尼亚大学的一名本科生,但是却因不喜欢这段经历,而考虑要离校去加入当时最为兴盛的一所以色列农场集体社区。但是在 1947 年时他碰到了赛里格·哈里斯,哈里斯鼓励他继续完成他的正式教育;毫无疑问,哈里斯的鼓励助长了乔姆斯基对理论语言学的兴趣。事实上,乔姆斯基后来就声称他对语言学的认识是在哈里斯请他检查 MSL 的手稿时才开始的。1947 年,乔姆斯基提交了本科论文《现代希伯来语的形态音位学》(The

---

[①] 例如 Chomsky(1988),Otero(1994b),Barsky(1997)以及 Smith(2004)。

Morphophonemics of Modern Hebrew),并于同年进入宾夕法尼亚大学研究生院继续深造。两年后他完成了硕士论文,但(蹊跷的是)他的硕士论文仅仅是本科论文的一个修改版;而在这个时期,受到哈里斯的鼓励,他开始跟古德曼和怀特学习哲学,并跟内森·菲内(Nathan Fine,1916—1994)学习数学。特别是与古德曼的交往证明是对他很有助益的,因为 1951 年在古德曼的帮助下,乔姆斯基获得了哈佛朋友协会的一个青年研究员职位。这个职位一直持续到了 1955 年,此间,乔姆斯基开始与奎因以及其他的哈佛知识精英成员密切交往。这个协会由当时哈佛的名誉校长阿伯特·劳伦斯·罗威尔(Abbott Lawrence Lowell,1856—1943)在 1933 年成立。当乔姆斯基 1951 年加入时,该协会的研究员(除其他人之外)还包括库恩和马文·闵斯基(Marvin Minsky, b. 1927),(当然)还有古德曼和奎因,而当时的哈佛社区总体上受到在 1933 年到 1953 年担任校长的詹姆斯·布莱恩特·科南特(James Bryant Conant,1893—1978)的强烈影响。尽管被这个环境所吸引,但是这个研究员职位终究不是终身职位,所以乔姆斯基于 1955 年离开哈佛到麻省理工学院工作,并且从此之后一直作为教学人员待在那里。

这里有必要提一下乔姆斯基后来有关自己教育背景以及以前的老师的一些评价,因为它们是与本书主要章节所关注的一些问题有关的乔姆斯基自己的回忆。例如,他曾经暗示:哈里斯从来就没有对语言学理论本身特别感兴趣过,他关注更多的是实用性的方法:

> [哈里斯]把语言学看作是一套组织文本的方法步骤,而且对可能发现真正东西的想法强烈反对。他认为语言分析的方法不能用在意识形态的分析上,而实际上

> 我的大多数研究生课程都是这样的……(转自 Barsky,
> 1997:52)

对于哈里斯思想的这种认知似乎是挺普遍的。例如,1960 年代时
霍凯特就曾经称呼哈里斯的思想为"理论虚无主义"(Hockett,
1968:35)。尽管哈里斯早先对乔姆斯基挺感兴趣,但是随着乔姆
斯基的不断成长,他们两人最终还是分道扬镳了。下面援引一下
巴尔斯基写的一段极尽奉承之能的总结当中的一部分(它之所以
有用主要是因为它大量引用了乔姆斯基自己的回忆),

> 即使早在这个时期[即 1950 年代早期],乔姆斯基就
> 已经创作了与哈里斯的作品具有根本性差别的极具原创
> 性的作品。在他的本科毕业论文中,他所研究的东西,用
> 他自己的话来说,"完全不同于结构主义语言学家所做的
> 一切……这就是为什么[该论文和《语言理论的逻辑结
> 构》,两者都是]等到 30 年后才出版"的原因。这篇文章
> "与结构主义语言学家能有多不一样就有多不一样",这
> 就是为什么"哈里斯从来没看过一眼这篇论文,而圈子里
> 也没人对它有反应"的原因。(Barsky,1997:53)

在后面的一段里,乔姆斯基表示哈里斯认为 TGG 的初期系统很
"疯狂"(Barsky,1997:54),但是并没有证据能够支持这一声称。
奇怪的是,乔姆斯基与哈里斯关系的基本发展套路(或者至少在乔
姆斯基自己的叙述里)与他和古德曼的关系的基本套路是一样的。
一开始古德曼也支持鼓励乔姆斯基,还帮助他获得了哈佛的青年
研究员职位,但之后他们的关系就开始急转直下了。下面的段落
也是取自于巴尔斯基的叙述,主要是因为他(再一次)把乔姆斯基

自己的原话联系在了一起。在(详细地)提及乔姆斯基开始研究卡尔纳普、弗莱格、怀特海和维特根斯坦(却没有提及罗素?)之后,巴尔斯基继续说道:

> 乔姆斯基现在阅读的作品为他提供了一个被他的老师纳尔逊·古德曼认为是"完全疯了的"新鲜视角。当古德曼在1960年代中期发现乔姆斯基的作品时,赫然终结了他们的友谊;尽管,如乔姆斯基所讲,他们之前"一直是好朋友,直到他知道了这件事为止,因为他把这视为一种个人背叛"。(Barsky,1997:54)

这个叙述有几大问题。首先,我们不清楚古德曼为何觉得乔姆斯基从卡尔纳普、怀特海和维特根斯坦(甚至或者是罗素)的作品中瞥见的这些观点是冒犯了他的。其次,正如5.3节所示,如果说确实有某种思想使得乔姆斯基在1950年代早期发现了一个"新鲜视角"的话,那恰恰正是古德曼自己的作品。第三,我们不清楚为什么古德曼十年后才发现了乔姆斯基对句法理论的研究。到了1960年代中期大家对乔姆斯基的名字已经耳熟能详了,除非古德曼住在了世外桃源,否则不可能在1965前没听说过TGG。然而,令人好奇的是乔姆斯基自己对于与奎因的友谊的回忆也呈现了相似的规律:一开始奎因也鼓励他(如在他提交1953年的论文之前帮他检查论文),但是后来却对乔姆斯基的作品"失去了兴趣"(引自Barsky,1997:93)。

这种从最初的亲密到后来突然分道扬镳的大致规律显然是非常有意思的,而且还提出了各种问题:乔姆斯基为什么被自己的老师们给一脚踢开,具体地讲,到底是他的作品的哪些方面冒犯了他们？但无论乔姆斯基的回忆的真实性有多少,正如下面两章即将展示的,毫无疑问,在 1950 年代早期,乔姆斯基与哈里斯、古德曼、奎因以及其他一些人之间的联系都非常密切,以至于这些人直接影响了他的观点。相应地,接下来的几节内容将来揭示这些影响在乔姆斯基从 1950 年代以来的作品中留下的痕迹;很有可能这样的探讨会被证明比尝试做长篇心理分析式的回忆要更加有趣些。

4.3 简约性与语法

正如导论所提示的,"简约性"这个概念在乔姆斯基早期句法研究中的重要性,还从未被充分讨论过;但实际上乔姆斯基自己经常会承认他当时的思想源头,而且近来还表示过,他早期作品这个方面的内容在他最近的研究里已经被再次启用(尽管用了一种不同的形式)了。①

在这样的背景下还推托说因为所需的知识考证过程任务过于

---

① 例如,在《最简方案》里,乔姆斯基就写到:P&P[即原则与参数]理论所带来的观念转变,也为简约性的考察如何进入语法理论的问题带来了不同的思考。正如生成语法早期作品里所讨论的,这些考察通常有两种不同的形式:一种是进入理性质询的不够精确但也并不空泛的简约性概念,另一种是对 I-语言进行选择的理论内部简约性测量,两种形式必须加以区别(Chomsky 1975[1955],第四章)。前者的简约性概念与语言研究没有特别关系,但理论内部概念的简约性则是 UG[即,普遍语法]的组成部分,它是确定经验与 I-语言关系的程序的组成部分,它的状态有些像物理常量。在早期作品里,理论内部的简约性概念是以从与规则系统所允许的形式相一致的竞争语法(用现在的术语来说,I-语言)里做出选择的评估程序。而 P&P 框架所建议的则是要超越这一有限但却非琐碎的目标来解决解释充分性的问题。没有评价程序,就没有早期意义上的内部简约性概念。(Chomsky,1995:8)

艰巨从而导致这样的忽视的话，那就真的算不上一个有效的理由了，因为正如 3.5 节所展示的，为建构系统的超逻辑基础设计一套简约性测量的任务，一直都是古德曼在 1940 年代和 1950 年代时的全部兴趣所在，而这个时期他也正好在宾夕法尼亚大学和哈佛大学讲课；如我们已经知道的，乔姆斯基这个时期是直接在古德曼的指导下学习的，所以，相似的关注在已知的乔姆斯基的早期研究中占据了显著的位置也就不足为奇了。事实上，从 1950 年代开始在乔姆斯基的作品中就有大量古德曼思想的痕迹，但是，正如下面会逐渐显示的，即使是在这个早期时代，乔姆斯基也并不是简单地从一个领域借用一些技巧，然后不假思索和修改地就把它们运用到另外一个领域。相反，他很努力地去重塑并调和他所接触到的一些方法，从而使它们可以辅助具体的句法分析的任务，而这个调和的过程可以从他 1951 年的硕士论文"现代希伯来语的形态音位学"（The Morphophonemics of Modern Hebrew）（下文简称为MMH）中窥见一斑。在 MMH 的导论里乔姆斯基说，为某一特定语言所建构的语法必须满足两种充分标准：第一，它必须要"正确描述该语言的'结构'；也就是说，它必须"分割出基本的语言单位，而且，尤其是必须要只区别并表述那些被受调查者认为'合语法的'或'可能的'话语"（Chomsky, 1979b[1951]: 1）。第二，该语法必须要么满足创造该语法的"特殊目的"所要求的标准（如，教学使用的标准），要么就是，如果没有这样一个目的的话，就必须要满足"简约性、经济性、简洁性"等要求（Chomsky, 1979b[1951]: 1）。那么从一开始乔姆斯基就似乎已经被说服了，认为简约性的考量是密切参与在语法建构的过程中的，而要找出这些观点的源头的任务实际上就非常简单了，主要是因为乔姆斯基从来就未曾遮掩过他

的知识借鉴来源。例如,在 MMH 中他明确引用了古德曼 1943
年的文章《关于思想的简约性》(On the Simplicity of Ideas),并且
反复解释了古德曼反对把简约性仅仅看作是一个建构系统的审美
性装饰的观点(3.5 节曾经整段引用过)。尤其是关于句法理论,
古德曼有关简约性在建构系统中的至关重要性的观点的一个言外
之意是,之所以想要一个语法尽可能地简单的原因与之所以想要
建构一个语法的原因是一样的。但特别重要的是,应该要知道这
种对于理论内部经济性考量的强调,却并不是曾影响了 MMH 的
形式和内容的另一个影响源头(即哈里斯)所提倡的东西。例如,
在 MSL 中,哈里斯就清楚提及"一个形式有多么紧凑和方便以及
可能有什么别的其他特征,那都是超出了描写目的以外的事情"
(Harris,1951:9),并且他继续宣称:

> 因此对于基础的描述方法来说,某一具体语言系统
> 的设计是否包含了最少的元素(如,音素),或者是否包含
> 了最少的有关它们的语句,甚至是否包含了最大的整体
> 简洁性等等,都是无关紧要的。这些不同的形式的区别,
> 不是在于语言上的而是在逻辑上的。它们的区别不是在
> 有效性上,而是在对于一个目的或者其他目的的实用性
> 上(如对于语言教学、对于结构描述、对于与近亲语言的
> 比较等)。(Harris,1951:9.n8)

那么,对哈里斯来说,正是对实用性而非对像简约性之类的考量才
是语法建构的指引原则,而这可能就是之前提过的哈里斯"理论虚
无主义"的一个很好的例子(Hockett,1968:35)。无论事实是不是
这样,上段文字的清晰含义是哈里斯认为像语法的"简洁性"等问

题对于语言分析的任务来说是没有必要考虑的，或者至少，他确信这样的考量只应该在评估语法的功用性时再做考虑。也就是说，如果简约性能够帮助语法作为一个教学工具来使用的话，那么它们就是有价值的；如果不是，那么它们就没有什么真正的意义。古德曼对于理论内部经济性的重要性的反复强调，和哈里斯对同样话题所持的明显漠视的态度清晰共存，这一定让当时的乔姆斯基感到很有趣；事实上，MMH 可以部分视为是对把古德曼式的简约性标准引入到哈里斯式的分析框架的一次尝试。因此，乔姆斯基协调和整合现有技巧的惊人能力，已经在他认识到的句法分析与建构系统理论之间的相似性上清楚显现了出来。以这样的大致方式描述完基本问题后，乔姆斯基继续对"发现"过程（即哈里斯的分布程序）和"描述"过程做了区分。这些过程的区分是清晰的：发现过程可以用来决定一个语料库中合语法句的集合，而描述过程则可以用来分析这些话语的形式。在这个语境下，我们有必要来回忆一下，(3.4 节讨论过的)巴希尔当初复原阿吉图库威茨句法分析系统的意图，也正是要提供一种"描述"方法（Bar-Hillel，1953b:47），而不是意在构成一个发现程序。在 1950 年代早期，乔姆斯基所做出的区分当然并不是独一无二的。但是，他继续扩展了这一论证，认为尽管当某一语法为了一个"特殊的目的"建构起来时，这样的区分可能是容易的，但是当创造它的时候头脑里并没有一个具体用意时，就没那么有用了，因为此时再没有任意的限制可以强加在这个语法上了。因此，在后一种情况下，语法建构就必须"完全按照优雅性的考量"（Chomsky，1979b[1951]:2）来进行。诚然，乔姆斯基继续表示"优雅"这个概念本身威胁破坏了发现过程和描述过程之间的基本区分，因为这样的考察对于发现的任务和对于描述的任务来说是非常根本的。鉴于这个评价,在这里值得强调的是,乔姆斯基的焦点从一开始就是放在了为了句法分析而进行的句法分析之上的。他似乎从来没有对哈里斯特别关注的那种实际的(如教学的)应用特别感兴趣。

事实上,尽管乔姆斯基明确地把语法简约性的问题放在了他在 MMH 中所制定的理论框架的核心之上,但是他却并没有为这一话题提供一个详尽的讨论。他评价到,仅仅通过清点语法当中规则的数量来测量简约性的方法是不充分的,同时他还有点不太明确地提到了他自己探讨这个话题的一篇未发表的文章,但却没有再在文章里总结这篇文章的内容。① 但是,在提交了自己的硕士论文之后,乔姆斯基一直长期保持着对于简约性考量的兴趣,而有关这一主题的最具综合性的讨论是在《语言学理论的逻辑结构》(*Logical Structure of Linguistic Theory*)(下文简称为 *LSLT*)手稿的第四章给出的,这本书的初稿完成于 1955 年早些时候。② 在这部作品里,语法简约性的重要性一再被强调,而且(再次)被认为在语法建构的过程中起着根本性的作用。

在语言学理论里,我们面临着用一种抽象的方式来

---

① 关于这一具体问题,请参看 Chomsky (1979b[1951]:67n5)。

② 既然 *LSLT* 是 TGG 发展史上的核心文本之一,那么它的出版经过就值得我们在此一提。该文本的手稿完成于 1955 年春天并在第二年做出修改准备出版。在 MIT 出版社拒绝出版这本书之后,它的油印本在 50 年代后期及 60、70 年代被广泛传阅。最终,1975 年乔姆斯基答应出版这本书的修改缩减版。有关该文本的复杂渊源的更多详情,请参看乔姆斯基 1975 版本的 *LSLT* 的引言部分。不过,正如我们在本书的引言部分提到的,作为参考补充资料,其他值得一读的文献还包括 Murray (1980) 和 Murray (1994);对于推迟出版的原因,默里(Murray)给出了不同的解释。

建构这个具有不同层次的系统的问题,有了这样一种方式,当那些抽象的结构整体能够在真实的语言材料中被赋予解释时,一套简单的语法就会由此而产生。(Chomsky,1975[1955]:100)

也就是说,先设计一个关于语言结构的普遍理论,以使人们可以据此为特定的语言创造一种简单语法,这样一种尝试是可取的。正如乔姆斯基后来在同一章里所说到的:"降低语法复杂性是层次建构背后的主要动机之一"(Chomsky,1975[1955]:100)。[①] 有了这个降低语法复杂性的大致目标,很明显"简约性"这个概念需要在语言学理论的具体语境下充分阐释一下。但是,在尝试澄清这些术语之前,乔姆斯基希望先证明,简约性的概念为何在设计一套普遍语言学理论时如此重要。具体来说,他认为语法简约性之所以重要主要是因为它可以提供一种在各种相互竞争的语法之间进行选择的方法。换句话说,如果语法简约性的程度可以一以贯之地进行衡量的话,那么,给定一个语料库以及可以在这个语料库里穷尽性地生成所有合语法句的各种语法,那么,某种简约性测量就可以提供一个有效的评估程序,使得一种语法比起其他的语法来会更受青睐。这些决定标准可以用于从几种相竞的语法中选择出其中一种来;LSLT 通篇都在强调这种选择标准的重要性。[②]

语言学理论必须能够使我们可以在所提议的各种语法方案中做出选择,而与此选择有关的每一个应当考虑

①　LSLT 里对语法层次的定义明显借鉴了建构系统理论,相关内容在 5.4 节进行了讨论。

②　5.3 节还会进一步探讨评估程序。

的因素都必须要建构在理论中。目前为止,我们对语法的唯一考虑因素就是由它所决定的那个具有不同层次的系统……必须具备语言学理论所要求的形式。但是这个语法建构特征却把语法建构最重要且最有特点的特征之一给遗漏了。在那些仔细周到的描述性作品中,我们几乎总是发现,在不同分析方法之间进行选择时所涉及的考量因素之一,就是看由此而所产生的语法的简约性。如果我们能够用这样一种办法来设立基本要素,使得只需很少的规则就可以描述清楚它们的分布,或者这些基本要素的规则与其他要素的规则非常相似,那么这当然似乎会为所研究的问题的分析提供有效的支持。因此,看起来还是有理由探讨一下这样的可能性的:部分地按照简约性这样的语法特征在普遍理论中对语言学概念进行定义。(Chomsky,1975[1955]:114)

这段文字恰如其分地总结了在语言学理论的背景下评估简约性的核心动机:简单的语法之所以受到青睐是因为它们比复杂的语法能够更加抓住普遍的语言规律。很显然,这一想法呼应了 3.5 节详细讨论过的古德曼所赞成的简约性观点。例如,古德曼曾经声称"在不会变得不充分的情况下,假定集可以被减少得越多,那么这个系统就越能把包含这个主题的相互关联的网络综合地展示出来"(Goodman,1943:107),而如上面所引用的,这一评论很显然与 *LSLT* 的多个不同段落相关联。特别是,用语言学术语来说,为了允许一个既定语料库的"最好的"语法能够从所有其他可能的语法中被选择出来,就需要一种语法简约性的测量,而创造这样的简约性测量的任务就正好是乔姆斯基自己在 *LSLT* 第四章立志

171

要完成的任务。在详细讨论他对这个话题的处理之前，我们应该强调一下，他认为语法简约性的技术问题不仅仅是语言学理论的表面附属物。实际上，乔姆斯基曾坦言简约性的概念是具有根本重要性的，而他有关这个问题的思考受到了古德曼和奎因作品的共同引导。

> 顺便说一下，关于简约性的考量不是微不足道的或者"仅仅是审美的"，认识到这点很重要。这在哲学系统的例子里是非常显著的。在这里，对经济性的需求这一动机，在很多方面与从根本上来说为什么会需要存在一个系统这样的动机完全一样。例如古德曼的"关于概念的简约性"（On the simplicity of ideas），指的就是初始的基础部分的经济性。对我而言，语法系统以及我们所直接关注的那种特殊意义上的简约性也是这样的。近来关于简约性在选择科学理论时所扮演的角色的新近讨论可参见奎因的《从逻辑角度来看》（*From a Logical Point of View*）。（Chomsky,1975［1955］:114. n2）

这一注脚实际上是对 MMH 中脚注 1 的扩展，而且更加具体。这两个注脚的主要不同之处在于，在 1951 年的版本里只引用了古德曼的作品，而在上面的版本里奎因近来有关简约性在普遍科学理论中的地位的讨论也被列举进来用作新的支持论据。很明显，乔姆斯基论证的主要核心是，由于简约性在任何理论系统的创造中都扮演着至关重要的角色，所以有必要把它囊括在语法建构的任务中。因此，这里也就有必要具体评估一下简约性的概念在 *LSLT* 中是如何提出来的，因为它可以揭示乔姆斯基是如何修改古德曼和奎因的一些观点从而使它们能够被用来辅助句法分析的具体任务的。

在 *LSLT* 的第四章开始讨论语法简约性时,乔姆斯基公开承认由于他当下关于这个话题的思想仍然只是处于一个初级阶段,所以,还是"概略而不完整的"(sketchy and incomplete)(Chomsky,1975[1955]:116)。尽管如此,对于其中涉及的关于可以提出一系列整合规则,从而得以把某一给定的语法转换为一个被最大程度地精简了的形式这一类的论题,他还是足够自信的。这一对由规则所驱动的程序的强调,再次响应了哈里斯对自动发现程序的喜好(3.7 节提过),以及巴希尔对于能使一个句子被"机械地"分析的句法范畴的热忱(3.4 节讨论过)。那么,在现在这个语境下,乔姆斯基渴望用算术的方式来进行简约性测量,就与 1950 年代时句法研究的整体趋向保持了一致。此外,对能够允许自动测量语法简约性的机械程序的探寻,也再次与古德曼相呼应:古德曼在1943 年的文章里曾提倡:在对不同基础之上的各种简约性进行判定的时候要避免直觉,而青睐"自动程序"(Goodman,1943:108)。加上(5.4 节会详细讨论的)*LSLT* 提出的语言结构的定义大量借鉴了建构系统理论这个事实,我们就有理由猜疑乔姆斯基沿习了古德曼的思想,把任务的焦点放在了减少与某一具体句法层次有关的原始关系的数目上。然而,因为 *LSLT* 所描绘的普遍系统的每一个层面都把关联作为唯一的初始关系,所以,减少这种关系的数目显然并不是一个可行的选择。因此,乔姆斯基意识到,如果要把语法简约性的测量作为一个有效的评估程序,那么它就必须要以别的什么东西为基础来操作,而不是基于语言层面的超逻辑基础。

173

相应地,在发展 MMH 所描述的理论规划时乔姆斯基论述到,在 *LSLT* 中所发展出来的那个语法理论,其基本的形式组成部分是改写规则,而它是任何关于简约性的专门定义中都必须要包含的东西;它在早期的 TGG 文献中被称作"变换"(Conversions)。在标准的 TGG 概念里,改写规则的形式是"X→Y",用来允许把较大的句法单位分析为较小的构件。例如,一个标准的 P-层(即短语层面),其变换形式是"Sentence→NP VP",这(明显地)表示一个句子可以改写为一个 NP 名词短语加上一个 VP 动词短语。将这样的规则包含在关于简约性测量的专业定义中是有理由的,因为任何类型的测量都必然地会涉及某种量化,而某个特定语法中的变换是能够轻易计算出来的。事实上,变换可以为简约性测量提供切实可行的基础这一想法构成了乔姆斯基 *LSLT* 中有关这个主题的整个讨论的基础;他也清楚地表明"设计一套把简约性的考量变换为长度考量的概念系统的可能性……是非常诱人的"(Chomsky,1975[1955]:177)。也就是说,作为一个初步设想,乔姆斯基觉得有理由设想:包含更少变换的语法(即更简短的语法)应该比包含更大数目的转换的语法更受青睐。这一基本方法强调对那些关键构件的琐细列举,使人联想到古德曼有关建构系统中超逻辑基础的相对简约性的最初论述:超逻辑谓词越少的系统比那些包含有大量谓词的系统更加受人喜欢。但是,正如古德曼迅速意识到这样繁琐的测量过于粗笨一样,乔姆斯基也很快地拒绝了(就像他在 MMH 中做的一样)上面描述的繁琐的测量语法简约性的方法;接下来他提议进行修改,其动因来自于一个领悟(还是与古德曼的建构系统思想有关),那就是:将更简短的语法优先排列实际上也就是间接地将包含更大普遍性的语法排列在了优先的位置;而这样的概括性是非常重要的:如果某个由若干个变换程序所构成的子序列可以被一个单一的变换程序所替代的话,那么这个语法就更准确地抓住了所分析语料的一个普遍事实。应该注意的是,在强调概括性以及对变换进行概括与对它们进行列举之间的关系的重要性时,乔姆斯基力求避免在这个语境下将普遍性与长度误解为两个完全对等的概念。因此,他清楚地区分了"真实的"简约性和其他类型的简约性。例如,他评论道,一个用图示的方式来表达为 $Q(a_1, \ldots, a_n)$ 的复杂语法,可以被定义为 $f(x_1, \ldots, x_n)$,结果是 $f(a_1, \ldots, a_n)$ 就为复杂的初始语法提供了一个精简(即只有一行)的表达(Chomsky,1975[1955]:118)。然而,正如乔姆斯基证明的,这样的修改只不过是一种概念戏法而已,并没有达到真正的语法简化;这种论述让我们想到了古德曼和奎因对超逻辑基础的"真正的"和"显然的"经济性的区分(3.5 节讨论过的)。那么对乔姆斯基来说,跟古德曼和奎因一样,其任务就是要避免那些事实上并不能使系统复杂性降低的表面上的简化。

因此,为了建构一个一致的简约性测量体系,就必须要保证给定的语法是最大化地"统一合并了的",而这种统一合并性也就把语法的复杂性真正降低了。相应地,乔姆斯基引入了一些"概念转换"(Chomsky,1975[1955]:118),实质上为语法定义了一个规范的形式。也就是说,有了这套概念转换,任何的语法都可以被精简到最大程度地精简化了的形式,从而实现相互竞争的语法之间的直接比较。例如,采用"{ }"的概念来表示位置的相等,"—"来表示无效的元素,如此一来,下面的三个符串

$$a \frown d \frown e \frown g \tag{4.1}$$

$$b \frown d \frown g \qquad (4.2)$$

$$c \frown d \frown f \frown g \qquad (4.3)$$

就可以用一个统一合并了的符串来替代为

$$\{a,b,c\}d\{e,-,f\}g \qquad (4.4)$$

很明显(4.4)比 (4.1)—(4.3)三个分别的符串要更具概括性,
而且它并不是对既有事实的无意义的同义重复,因为它为例子
中所使用的形式语言的分布特征提出了更加具体的标识。正如
乔姆斯基评价到的,因为这种合并操作在一个既有变换规则的
两边都可以运用,因而这些概念的操作就使得一个最大化地合
并了的语法能够以一种可以确保复杂性得到真正降低的方式被
建构起来。

> 我们所介绍的概念工具允许语法表达中某些选定的
> 简约性特征(即每一个部分地概括了的类型)能够有效降
> 低长度,从而使包含拥有这些特征的规则的语法可以更加
> 受到重视。这样,这些建构工作就可以被理解为是为简约
> 性的某些方面提供了分析。(Chomsky,1975[1955]:
> 123)

以这样的方式设计了一套建立在变换合并性基础上的一致简约性
测量标准后,乔姆斯基继续讨论了变换顺序的问题。很明显,形式
语法中的变换不能仅仅用一种任意的方法来排列:比如,把短语变
换为语素的规则,必须在语素变换为音素之前运用。确实,正是这
一认识使得乔姆斯基把给定语法中的各种变换看作是一个"序
列",而不是一个集合;因为一个集合里元素的顺序是无关紧要的,
而一个序列却恰恰就是由其元素的顺序所决定的。所以在语言结

构的普遍理论的框架内进行明确说明时,变换顺序的问题就被认为是非常重要的。

> 如果能把一个普遍理论的顺序原则一次性地给出,那将是非常有优势的。否则,从一个具体语法规则的排序中所获得的经济性会因为需要说明这个语法里的规则运用的顺序而大大降低。最好的情形就是我们以这样一种方式把所有的变换都按线性顺序排列起来,使得所有推导式都可以从头到尾地通过运行这个序列而获得。(Chomsky,1975[1955]:125)

这里的言外之意是构成语法的所有变换规则都应该是这样有组织地安排起来的,从而使得某一具体语料库中的所有合语法语句都可以仅仅通过运用序列里的各个转换规则就可以正确获得。这一想法指引着乔姆斯基提出了某些"最优化条件"。他将这些最优化条件介绍如下:

> 粗略地来说,一个语法,当其规则是以最大化地精简了的形式给定时,如果在一个序列里能够用下面的方式处理所导出的语句,那这个语法就满足了这些最优化条件:
>
> (i) 我们可以通过自始至终地运行其规则序列而组成所有的推导式;
>
> (ii) 任何一个 X→Y 变换法则都不会在序列里出现两次(即没有需要在语法的不同位置以几种形式重复的规则);
>
> (iii) 每一个条件语境建构的范围正好达到了出现

于其中的某一相关应用规则所要求的程度。(Chomsky,
1975[1955]:125)

这些实际的条件定义了一个探索式程序,它与 3.5 节讨论过的古
德曼在 1952 年的文章《关于简约性的新思考》中为超逻辑基础提
出的方法相似。实际上,这些最优化条件应该运用到每一个语言
层次,而且他们如此设计是要保证:(i)语法的线性化;(ii)避免累
赘重复;以及(iii)语境依存规则的有效性。有了这套条件,那么就
有可能解决在形式语法间做出选择的问题了:假如有两套语法,二
者都生成了某个语言的所有合语法的句子,那么我们应该根据上
面列出的最优化条件选择那个更简单的语法。很明显,这里对简
约性的专注使得有必要对所提出的语法的形式特征进行详细探
讨,因而它推动了与 TGG 的发展有关的很多创新研究。例如,正
如 5.5 节所示,使用转换法则的语法普遍被认为是比短语结构语
法要"更加简单"的;这一认识至关重要,因为在 1950 年代人们并
不知道短语结构语法的形式化工具是否真的不足以使它生成一门
语言的所有句子。[①] 但是,正如当时所声称的,标准的短语结构语
法和生成语法之间的区别是后者能够比前者更加成功地处理大量
从属结构,因而能够更经济地生成诸如主动-被动结构一样的复杂
句,诸如此类的考量强化了简约性标准在早期 TGG 研究中的中
心地位。

[①] 1970 年代末 1980 年代初广义短语结构语法的提出催生了对这些问题的进一
步评估。具体详情参看 Gazdar et al. (1985)。

4.4 建构性唯名论句法

正如前一节所强调的,古德曼的影响清晰地体现在(也得到了清楚的承认)乔姆斯基的早期作品中。但是,乔姆斯基从古德曼那里所借鉴的绝不仅仅只是有关建构系统简约性测量的观点。事实上,乔姆斯基对于古德曼作品的迷恋程度可以通过评估他发表于1953 年的第一篇论文"句法分析的系统"(Systems of Syntactic Analysis)(以下简称为 SSA)的内容来准确判断出来。① 这篇文章再次证明,在早期阶段,乔姆斯基关心的是非琐细的任务:即结合各种现有的方法从而研发一套关于语言分析的更加"机械化"的方法。

上面已经表明了,在 MMH 和 *LSLT* 中乔姆斯基努力把哈里斯的分布方法和古德曼有关理论内部简约性标准的一些观点进行调和。在 SSA 中他尝试的是一种不同的整合方式:把古德曼和奎因曾在 SCN 中详细解释过的唯名论建构系统理论的方法,与哈里斯所提倡的句法发现程序进行调和。因此,SSA 可以视作是想研发一套能够自动利用分布信息把一个给定话语的语料库的语素安排给句法范畴的建构系统的一种最初尝试。按照惯例,有必要强调的是这个研究的知识来源,乔姆斯基在整篇文章中都坦率地承认并进行了说明。例如,在评价完近来句法理论中出现的无需参考语义信息的形式分析方法的发展趋势后,乔姆斯基将自己的具

---

① 乔姆斯基第一次提交该论文给《符号逻辑杂志》(*Journal of Symbolic Logic*)是在 1952 年 10 月。

体计划概括如下:

> 认真探究一下语言学方法的形式以及语言学方法中
> 可以变得纯形式化的那部分内容的充分性……并且检查
> 一下有没有可能把它运用……到更大范围的问题上,这
> 是有趣的事情。为了达到这些目的,首先有必要来仔细
> 地重构一套程序,以使语言学家能够通过它们从语言使
> 用者的行为中推导出一套语言学语法的表述来,期间要
> 清楚地把形式化的和实验性的东西区分开来,以使得在
> 任何语言里,一个建构系统里作为被定义项而出现的语
> 法概念将会在语言材料的固定样本的基础上被形式化地
> 推导出来,而初始成分则将在这些固定样本材料的基础
> 上通过实验的方法而被定义。(Chomsky,1953:242)

这段话清楚地证明乔姆斯基既把 SSA 看作是对语言学的一个贡
献,又把它看作是一次应用建构系统理论的练习;而应该指出的是
这篇文章出现在了《符号逻辑学刊》(*Journal of Symbolic Logic*)
上,而非像《语言或语词》(*Language Or Word*)一样的语言学权威
期刊上。上面的导论,无论是从目的的表达上,即想要使句法分析
(或至少是部分的句法分析)变得"纯形式化",还是从基本方法来
看,都清楚地体现了对形式的强调:"语法概念"是通过一个在建构
系统里反复定义的过程而创造的,因此把每个被创造的语法实体
都和一个定义族谱联系了起来。在伴随上段文字的脚注中,乔姆
斯基透漏了他思想的源头,他明确引用了哈里斯的 *MSL*、古德曼
的 *SA* 和古德曼与奎因的 *SCN* 作为具体影响来源。此外,乔姆
斯基还亲自感谢了前面提到的三位大师,感谢他们提供的建议和批

评,这表明他在发表文章之前跟他们讨论过他的研究。具体来说,对于他提出的句法分析方法和 SCN 中所采用的建构唯名论类型的关系的实质,乔姆斯基做了进一步澄清,解释了为什么他认为"字符式的唯名论框架"在进行句法分析时是非常重要的:

> 字符式的方法对于语言学来说似乎是非常自然的,尤其考虑到这篇文章结论的一个充分延伸是必须要处理同形同音的问题……下面的内容似乎表明个体对象进行的演算往往能为那些表面看来需要集合论解决方案的建构问题提供非常简单的答案,从而既去除了所有涉及类型等级的必要性,同时又增加了系统整体的可操作性。
>
> (Chomsky,1953:243)

这段话表明,用建构性唯名论的方法来进行句法分析的主要优势是它消除了对集合论假设的需求,因此可以避免在数理逻辑领域里已经败下阵来且声名狼藉的那种类型层次结构(即诸如怀特海和罗素的逻辑类型理论之类的人工方法)。当然,并非巧合的是,这种集合论构想恰恰也是古德曼和奎因在 SCN 中所拒绝的结构,因为,正如 3.6 节讨论过的,正是需要拒绝这些东西的事实推动了他们整个的建构唯名论研究项目的进展。上面所引用的文字里,尤其揭示了古德曼的影响,因为这里提到的"个体演算"是由古德曼和雷纳尔多在 1930 年代中期发展出来的,乔姆斯基在整篇文章里都直接使用了这个系统,具体使用的是古德曼在 SA 里包含的演算版本。使用这种类型的建构系统来进行句法分析的意义有很多。尤其是对"字符性"的强调决定了一个语言的句子必须作为有限的符串来加以操作,就像在形式数学中那样。而且,对于像集合这类抽象实体的拒绝也使得所有的更大的结构都必须按照它的组成元素来进行详尽的分析这一点得到了保证。

考虑到上面的内容,再加上 SSA 中公开的唯名论议题,乔姆斯基声称用建构方法来进行句法研究可以帮助解决与同形同音词现象有关的某些根本问题,如果说这一主张还有些不太成熟,因为(正如他自己承认的)这些问题在这篇文章里讨论的简单形式语言里是无法体现出来的,而且(到目前为止)他一直都没有再在随后的作品中探讨过这些问题;但它却是令人好奇的。[①] 事实上,需要强调的是乔姆斯基在整篇 SSA 里都只是关注了形式语言,并且公开声称"这里给出的这个系统是无法胜任自然语言的分析的"(Chomsky,1953:243)。他在为证明自己的理论要点而使用的具体语言里,只包含了像"ab"和"axd"这样的"话语",它们中的每一个字母都代表了这门语言的一个语素。显然,这里对于这种简单语言的强调与乔姆斯基后期作品中主导性地关注自然语言分析的问题是存在明显对比的;这个问题会在 4.5 节再讨论。

正如上面所提示的,在结构的细节上,乔姆斯基在 SSA 的第 2 和第 3 部分里所提出的唯名论建构系统类型,仅仅是执行了古德曼在 SA 中所提出的系统,其中所呈现的大多数定义、公理和定理也都是未加修改就直接借鉴过来的。事实上,该文的主要贡献,就只是尝试把建构系统理论运用到句法分析的任务当中。因此,

---

[①] 在此语境下当拥有共同表面形式的句子被分配到不同的句法类里时,同音同形建构就会出现。例如,The man stood by the woman (意思是"那个男人保卫着那个女人"the man championed the woman)和 The man stood by the tree (意思是"那个男人站在那棵树旁边"the man stood beside the tree) 两个句子尽管存在表面相似性,但显然从形式结构上来讲它们是大相径庭的。

该文沿习了古德曼的思想,它所展示的系统的核心部分包含了一个逻辑基础(即标准的 *PM* 类型的符号逻辑)和一个包含了初始元素(即作为基本语素的符号)以及五个原始关系的超逻辑基础。还应该记住的是(正如上面提到的),所有的初始元素都被认为是"通过实验的方法被定义了的",因而揭示了所提议的分析方法明显的实证主义特征。[①] 其初始关系包含了谓词,如"*O*",其中"aOb"的意思是 a 与 b "部分相同"(即存在一个既是 a 的部分也是 b 的部分的字符),乔姆斯基公开承认,这些关系都是未经修改地直接从 SA 中拿过来的。然后他继续建构了一套"基础概念",如 SEG,其中"a SEG b"的意思是"a 是 b 的一个字符分段",而且按照逻辑和超逻辑基础定义为

$$\text{a SEG b} = \forall x \, [\, x \, O \, a \rightarrow x \, O \, b \,] \tag{4.5}$$

它表示:对于所有的 x 来说,如果 x 与 a 和 b 都有重叠的部分,那么 a 是 b 的一个字符分段。这些概念又都是古德曼的概念(事实上,(4.5)与古德曼提供的(3.15)"部分"关系的定义是相同的),它们使得更多的公理和定理可以被建构出来。最后,第 3 部分概述了如何利用古德曼的建构系统来完成句法分析的任务。其基本方法是建构"一个相似关系的无限序列",表示为形式"S_n"(Chomsky,1953:249),这里下标小写的 n 可以是一个数域,代表了语素序列的长度。这些相似关系可以用来把一个语料库中遇到的语素分组为句法类。为了证明这个过程是怎样操作的,乔姆斯基使用了一个六句语料库,ab,cb,de,fe,axd,和 cyf,然后他表示语素 a 和 c 会通过相似关系 S_1 联系起来,还有语素 d 和 f 也

---

① 在 5.3 节,我们将会单独考察乔姆斯基从(表面)实证主义到理性主义的转变。

是这样,而 a..d 和 c..f 通过 S_2 联系起来,x 和 y 则通过 S_3 联系起来。

　　正如上面的总结所示,SSA 所提供的一般方法表明古德曼在 SA 中提出的唯名论建构系统可以作为一种发现程序在句法理论的语境下得以使用,它可以减轻为一种自动程序分配句法类的任务,因此也说明了哈里斯的发现程序与建构系统理论之间所存在的潜在对应关系。但是,正如导论部分提到的,乔姆斯基 1953 年的文章基本被语言学的史家们给忽略了,而上面的总结则让我们不难发现它之所以被遗忘的原因(或许是被有意忽略了?)。粗略看来,这篇文章似乎只能是很牵强地与那个乔姆斯基之后不久在 LSLT 中提出并且最终以 TGG 而著称的句法理论联系在一起。首先,如上所提,SSA 所关注的仅仅是简单的形式语言,而且,正如下节内容所示,乔姆斯基很快就开始质疑把这类语言用在语言学理论语境下(相对于纯逻辑研究)这一想法的有效性。而且,SA 借鉴了古德曼如此多的建构系统理论的思想,因而好像有着强烈的实证主义歧视(不过,希尔索(Hiorth)对此是怀疑的(Hiorth,1974:35)),因为它把焦点放在了使用分布性信息来自动安排具体语料库中的语素上。不过,尽管有着这些明显的差异,SSA 提出的这种句法分析方法的各个方面都在 TGG 的成熟理论里有所体现,只是经常披了一层略显不同的外衣而已。例如,正如 5.4 节要讨论的,建构系统理论的工具在 1953 年后并没有完全被抛弃;其中一部分包含在 LSLT 所提出的语言层面的定义中。相似地,乔姆斯基对于机械的公理演绎分析方法的爱好在 1950 年代中期也没有消减,而是一直保留了下来,最后在成熟的 TGG 理论里在以转换为基础的演绎系统里表现了出来。但是,这并不是说

SSA 采用的方法里所有重要方面在后期都没有被拒绝。诚然,事实是很明显的。例如,SSA 实际上成为启用哈里斯式的发现程序的另一次尝试,但毫无疑问的是,到了 1950 年代中期乔姆斯基已经开始质疑这些程序的有效性,而(如 5.3 节所讨论的)更青睐评估程序了。因此,上面讨论内容的目的既不是要证明它们之间的完全统一,也不是要论证它们的彻底分离,而只是要完整地还原当时情况的复杂性。但是,有必要强调的是 SSA 并不仅仅是 TGG 历史上的一个边角料式的兴趣所在,所以如果把它看作是对实证主义哲学领域的一次离奇的、孤立的和显然不成熟的攻击的话,就大错特错了。相反,这篇文章对于 TGG 的族谱来说绝对是重要的一章,因为它揭示了乔姆斯基知识发展过程的路线,因此可以让我们深入了解后来成为 TGG 标准特征的几个分析方法和焦点内容。

4.5 逻辑与语言学理论

这一章前面几个小节已经表明,从一开始起乔姆斯基就致力于把结构主义语言学的方法和源于建构系统理论的技巧结合起来这一任务,而他对简约性标准在形式语法创造中的重要性的强调,以及他尝试采用古德曼的"个体演算"来服务于句法分析的努力,都揭示了他对这些问题的着迷程度。但是,乔姆斯基并不是不加区分地就推荐了这种跨学科的方法;考察一下他对于语言学与逻辑学之间关系的态度,可以帮助我们最佳地探讨乔姆斯基观点的复杂性。他本人对这个话题的明确解释,包含在他 1955 年的一篇文章里;这篇文章是为了回应巴希尔的一篇文章而写的,后者当时提倡进一步整合语言学和逻辑学。将这样的话题放在当时顶尖的语言学期刊中进行辩论,倒也并不是一件不同寻常的事情,因为正如第三章和本章前面几个小节内容所证实的,在 1940 年代和 1950 年代时期,逻辑与自然语言的关系的确切本质,正在接受各个逻辑学家和语言学家的重新评估,而巴希尔和乔姆斯基当然都是这一重估过程的积极参与者。他们在 1950 年代中的交往始于巴希尔的论文"逻辑句法与语义学"(Logical Syntax and Semantics)(1954)在《语言》(Language)期刊上的发表,接着乔姆斯基也在同一本期刊上发表了"逻辑句法与语义学:它们的语言相关性"(Logical Syntax and Semantics:Their Linguistic Relevence)(1955)(以下简称为 LSS)。在探讨巴希尔提出的各种论点时,有必要回忆一下的是,正如 3.4 所讨论的,他已经重新启用了阿吉图库威茨的作品,并建议可以用逻辑句法和逻辑语义中采用的方法来分析自然语言,因此,这就为以功能为基础的句法理论,即现在人们所熟知的范畴语法奠定了基础。巴希尔当时显然已经完全相信逻辑是可以为语言结构的本质提供有价值的启示的,尽管他后来曾经忏悔道,这些想法"可悲而幼稚"(Bar-Hillel,1964:3),但是它们却启发他创作了 1954 年的文章,所以这里我们就必须对这篇文章进行一次仔细的讨论。

大体说来,巴希尔的文章实际上是一次"请愿,希望重新把语义学引回到描述语言学的操作舞台上来"(Bar-Hillel,1954:235—236),而他的主要动机似乎是出于对哈里斯在 MSL 中所倡导的分析方法类型的深切不满。为了更精确地说出他对分布程序的失望,巴希尔从他为之疯狂迷恋的、卡尔纳普所写的那本 LSL 在1937 年的英译本中引用了一段长长的话,这段话透漏了很多信息。①这段话是卡尔纳普在导论中探讨句法与逻辑的关系时写到的内容,其中还区分了构成规则和转换规则。卡尔纳普评价说:(在1934年时)"流行的看法"是句法与逻辑"根本上是不同类型的理论",不过,他接着就质疑了这一预设,肯定了两个学科"同样关注着意义与句子之间的关系",因而,他预言"逻辑会成为句法的一部分"(Carnap,1937[1934]:1—2)。通过这样的判定,卡尔纳普清楚明白地提到了"逻辑句法",而这一复合词的表达指出了两个学科之间的相互关系。

在以这种直接的方式展示了卡尔纳普的观点之后,巴希尔接着讨论了语言学家们是如何(能够)发展这些观点的。他引用哈里斯的 *MSL* 和弗里斯的《英语的结构》(*The Structure of English*)(1952)作为分布结构语言学传统作品的关键例子(正如他在1953年还原阿吉图库威茨的作品时曾经引用过它们一样),强调说构成规则(按照卡尔纳普所定义的)已经被详细探讨过了;但是,他同时也悲叹说,与之相对的是,转换法则(还是按照卡尔纳普所定义的)却被忽略掉了。② 也就是说,在巴希尔看来,结构主义的语言学理论关注的仅仅是能把更大的语言复杂结构分析为更小的构件元素(如音素和语素)的建构语法过程,这些理论并没有充分地关注到存在于语言表达之间的逻辑关系。③ 巴希尔把这样的忽略部分地

---

① 巴希尔对卡尔纳普的欣赏已在3.7节进行讨论。

② 3.7节里讨论了卡尔纳普的形成规则和转换规则,而5.5节将会详细讨论乔姆斯基的"转换规则"和卡尔纳普的"转换规则"之间的差异。

③ 巴希尔承认哈里斯在最近的作品里已经开始介绍他称之为"转换"的规则,但同时指出这一尝试仅仅是为了把转换规则囊括到句法的形成规则部分而已(Bar-Hillel,1954:231—232)。

归罪于逻辑学家们（如卡尔纳普），认为这是因为他们把主要的时间都奉献给创造和分析比自然语言更加简单的人工形式语言了。确实，正如 3.7 节所示，*LSL* 中清楚地表明卡尔纳普对于通过使用由他发展起来的构成规则和转换规则来详细分析自然语言这一可能性所持的悲观主义立场，当然巴希尔对于卡尔纳普的这个态度也是知情的（参看 Bar-Hillel,1954:231）。但是，巴希尔指出，语言学家，而非逻辑学家，才是最直接关注自然语言的人，因而，探索转换法则在自然语言语境下的适用性的责任重担就落在了语言学家们的身上。事实上，他声称，（在他看来）卡尔纳普的观点或许有可能"在语言学中也是成熟的"，但由于卡尔纳普本人并不是一位"纯语言学家"，他总结认为专业的语言学从业者应该认真地仔细检查并评估这些观点的含义（Bar-Hillel,1954:231）。

在指出语言学家对卡尔纳普的转换法则关注不够之后，巴希尔接着讨论了在标准的结构主义分布分析中被忽视了的，但却可能会被证明对语言学来说是极其有价值的那种规则；例如，他讨论了同义性问题。这段讨论缘起于哈里斯在 *MSL* 中关于分布程序能够为语言意义提供有力分析的这一声称。具体来讲，哈里斯这样说道：

> 分布程序一旦确立，就可以对那些意义考量无法确定或充满矛盾意见的边缘性案例做出明确的处理，而不会有任何额外的麻烦。（Harris,1951:8,n7）

巴希尔把这句话的意思解读为，与不同的分布规则相联系的不同语言单位必定会有不同的意义。因此，他总结道，对于哈里斯来讲，具有相同分布的单位就可以被认为是同义的。这种解读被公认是对哈里斯语句的一种强解读,但他的推测并不是完全没有道理。不过,巴希尔拒绝接受同义性可以完全按照分布来进行分析这一观点,他认为尽管分布分析或许能表明(i)"oculist",(ii)"eye-doctor"和(iii)"dentist"全部能出现在同样的句法位置上,但这并不表示(i)和(ii)有相同的意思,同样,(i)和(iii)或(ii)和(iii)也不同义。根据巴希尔的观点,这是由忽略了能够提供单词意义信息的真值条件所导致的。因此,由于分布程序忽略了这样的语义考察,它们为语言学分析提供的是一个不完整的基础。

巴希尔之所以确信语义考察可以包含在句法分析中而不至于使后者屈服于"意义的侵犯"(Bar-Hillel,1954:234),显然是源于他那早就被证实了的对卡尔纳普和利沃夫-华沙学派逻辑学家作品的兴趣。正如 3.7 节所讨论的,卡尔纳普对于逻辑句法的研究,受到希尔伯特证明论的影响因而定义了若干个形式语言,这使他得以创造出不受语义考察影响的逻辑系统。不过,这种操作反过来(相当讽刺地)又让卡尔纳普开始思考 LSL 中提出的语言系统类型与外部世界之间的关系。也就是说,他对于尝试避免语义考察的形式句法系统的兴趣,反而培养了他对语义学的浓厚兴趣;而且接下来的二十几年里卡尔纳普就专注研究了这个大问题。1942年,他发表了《语义学导论》(Introduction to Semantics),接着第二年又发表了《逻辑的形式化》(Formalization of Logic),这两本书都探讨了与形式系统有关的语义学若干方面的问题。两本书的主要重点都放在了对真值条件的解读上。也就是说,卡尔纳普认为,对于形式语言里的一个句子来说,为了探讨它的意义,首先有必要知道在宇宙中应该具备什么样的匹配才能使这个语句为真。在卡尔纳普的处理方法里,语义解读的规则成了他所发展的整个语言系统里一个分散而孤立的部分:句法构件产生出形式化语言的一个个句子,然后这些句子就会接受语义解读。为了讲清楚他的想法,卡尔纳普为语义系统提供了如下的定义:

> 一个语义系统,是一个表达目标语言中句子的真值条件并因此决定[原文如此:determine 没有按照第三人称单数做主语要加 s 来写成 determines]这些句子的意义的规则系统。一个语义系统 S 可能包含定义"S 中的句子"的构成规则,定义"S 中的名称"的名称指定规则,和定义"S 的真值"的真值规则。元语言中的句子"$\mathfrak{S}_i$ 在 S 中为真"与句子 $\mathfrak{S}_i$ 本身的意思是一样的。这个特点够成了真值定义的充分条件。(Carnap,1942:22)

正如这段话所示意的,卡尔纳普的基本逻辑语义方法就是真值条件,他在这方面的想法受到利沃夫-华沙学派的成员塔斯基的影响。卡尔纳普很有风度地明确承认他从这位比他年轻的同辈那里借鉴了思想这一事实并表达了感谢之意。[①] 塔斯基曾经跟随阿吉图库威茨学习,因为后者认为逻辑和语义是密切相关的,所以塔斯基对于形式语言需要一套语义解读系统才算完整的想法也就不足为奇了。在 1931 年的论文中,[②]塔斯基强调了真值与意义的关系,而在尝试为真值寻找一个充分的定义时,他引入了图式(T),其形式如下:

---

① 详情请参看 Carnap (1942:x)。

② 1931 年 3 月 21 日,文章"形式语言里的真值概念"(The Concept of Truth in Formalized Languages)在华沙科学协会得以发表。这篇文章最终分别在 1933 年以波兰语、1936 年以德语出版。英译版请参考 Tarski (1956:152—278)。

$$(T) \ X \ 为真,当且仅当 \ p。 \qquad (4.6)$$

这一图式背后的思想是,如果上面的字母"p"可以替换为一个句子、字母"X"可以替换为句子的名称,那么任何句子都可以被分类为一个形式(T)的对应体。希尔伯特的元语言概念在这里再一次占据了主导地位,因为这里有着明显的对于元语言和对象语言的区分。与(T)图式中关于"句子-句子名称"这一关系对儿相关的一个最著名的例子是"Snow is white if and only if snow is white"(雪是白的当且仅当雪是白的),单单凭借元语言这个概念就使这句话脱离了同义反复之嫌:"X"(即 Snow is white)为真,当且仅当 p(即 Snow is white)为真。在几年后的一篇文章里,[①]塔斯基再一次强调了存在于形式语言语句与外部世界之间的关系。

> 我们可以通过语义学理解关于那些概念所思考的所有方面的问题,而粗略来讲,这些概念所要表达的是存在于语言的各种表达式与它们所指的对象及状况之间的某种相互关系。(Tarski,1956b[1936]:401)

因此,他对意义的理解是建立在他对一个谓词表达式外延的理解之上的。大体上,这样的一个表达式的外延就构成了这个表达式所指代的类,而这个表达式的内延,就构成了区分表达式所指的类成员的属性(或很多属性)。正如他在后来的一篇文章里所表达的:"一个句子如果指称一个现存状况的话,那它就是真的。"(Tarski,1944:343)。

正如 3.6 节提到过的,在 1950 年代早期,逻辑语义学理论内

---

① 文章"科学语义学的建立"(The Establishment of Scientific Semantics)以波兰语和德语在 1936 年出版。英译版请参考 Tarski(1956:401—408)。

部的这些发展导致各类哲学家们纷纷去探讨关于分析真值和综合真值之间传统意义上（康德式）的区分的方方面面的问题。例如，1952 年卡尔纳普发表了一篇论文，尝试提供"一种新的方法来阐释分析性的概念"（Carnap,1952:66）。这篇文章所介绍的基本方法包含了这样的句子："如果 Jack 是一位单身汉，那么他还没有结婚（If Jack is a bachelor,then he is not married）"，它被用下面的假设类型形式化地表达为

$$B(a) \rightarrow \neg M(a) \tag{4.7}$$

在这里，"B"和"M"分别表示"是一位单身汉（is a bachelor）"和"结婚了（is married）"。由于这个蕴含是必定有效的，卡尔纳普建议采取下面的意义假设：

$$P_1 : \forall x \left[B(x) \rightarrow \neg M(x) \right] \tag{4.8}$$

文章其余部分讨论了如何采用这些假设从而简化语义分析的任务。正如上面已经暗示过的，1930 年代到 1940 年代期间，由阿吉图库威茨、塔斯基和卡尔纳普所引领的对逻辑语义的复兴大体上可以看作是对尝试把意义完全排除在逻辑句法之外的那种极端形式主义的反抗。

有了这一总结的启示后，我们再回到巴希尔的文章上，就可以看清他是完全熟悉上面所概述过的发展状况的。例如，他明确提到了华沙-利沃夫学派，并提到了阿吉图库威茨和塔斯基的名字。此外，在讨论这些话题时，他还指出了布龙菲尔德和卡尔纳普的作品中有关意义地位的相似之处。由于相关段落似乎不太有名，我们这里值得整段引用一下。

> 一个有趣且值得科学社会学家们关注的事实是，在差不多处于同一时间段却又彼此完全独立的情况下，布

龙菲尔德和卡尔纳普都在反抗着当时主宰了他们各自领域(语言学和逻辑学)的心理主义立场。他们都谴责意义的研究已经落入了精神主义的泥潭,并尝试把各自领域的研究重新建构在一个纯形式结构的基础上。我认为,正确地来说,结构主义语言学家和形式主义逻辑学家之间的差异只是侧重点和程度的不同,而非类别的差异。二者本质上都尝试要建构与自然语言存在某种对应关系的语言系统——虽然大多数语言学家会说他们只是在描述后者而已。不过,对语言学家来说,对应关系的紧密性是他们判断所要建构的语言系统之充分性的标准,这本身就让他们认为自己是在描述一种自然语言,而逻辑学家主要是在寻找系统的其他特征,例如,处理方法的简约性,科学的能产性,以及演绎计算的容易性,所以与自然语言的紧密对应关系就只是次要的愿景。语言学家们是按所建构出来的语言系统与自然语言之间的相似程度来评判所建构的语言系统;而逻辑学家们则是按照自然语言与有效地、良好地建构起来的语言系统的相似程度来评判自然语言。(Bar-Hillel,1954:234—235)

这里有几个问题值得评论一番。例如,布龙菲尔德和卡尔纳普所进行的平行研究再次说明,1950 年代时,逻辑学与语言学被认为是具有相互联系的,而这有助于解释为什么某些句法学家会(或者他们希望会)从形式逻辑(以及相关的学科)中借用一些方法来辅助自然语言的分析。已经讨论过的有,巴希尔自己提倡的逻辑句法和递归定义,同样还有乔姆斯基也采用了建构系统理论。正如巴希尔所承认的,认为二者具有紧密联系的原因之一就是布龙菲尔德和卡尔纳普早期作品中都有对意义的明显拒绝——这一联系已经在前面几章(特别是 3.7 节)多次提到。但是,在进行这样的评价的语境下有必要指出,巴希尔有关布龙菲尔德和卡尔纳普是在"完全独立"的情况下完成了各自的研究这一声称并不完全正确。正如 3.7 节所提到的,布龙菲尔德读过 *LSL*,并且在 1939 年他还为《百科全书》写了一篇文章,而卡尔纳普就是《百科全书》的编辑之一,不过,我们承认,要想完全了解他们这个时期的交往程度是非常困难的。但是,不管他们的交往本质是怎么样的,毫无疑问的是,布龙菲尔德作品中提出的一些假设似乎与卡尔纳普在他 1935 年前的出版物中所提出的假设非常相似;而正如前面所指出的,对于晚一辈的语言学家来说,这一明显的相似性似乎为他们提供了未来发展的基础。至少,它允准人们在完成语言学分析的任务时自由借鉴形式逻辑的方法。

尽管巴希尔的描述内容给人的印象是非常清楚而且综合的,但实际上(并不奇怪地)作为对真实情况的叙述,它却又过于简单。例如,并不是所有的语言学家都感知到了这种亲密的对应关系。正如已经指出的,哈里斯就可以算作是其中之一,他相信逻辑学家和语言学家做的是不同的事情,而他并不是因为对最近的发展不知情才做出这样的判断的,因为(至少)他对 *LSL* 的熟悉程度已经被他在 *MSL* 中多次参考了卡尔纳普作品这一事实所证实(如 3.7 节讨论的)。事实上,哈里斯和巴希尔有关逻辑和自然语言的观点的不同之处是非常明显的,因为,按照后者的思想,语言学家和逻辑学家的差别只在于"程度"而不是"类型",而前者则已经表明"语言学家看待这个问题[即描述语言结构]的方式不同于卡尔纳普和他的学派"(Harris,1952:16.n17)。从巴希尔的角度看,语言学家和逻辑学家的主要差别是,后者常常更关注他们所创造的系统的形式,而不是通过实证调查的方式来证实所说的系统;相反地,语言学家则必须要把他们的理论调查结果与真实语料的语句进行比较。因此,像"处理方法的简约性"(不管这个词具体指什么)和"演绎和计算的容易性"就主要是逻辑学家们所关注的问题。但是,正如4.3节所示,由于对古德曼的作品感兴趣,关于理论内部简约性的概念已经开始渗透到了乔姆斯基句法理论的概念中。另外,在这个时期,乔姆斯基开始重新思考以语料为基础的发现程序的有用性,并且最终介绍了一种并不是那么深深地植根于实证研究的不同的研究方法。所以,在这两个方面,巴希尔对语言调查的描述很快就都过时了。但是,巴希尔在文章中提出的语言学与逻辑学的概念对他关于这些概念之间潜在的相互联系的观点来说是至关重要的。

如上所示,因为几个方面的原因,乔姆斯基对巴希尔文章的反应也是非常有意思的。他的主要目的是要反驳巴希尔关于逻辑句法和逻辑语义理论的研究进展可以用来辅助自然语言中的意义分析这一建议,这一任务意义重大,因为在1950年代中期之前,乔姆斯基曾认为意义的考量在句法研究中是完全没有地位的。例如,我们来引用他1955年的另一篇论文"语法中的语义考量"(Semantic Considerations in Grammar)中的一段话,这篇文章也探讨了意义在语言学理论中的地位,乔姆斯基曾(以一种真正意义上的布龙菲尔德式的传统)坦言:

> 意义是一个出了名地难以确定的概念。如果可以表明意义与相关的概念确实在语言分析中占据中心地位的话,那么它的结果和结论就会成为折磨意义研究的所有

疑问和难题的主题,并对语言分析的基础造成沉重的打
击。(Chomsky,1955b:141)

这里的言外之意很清楚:意义是自然语言中的一个应该从语言分
析中(有可能的话)排除出去的、有害的、麻烦的方面。鉴于这个评
价,在详细讨论乔姆斯基所构建的、反驳巴希尔的论证内容之前,
有必要先了解一下他所参考的一些书目。一如既往地,由于乔姆
斯基总是非常愿意说明自己借鉴的内容和程度,所以这个任务是
很容易完成的。在这篇文章里,他公开承认在准备这一回应时他
曾"自由借用了意义理论的各种关键叙述"(Chomsky,1955a:36)。
更具体地来讲,他明确提到了奎因的 *LPV*(特别是第 2,7,8 章),
和怀特的论文"分析与综合:站不住脚的二元论",这篇文章第一次
出现在 1950 年(当乔姆斯基仍然在上怀特的课的时候?),后来又
出现在了雷纳尔多・林斯基(Leonard Linsky)编辑的文集《语义
学和语言哲学》(*Semantics and the Philosophy of Language*)里;
这本书在 1952 年的出现似乎是要为引起巴希尔与乔姆斯基之间
1950 年代中期的交战负起部分的责任来,因为它在两篇文章里都
被列为参考,而且它提出了有关意义在语言哲学理论中的地位的
很多问题。尤其值得一提的是,我们在 3.6 节曾简短总结过奎因
和怀特对关于分析真值和综合真值的区分的、传统的康德式的攻
击,而乔姆斯基在自己的论证中引用了他们的观点,这就表明他是
接受他们的观点的。有这样一个语境,下面我们就来讨论一下他
的论证细节。

　　乔姆斯基在论文开头十分恰当地总结了巴希尔的主要观点,
然后立刻开始攻击他关于卡尔纳普的转换理论可以被语言学家有
效地用来分析自然语言这一观点。其中心论点是,虽然卡尔纳普

把"形式化推论"和"同义关系"之类的关系作为他所创造的逻辑系统的初始概念,但他的作品却没有提供用来解释或澄清这些概念的方法,因而语言学家利用这些关系就只能获得"微不足道"的好处。乔姆斯基声称,如果这些关系应用在语言理论里,那么所产生的推论是否有效,就只能通过列举对相应语言的基本原理所有可选的推测来进行评估了。这样的评论是乔姆斯基直接从怀特的文章中借用过来的,如 3.6 节提到过的,怀特曾论述过,为了处理自然语言里的分析性真值,就需要一本同义词的"规则手册"(White,1952:277),而(当然)这样的书是不存在的。然后,乔姆斯基非常不屑地宣布这充其量仅仅构成了"处理具体语言的分类问题和元素描述的一种临时性的方法"(Chomsky,1955a:38),而且(在他看来)卡尔纳普的转换法明显没能为分析诸如同义现象之类的自然语言现象这一任务贡献实质性的帮助,这完全破坏了巴希尔宣扬的此类法则在语言学语境下的有效性的信念。

在摧毁巴希尔的论证的道路上走了这么远之后,乔姆斯基开始停下来探讨了"形式的"这个"在本次讨论中扮演了相当关键的角色"的词(Chomsky,1955a:39)。具体来说,乔姆斯基想要重新探讨在讨论语言系统时使用这样的术语的后果。例如,巴希尔在他的文章中声称,把"play"转化为"is played by"的主动被动关系是一个形式结果关系。但乔姆斯基不这样认为,因为"形式的"这个术语的意思,在这个语境下有"令人误解的含义"。最后,他提供了一个(有点含糊的)关于"形式的"定义:在这个定义中,一种关系如果"它在若干语言表达式间都保持不变",那它就可以被归类为这样一种形式关系(Chomsky,1955a:39)。尽管他也同意巴希尔有关主动被动关系的解释,但同时又补充道:"通过增加 3 个词来加长一下结构"这个关系也还仍然是形式的（就上述意义而言），因为它对于"John did not come home"和"John came"这对表达式来说也同样适用。既然卡尔纳普式的逻辑句法无法决定这些例子哪一个是形式化推论，乔姆斯基就不得不得出这样的结论，认为形式化推论这一关系在分析自然语言时是没有用处的。而且，为了说明这些关系对哪些表达式是适用的，就必须"单纯只对语言表达式进行系统调查"（Chomsky, 1955a:39）。自然地，在这个语境下，短语"系统调查"指的是某种用来对某一语言里的表达式进行归类的哈里斯式的分布程序，或者可能是 SSA 中提出的那类建构系统式的方法。但是，关键要认清的是，这样的程序还可以是"形式化的"，因为在这样的图式里是不允许进行语义考察的。在总结这部分的讨论时，乔姆斯基清楚地声称"逻辑句法和逻辑语义学没能为决定同义关系和推论关系提供基础"。（Chomsky, 1955a:39）

乔姆斯基在文章第一部分整理这种种论证（如上面所总结的），部分的目的是为了瓦解巴希尔的这一声称：语言学可以从来自逻辑系统的卡尔纳普作品中的那些用于处理逻辑句法的种种方法中获得益处。但是，乔姆斯基也并不相信逻辑语义学能提供什么有用的东西，他对这一可能性的拒绝，揭示了他对同期的语言意义理论的不满程度。当他继续评估逻辑隐含和自然语言的相似现象之间的差别时，这一不满的原因变得明确起来。他讨论了几个例子（包括从古德曼那里借来的那个），然后轻而举易地就证明了对自然语言的推测出乎意料地复杂，因而不能随便使用标准的逻辑隐含算子来进行分析。这再一次为他提供了一个绝佳的机会来强调把自然语言与卡尔纳普在其"逻辑实验室"里所创造的那类人工语言区分开来的分水岭。

> 有关自然语言中的推理性质的问题,现在无法说得
> 更清楚,因为关于普通语言行为中推理或意义,我们几乎
> 没有任何系统的知识,也没有更新更深刻的数学基础来
> 让我们有希望对此有更多了解。(Chomsky,1955a:40)

这里的建议(当然是直接说给巴希尔以及其他持类似观点的逻辑语言学家们的)是,要拒绝不假思索地接受在关于数学基础研究的过程中所提出的合适的数学方法之诱惑,因为它们未必会有助于自然语言的分析。正如下文所示,乔姆斯基在文章的最后并没有排除这些方法可能会被证明在语言学研究的语境下也会成为有用的工具这一可能性;其观点仅仅是想说明使用这些方法的效用是无法保障的。然而,把这类观点与两年前在 SSA 中所遇到的那种乐观主义摆在一起看的话还真是十分有趣。如 4.4 节所提到的,在他 1953 年的文章中,乔姆斯基积极地使用了古德曼的"个体演算"(一种逻辑-哲学系统)来分析语言结构。更确切一点,他在那篇文章中所分析的语言是一种简单的形式语言,而他公开表示那里提出的方法无法用来分析自然语言。显然,在 1953 年到 1955 年这段时间的某个时候,乔姆斯基已经改变了他对有关 SSA 中所尝试的那种计划的可行性和可能的有效性的看法。因此,重要的是应该指出,从这段与巴希尔的交往来看,乔姆斯基不仅仅是从抽象语言理论的角度来讨论这些问题的,因为,除了他公开声称的对这些理论的担忧之外,他也做了大量的有关逻辑系统和人工语言的实际工作。

然而,乔姆斯基并未止步于瓦解巴希尔有关逻辑句法和逻辑语义的有用性的观点,而是接着又聚焦在意义理论上,质疑巴希尔对这些问题的理解。在承认了塔斯基的主要贡献是在于指称理论而非意义理论(后者是由巴希尔提出的)之后,乔姆斯基讨论了奎

因近来的作品并总结到，奎因不仅没有对卡尔纳普的内涵概念进行延伸（正如巴希尔所论述的那样），相反地实际上他试图积极地证明的是逻辑系统理论中意义的危险境地。具体来说，乔姆斯基引用了奎因的长文"两种经验主义的教义"（Two Dogmas of Empiricisms），称之为"奎因对意义理论现行描述的最犀利的攻击"（Chomsky，1955a：41），并接着表示，对于奎因来说，这个理论"差不多仍然处于曾刺激布龙菲尔德时的那个状态"（Chomsky，1955a：40）。除了奎因的影响外，这里也能探测到怀特的影响，因为他有关分析真值和综合真值的讨论（乔姆斯基在文章开头明确引用过），也导致了逻辑语义地位的不稳定。因此，很明显，乔姆斯基这段话的主要意图有两层。第一，他希望纠正巴希尔对于逻辑语义学最新进展的一些所谓的错误解读。但是，另一方面，他也想要证明巴希尔所引用的最新进展中，没有一个是把意义作为语言学理论切实可行的基础的。因而，在乔姆斯基看来，后布龙菲尔德学派对于无意义的语言形式的操作，仍然为句法理论提供了最稳固的基础；虽然这一结论并不是最新的，但乔姆斯基的论证确切地证实了同期分析哲学领域的讨论对乔姆斯基在这个问题的思考上的影响程度，而这一影响在之前并没有得到过充分的肯定。

确立了这样的基本立场后，乔姆斯基曾尝试提出，抛弃（被巴希尔推崇的）卡尔纳普关于人工语言的研究能够让我们深入了解自然语言的本质这一建议才是更保险的。因此，巴希尔有关逻辑学家与语言学家仅仅在"程度"上存在差别的声称就被证明是错误的：如果我们要从为了探索数学的基础而建构起来的逻辑系统里来得出有关自然语言的结论，"我们还不如说一位科幻小说作者或者一位艺术家差不多在做着一位物理学家在做的事情"

(Chomsky,1955a:42)。尽管这个比喻是有争议的,但乔姆斯基却证明了"人工语言既不是自然语言的特殊案例,也不是自然语言的理想版本"(Chomsky,1955a:42),而且再一次地,这里的目的就是要表达一个印象,即一个把逻辑学和语言学两个学科区分开来的重要分割线,一种在哈里斯的作品中已经明确表达过的态度,它表明乔姆斯基在此是忠实地沿习了哈里斯所引领的路线的。基本上,乔姆斯基的目的是要承认并强调语言学作为一个知识学科的独立性。如果这二者之间的联系被接受得太快太极端,那么前者就会仅仅成为后者的附庸,那样的话(当然)后果将不堪设想。但是,值得再一次强调的是,乔姆斯基自己在 SSA 中也曾经尝试研发一套集中在简单的人工语言上的语言分析系统,所以上面的言论肯定在一定程度上也受到了他对这类研究亲身经历的影响。

在获得了上段所提出的尖锐立场后,乔姆斯基接着马上用他特有的方式全面揭示了他的整套观点。尽管他仍然坚信,"逻辑句法和语义无法让语言学家更充分地分析同义关系和转换的概念"(Chomsky,1955a:41),但他并没有排除逻辑可以有效地运用在语言学语境中这一可能性,而且还特别提到了巴希尔的作品把递归定义包含在内就是一个新的好例子。意识到如果把这样的言论与前面提出的怀疑并列在一起的话,似乎显得自相矛盾,乔姆斯基尝试澄清自己的立场:

> 使用逻辑的知识和方法的正确方式,是在形成有关语言结构的普遍理论的时候。但这并没有告诉我们哪类系统形成了语言学的主题,或者语言学家怎样可以通过描述它们来受益。把逻辑运用在建构一套清晰严谨的语

言学理论上,不同于期望逻辑或任何其它的形式系统能够为语言学行为提供一个模型。(Chomsky,1955a:45)

这一段话足以表明了乔姆斯基对于在语言分析当中使用源自形式符号逻辑的方法的复杂态度;尽管上面引用了一些更加极端的评论,但是似乎他不是简单地赞同或反对在语言研究当中使用逻辑。相反,他反对的是不加思考地就认为逻辑必然会为自然语言结构提供更深入的启示的想法。在某些情况下,一些逻辑技巧可能会证明对语言学理论的建构是有帮助的,而在其他情况下,则又可能提供不了什么帮助。语言学家的任务是要审慎地评估各种方法在自然语言分析的语境下的有效性。正如上面所提示的,乔姆斯基似乎相信,可以确定逻辑的方法在发展"一个语言结构的普遍理论"时可以有效地使用,而且,正如他对使用人工语言在语言学研究中的评论一样,他在这里的评论也并不是什么抽象思考,因为在1955 年早期,乔姆斯基正忙于完成描绘他自己的普遍语言结构理论的主要文本,即 *LSLT* 的初稿。而这部作品的名称本身就强调了他上面长篇大论的要点:《语言学理论的逻辑结构》(*The Logical Structure of Linguistic Theory*),有意地模仿了卡尔纳普的《语言的逻辑结构》(*The Logical Structure of Langauge*)(英译本),①暗示了语言学理论的结构必须是逻辑的。但是,这并

---

① 需要澄清一下的是,卡尔纳普的书原名叫作"*Der logische Syntax der Sprache*",这个书名最准确的翻译是"语言的逻辑句法"(*The Logical Syntax of Language*)。但是,1937 年出版的标准英译版则被赋予了"语言的逻辑结构"(*The Logical Structure of Language*)的名称,很显然乔姆斯基响应的是卡尔纳普后一版本的书名。

不等于说分析自然语言的任务就可以随意地缩减为一种逻辑操作
的练习。因此,在选择书名时,乔姆斯基似乎既想与卡尔纳普的作
品站成一队,同时又想与其保持一定的距离。因此,可以恰当地
说,从他 1955 年的文章中所能看到的有关逻辑与语言学关系本质
的见解,可以认为是与 *LSLT* 的诸多方面有关的,其中一些我们
将在第五章再详细探讨。

作为上述讨论的一个尾声,值得一提的是,在乔姆斯基的文章
出现 8 年后,这场辩论中提出的一些问题,巴希尔和(更有意思的
是)乔姆斯基自己对它们又进行过再次的重新探讨。巴希尔贡献
了一篇题为"关于卡尔纳普的语言逻辑句法的评论"(Remarks on
Carnap's Logical Syntax of Language)的文章给谢尔普(Schilpp)
主编的 1963 年卷《在世哲学家文库》(*Library of Living
Philosophers*),该文主要评估卡尔纳普的作品。这篇文章表明巴
希尔的基本观点在中间的几年里几乎没有发生变化,但他确实承
认乔姆斯基 1955 年为哈里斯所做的辩护已经"被广泛接受"(Bar-
Hillel,1963:542)。作为对巴希尔文章的回应,卡尔纳普自己也探
讨了语言学与逻辑学的关系,宣称他对前者可以通过从后者中借
用一些技巧和方法而受益这一建议"充满了同情",不过他确实建
议在运用这些方法时一定要慎重。在提到巴希尔与乔姆斯基在
1950 年代中期的交锋时,卡尔纳普评论道:

> 要想为两个发展了各自方法和技巧的知识领域搭起
> 一座桥梁,总不是一件容易的事情,所以即使只是做基础
> 的联系也是不容易的。巴希尔 1954 年的文章似乎目前
> 还没有在语言学界找到知音,尽管与我的文章相反,他的

文章大体上是用非常容易理解的语言写成的,并且是出版在语言学期刊上的,而且还直接参考了结构主义语言学家的作品。对于乔姆斯基在回应巴希尔的文章时不同意巴希尔的这一观点,我一点都不感到惊讶;我认为乔姆斯基在一定程度上是正确的,因为巴希尔在提到我对语言学调查的直接重要性时所做的评论太多太重了。但,另一方面,我有一种印象,那就是乔姆斯基并没能理解巴希尔申诉的真正意义,以及我的句法和语义理论的目的和性质,而这本身就表明这两个领域沟通起来存在着巨大困难。(Carnap,1963:941)

遗憾的是,卡尔纳普没有继续讨论他认为乔姆斯基对巴希尔或对他自己的作品到底有什么误解;在部分地是关注语义在语言学理论中的地位这样一个讨论中,发现某些推理表达内容被错误地解读了,这其实并不令人惊讶。不过,巴希尔、乔姆斯基和卡尔纳普所提出的这些有关自然语言和逻辑语言关系的问题,尤其是语义在语言学分析中的地位问题,在整个1960年代一直都是争论的热点。事实上,正如我们所知道的,作为有关巴希尔所采用观点的一个更为极端的,也更统一的版本,在1960年代晚期1970年代早期理查德·蒙太古(Richard Montague,1930—1971)的作品里达到了巅峰。尽管致力于"蒙太古语义学"的大量作品超出了本书的范围,但值得强调的是,对于蒙太古来说,自然语言和逻辑语言是相等的,或者,正如他在1970年的文章"英语作为一门形式语言"(English as a Formal Language)中文笔犀利的开头所表达的那样,"我拒绝认为形式语言与自然语言之间存在着重要理论差异的看法"(Montague,1970:188)。最终,蒙太古提出了一套详细的自然语言分析的真值理论形式方法,意在明确地为生成语法提供一个替代理论;这表明1950年代时的陈年分歧仍然在驱动着20年后研究的发展。[①]

[①] 关于蒙太古作品的更多信息,请参看 Davis and Mithun(1979);关于蒙太古(Montague)本人的论文集,请参考 Montague (1974)。

5. 转换中的生成语法(1955—1957)

5.1 本章内容概览

　　本章主要目的是继续从形式科学发展进程的视角来重新评价 TGG 的发展。因此,乔姆斯基从 1955 年到 1957 年的作品将成为这里讨论的焦点,不过,跟前面一样,我们会把乔姆斯基的作品与他的前辈和同辈的作品联系起来讨论。为此,5.2 节讨论的是对随机语法的拒绝,它是乔姆斯基认为句法可以自主研究这一主张的组成部分。5.3 节重新评价他对句法研究的重新定义,尤其是他建议的从发现程序向评估程序的转变。因为促使乔姆斯基对发现程序在语言研究中的地位进行重新思考的某些观点,首先是由古德曼和奎因提出的,所以就有必要来探讨一下建构系统理论对 *LSLT* 和《句法结构》(*Syntactic Structures*)(下文称之为 *SS*)里所描述的句法分析方法的影响,以证明乔姆斯基对语言层次的定义是从建构系统理论里获得的,这一内容主要在 5.4 节里完成。考虑到本书所讨论的句法理论的名字叫"TGG",那么我们就有必要来讨论一下"转换"的概念和"生成"的过程。因此,5.5 节将追溯句法理论中语法转换的复杂演变,而 5.6 节则探讨递归定义在 TGG 中的生成功能。在这两个小节里都会强调的是,乔姆斯基的作品与巴希尔以及其他一些人的作品之间的联系。最后,5.7 节将会探讨形式主义对于 TGG 的影响,并讨论该理论的证明论特征。

5.2 随机过程与自足语法

在探讨乔姆斯基于 1955—1957 年间发展的句法理论的类型之前,我们有必要先来评估一下他之所以声称一门语言的语法可以独立于这门语言的其他方面(尤其是语义)来进行讨论的原因。4.5 节里已经详细讨论过 1950 年代中期乔姆斯基在解释为何要拒绝逻辑语义时提出的各种论证;这一做法的后果之一是,乔姆斯基在沿习布龙菲尔德和哈里斯的传统之后也开始坚信句法是可以和语义分开讨论的。事实上,他的具体主张是句法为语义提供了一个基础。[①] 不过,乔姆斯基不仅急切地想要把句法从逻辑学家的手中抢救回来,他还想要保护它脱离统计学家的魔爪。具体来说,他对申农(Shannon)和韦弗(Weaver)在 1940 年代时提出的、受到某些后布龙菲尔德句法学家热烈欢迎的随机语法的概念反应非常消极。因此,在讨论乔姆斯基对这些观点的拒绝之前,我们有必要先来相对详细地总结一下这些观点。

在 20 世纪的前几十年,自然语言的统计学特征成为一个活跃的研究领域。例如,安德列·马尔柯夫(Andrei Markov,1856—1922)引入了随机过程,称之为有限状态自动机,并用它们模拟了俄罗斯诗作中的字母频率(参看 Sheynin 1988)。此外,乔治·齐

[①] 更多详情,请参看 Chomsky 1957b:72—105 的讨论。

夫（George Zipf，1902—1950）出版了两本书籍：《语言的心理生物学》（*The Psycho-Biology of Language*）（1935）和《人类行为与省力原则》（*Human Behavior and the Principle of Least Effort*）（1949），探索了语言单位如音素、音节和单词的频率计算，发现它们以特有的方式固定分布着，其中总会有一小部分频繁出现的单位和一个长串不频繁出现的单位。这种按类型进行的分布，当频率的自然对数与单位数的自然对数是成反比时，可以表示为一个线性点阵图，后来被称为齐夫式分布，这类研究表明自然语言背后隐藏着能够通过详细的统计分析而最佳地揭示出来的定律。反过来，这也意味着语言行为的随机模式构成了一个非常值得探索的统计学理论分支。这一具有普遍性的研究项目从克劳德·申农（Claude Shannon，1916—2001）和沃伦·韦弗（Warren Weaver，1894—1978）1942 年出版的《传播的数学理论》（*Mathematical Theory of the Communication*）里获得了巨大动力。[①] 这部作品成了信息论的经典著作之一，提供了有关随机过程理论中一些相对最新的研究进展的清楚介绍，从而使得这些方法能够第一次为广大非专业读者接触到。

从语言学理论的角度来看，申农所讨论的最重要的数学模型是有限状态机；也就是，由马尔柯夫提出的，在 1940 年代之前被人称作是马尔柯夫模型的随机过程。假设存在一个有限离散符号集（即一个字母表），那么一个马尔柯夫模型就是一个以基于概率的

---

① 申农负责的是该书的第一部分（第 1—91 页），韦弗负责其余的部分。因此，我们下面在提到虽然是两名作者合作出版的一本书时，往往只列明了其中一个人的名字。

方式生成符号串的随机过程。每一个符号 S_i 都对应一个概率 $p(S_i)$，而符号 S_i 后面跟着符号 S_j 的概率，就可以通过转换概率 $p(S_i,S_j)$ 给出。如果要把符号序列的历史考虑进来的话，那么形式 $p(S_j|S_1,S_2,\ldots,S_{j-1})$ 的条件概率就可以被定义，把现在的符号的概率看做是与前面的符号序列有条件地相关的。确立了这些概率后，马尔柯夫模型可以自主地生成一个符串，而需要重点注意的是，在申农和韦弗有关这个话题的讨论中，他们曾明确说过马尔柯夫模型可以用来粗略估算自然语言，比如用于英语。更确切地讲，他们定义了这样一个近似的有序数列，总结如下：

- 零阶估算:所有的符号都是独立的,且概率相等。
- 一阶估算:所有的符号都是独立的,是与它们在英语中各自的频率相关的。
- 二阶估算:符号的概率依赖于前面的两个符号（即,$p(S_j|S_{j-2},S_{j-1})$）。
- n 阶估算:符号的概率依赖于前面的 n 个符号（即,$p(S_j|S_{j-n+1},\ldots,S_{j-1})$）。

韦弗后来在书中明确强调了马尔柯夫模型对于语法建构任务的潜在好处;不过,他也清楚说明了这里推荐的方法远非理想,因为在处理自然语言时,我们只能寄希望于获得一些近似的结果。

> 语言的设计(或发展)必须要本着一种能够囊括人们所希望说出的所有一切这样一个视角来进行;但是即使没有办法做到包揽一切,至少也应该要做得尽可能地好,尽可能地常用。这就是说,应该以统计学的方式来处理这项任务。(Shannon and Weaver,1949:117)

所有句法理论都希望达到的境界是要做到"尽可能地好,尽可能地常用",在接受这一点的前提下,这里提出的建议是,语言必须作为某种随机的信息源来研究,因为只有这种类型的模型才允许在通过数学方式为自然语言建模时(理应)需要的那种近似性存在。不过,正如下面会讨论到的,这一小小的愿望,并不为当代语言学家中那些更为理想化的成员们所共享,他们想要完成的可不仅仅是近似。

在申农和韦弗出版他们的著作之后接下来几年的时间里,出现了一大批探讨有限状态语法和随机过程意义的书文,其中大致的反应是热烈而充满兴趣的。例如,乔治·米勒(George Miller,b.1920)在《语言与传播》(*Language and Communication*)(1951)中,就把整整一个章节给了"统计方法"。在这一章里,他对申农将随机估算作为语言行为模型来应用进行了总结,强调称:"这里所思考的问题是某个语言单位为周围的其它语言单位所决定的程度"(Miller,1951:81)。需要指出的是,米勒不仅看到了申农的估算对于句法建模的潜在价值,而且也热忱地提出建议,认为随机过程可以用来模拟自然语言结构的任何方面,包括语音结构和音系结构。柯林·彻瑞(Colin Cherry,1928—1981)、莫瑞斯·哈莱(Morris Halle,b.1923)和罗曼·雅可布逊(Roman Jakobson,1896—1982)在他们1953年合写的文章"关于语言音位问题的逻辑描述"(Towards the Logical Descriptions of Languages in their Phonemic Aspects)中,也进一步讨论了使用随机方法来分析语言的语音结构这个问题;文章毫不含糊地指出,他们的文章所呈现的研究其目的是要"使用统计通信理论的一些基础概念,对语言音位结构的逻辑描述有所贡献"(Cherry, Halle, and Jakobson,

1953:34)。在一个脚注当中,这些作者明引了申农和韦弗的作品,并且明确指出:"在随后的描述中,语言将被看作是一个马尔柯夫[原文如此]过程"(Cherry, Halle, and Jakobson, 1953:36)。不过,可能最热情地倡导使用有限状态过程来为句法现象建模的人当属霍凯特了,他当时是后布龙菲尔德学者的领军人物之一。例如,1953年他在《语言》杂志上发表了一篇为申农和韦弗的著作撰写的书评,对其做出了积极肯定的响应,提出申农的观点"必须得到研究"(Hockett, 1953:70)。而且,他觉得随机语言理论的有关方法与标准结构主义语言学家们使用的方法之间存在相似性(这是广为争论的数学和语言之间对应关系的又是一个例子);在讨论了申农有关语言学理论的相关思想之后,他声称:"我们已经证实,某些为很多语言学家所关心的问题,是可以使用信息论的一些术语来进行表述的"(Hockett, 1953:89)。正如上文所示,对语言学和统计学兼容性所持的这种信念,可以与巴希尔关于语言结构分析方法可以与某些逻辑系统类型结合起来的观点,以及乔姆斯基关于把哈里斯式的发现程序与建构系统理论融合起来的尝试相媲美。显然,这种感觉上的关联性在当时是非常激动人心的;对霍凯特来说,他对这一明显兼容性的感知是与一种"兴奋"的感觉联系在一起的,不过他很快就发出警示,以防止人们不加思考就接受一个"有误导性的比喻"(Hockett, 1953:89)。

继1953年申农和韦弗著作的书评之后,霍凯特又于两年后出版了《音系学手册》(*A Manual of Phonology*)(1955);在这本手册中,他详细阐述了自己有关使用统计学方法进行语言学分析的信念。在这部作品里,霍凯特使用了工程式流程图来表示在一个会话情境中信息是如何从说话人那里传达到听话人那里的。为了解释清楚这个过程的不同阶段，他提出存在一个"语法指挥部"（或简称为"G. H. Q"），专门负责生成所有说出来的句子；他对程序中这一阶段的描述，表明他已经接受了申农关于句法的基本方法。

> 一个可以被看作是纯粹的离散信号流之源点的单位，完全可以在对由它出发所排放出的信号流进行统计的基础上用数学的方式描述出来；完成这一任务的方法是由克劳德·申农研发出来的。我们设想 G. H. Q. 可以出现在大量离散状态中的任何一个位次。在某一个时刻，它必定是位于这些状态中的此处或彼处。与每一个状态关联着的是一门语言中各个语素被排放的一组概率：比如语素 and 接下来将被排放的某种相对概率，语素 tackle 接下来将会被排放的某种相对概率……等等。当某个语素真正被排放出来时，G. H. Q. 就会转变为一个新的状态。新状态到底是一个什么样的状态，既取决于前面的状态，也取决于真正发散出来的语素是什么，并且是以某种确定的方式（而不仅仅是按照概率）呈现的。
> （Hockett，1955：7）

这是对随机语法信念的一个强式解读：由 G. H. Q. 所发散出来的语言单位序列能够"完全"被马尔柯夫过程决定。这里的基本设想似乎是，有限状态机器对于模拟自然语言语法的任务来说是完全充分的。霍凯特对这一设想的理论有效性所抱的信念（尽管他也认识到这样一种方法可能牵涉到很多实际的困难）在他下面的这段话中可以得到体现：

> 通过对自然英语中所有语素以及诸多语素-序列出

现的相对频率进行大量计数,接着进行大规模的运算,而后在一张巨大的纸上面概括地写出非常少的一些条目来,英语的整个语法结构就可以被描绘出来了……
(Hockett,1955:10)

因此,霍凯特再次强调,他确信随机过程至少在理论上为自然语言语法提供了一个充分的模型,因为,如上所示,他相信可以用统计方法来分析"整个英语的语法结构"。

在明确了某些语言学家尤其是霍凯特对随机方法的支持性观点后,再去探讨一下乔姆斯基对于这些方法的评估会有更多启发意义;[1]乔姆斯基关于随机语法的看法最完整的描述可以在他1956 年的文章"语言描写的三种模型"(Three Models for the Descriptions of Language)(下文简称为"TMDL")中找到;(应该指出的是)该文是出现在《I. R. E. 信息论学报》(*I. R. E. Transactions for Information Theory*)上的。事实上,这篇文章是聚焦信息论诸方面问题的一个系列的组成部分,该活动于 1956 年以会议的形式在 MIT 举行。这样一个集会虽然很难算作是一次讨论自然语言句法的常规性论坛,但却有一些人认为这么一个特别的会议是羽翼渐丰的认知科学兴起的标志,这本身就说明了很多问题。[2] 正如其 1956 年的文章标题所示,乔姆斯基的主要目的是要探索三个不同的模型(即语法),希望这三种模型能够为某

---

[1]　乔姆斯基对霍凯特《音系学手册》(*A Manual of Phonology*)的书评出现于 1957 年,其中大量借鉴了 TMDL 和 *SS*,因此才有了以下讨论的重点。有关乔姆斯基对霍凯特的直接讨论,请参看 Chomsky (1957a)。

[2]　更多的铺垫,请参看 Barsky(1997:87—88)。

种给定的语言提供不同的描述手段。具体来讲,他讨论的三类模型分别是有限状态语法、短语结构语法和转换语法。我们将在本章的其他小节再行讨论他对后两种模型所给出的陈述的方方面面。那么,这里的重点暂时就只放在对有限状态语法的评价上。

正如人们所预料的,乔姆斯基有关有限状态机器的描述,主要也是源于申农和韦沃 1949 年的著作。因此,他沿袭了他们的思路,声言说:对于某一语言 L 来说,它的一个有限状态语法 G 是由下列内容所组成的:

- 有限数量的状态,$s_0, \ldots, s_q$
- 一个转换符号的集合 A,其中 $A = \{a_{ij} \mid 0 \leqslant i, j \leqslant q\}$
- 一个由相连的状态对儿所组成的集合 C,其中 $C = \{(s_i, s_j)\}$

为了说清楚集合 C 的本质,最好来看一个例子:如果可以从状态 s_i 出发到达状态 s_j,那么这一对状态 (s_i, s_j) 就构成了一个相连的对儿。句子是通过在这个语法中把生成的符号关联起来而形成的。因此,L 里的某一个句子 S 的形式就是 $S = a_1 \frown a_2 \frown \ldots \frown a_n$,其中 $a_i \in A$ 因为 $1 \leqslant i \leqslant n$。

按照这样的方式总结完申农和韦沃的马尔柯夫过程的形式之后,乔姆斯基接着表明他打算接下来考察一下刚刚所定义的有限状态语言类型的"绝对限制"(Chomsky,1956:115)。也就是说,他希望精确地确定哪种语言是能够通过有限状态语法来生成的,而哪些是无法通过这种机器生成的。为了完成这项任务,他介绍了"依存性"的概念。假如用上面的方式来定义语言 L 和句子 S,那么,对于 L 来说,其句子 S 只要满足下面的条件,依存性(i,j)就成立:

1. 1≤i＜j≤n

2. 存在∈A 的符号 b_i 和 b_j,其特征如下:S_1 不是 L 的一个句子,而 S_2 是 L 的一个句子,其中 S_1 是从句子 S 中通过用 b_i 取代 S 的第 i 个符号(即 a_i)而形成的,而 S_2 是从 S_1 中通过用 b_j 取代 S_1 的第 j 个符号(即 a_j)而形成的。

上述条件依赖于替代(replacement)的概念,尽管这个概念并没有被定义,不过却是被当作对应于替换(substitution)的概念来理解的。这样,乔姆斯基为调查有限状态语法的"绝对限制"而利用了符号对儿的分布特性,他所使用的方法类型与哈里斯及其他后布龙菲尔德学者们所使用的某些方法是紧密相关的。替代法背后的基本思想是:如果当 a_i 被 b_i(其中 $a_i \neq b_i$)替代时,a_j 也必须被符号 b_j(其中 $a_i \neq b_j$)所替代,那么两个符号 a_i 和 a_j 就是依存的关系。来看一个具体的例子,假设句子 $S = a_1 \frown a_2 \frown a_3 \frown a_4$,其中 $S \in L$,如果下面的句子可以通过替代而获得:

$$S_1 = b_1 \frown a_2 \frown a_3 \frown a_4 \qquad (5.1)$$

$$S_2 = b_1 \frown a_2 \frown a_3 \frown b_4 \qquad (5.2)$$

其中 $S_1 \in L$,$S_2 \in L$,那么,a_1 和 a_4 就是依存的关系,而句子 S 就存在依存性—(1,4)。有了这一技术定义的武装后,乔姆斯基接着进一步定义了依存集 D,其中 $D = \{(\alpha_1, \beta_1), \ldots, (\alpha_m, \beta_m)\}$。集合 D 是一个依存集,当且仅当以下条件得到满足:

- (i)对于 $1\leqslant i\leqslant m$，S 存在关于 L 的 (α_i,β_i)—依存关系
- (ii)对于每一个 i，j 来说，都有 $\alpha_i<\beta_i$ 的关系
- (iii)每一个 i，j，都有 $i\neq j$，$\alpha_i\neq\alpha_j$ 且 $\beta_i\neq\beta_j$ 的关系

如果一个相连对儿中的第一个元素被称作是一个"决定"元素，第二个元素被称作是一个"被决定"元素，那么上面的条件就保证了所有的决定元素先于所有的被决定元素，而且不存在两个相等的决定元素或两个相等的被决定元素。简言之，这些条件保障了每两个依存成分都是不同的。因为 D 中元素的数量是 m，所以说，对于某个句子 S 来说，它对应的有限状态语法必须包含至少 2^m 个状态。这一结论让乔姆斯基想到应该为任何一种通过有限状态语法生成的语言 L 提供一个必要条件的说明：

- 条件 1：假设有一个 m，那么，L 中任何句子 S 都不可能在 L 里拥有一个多于 m 个条目的依存集。

这个条件的关键功能是要限制能够通过有效状态语法生成的语言的范围。它达到这一目的的方法是通过表明对于任何一个这样的语法来说，其依存集包含的条目必须存在一个上限。这一条件乔姆斯基得以创造三种（也可能是无限多的）能够通过有限状态语法来生成的简单语言。例如，如果语言 L 使用一个双字母的字母表（即 $A=\{a,b\}$），那么 L 中一些典型的合语法句子就可能是：

$$S_1 = a\frown a$$
$$S_2 = a\frown b\frown b\frown a$$

$$S_3 = a \frown a \frown b \frown b \frown a \frown a \qquad (5.3)$$

对任意的 m 来说,L 的依存集可以是:D={(1,2m),(2,2m−1),...,(m,m+1)},而因为 D 所包含的条目可以多于任何一个确定的数字 m,因此违反了上面的条件 1。

比照一下乔姆斯基对人工语言在分析自然语言时的有用性的质疑(4.5 节讨论过的),再看看这里的事实就比较有意思了:就像在 SSA 中一样,为了确定有限状态语法的局限性,他在这里也充分使用了简单的玩具似的形式语言。不过,在确定了这些局限性之后,乔姆斯基就急切地想要探讨这些发现与自然语言的关系。因此,为了证明有限状态语法还不足以强大到为某个自然语言提供一个有效的语法模型,他只需要证明自然语言包含了(例如)像上面(5.3)所呈现的镜像结构。为了完成这一任务,他探讨了下面的结构类型,

如果 S_1,那么 S_2 $\qquad (5.4)$

并评论道在(5.4)中"如果"和"那么"之间存在依存关系,因为 S_1 所表示的从句本身就可以包含像"如果……那么"形式的结构,因此就产生了一个带有前面评估过的镜像属性的英语句子。最后,乔姆斯基总结认为英语无法满足上面的条件 1,因此"通过一个状态到另一个状态的过渡而生产符号的有限状态马尔柯夫过程不能当作英语语法"。(Chomsky,1956:113)

在证明了有限状态语法不足以强大到能够生成英语的所有可能句子之后,乔姆斯基驳斥了申农和韦沃提出的 n 阶估算类型能够用来生成英语的合语法句子集的观点。他的论证核心是合语法

性和使用频率是两个不相干的概念,而为了演示之所以如此的原因,他讨论了下面的句子:

Colorless green ideas sleep furiously　　　　(5.5)

Furiously sleep ideas green colorless　　　　(5.6)

乔姆斯基声称这些句子(它们后来在 SS 中出了名)在英语中一样地不经常出现,但是句子(5.5)是合语法的,而句子(5.6)则是不合语法的。因此,他只能得出结论说频率并不能为合语法性提示任何信息。因此,唯一可能的结论就是必须拒绝第 n 阶估算,因为"随着 n 的增加,英语的第 n 阶估算会越来越多地把合语法的句子排除(因为越来越不可能)在外,但却仍然包含了数目巨大的完全不合语法的符串"(Chomsky,1956:116)。

　　同以往一样,有必要强调一下乔姆斯基论辩过程整体的复杂性。事实上,他在 TMDL 中对随机方法的拒绝与他在"LSS"中对来自逻辑的某些工具的拒绝总体上来说是相似的。尤其是,正如乔姆斯基曾经建议语言学家在尝试分析自然语言的结构时不要盲目地使用逻辑方法,而是要选择和采用那些看来是有用的特定的具体方法一样。他对那些用统计方法武装了头脑的语言学家们的建议事实上也只是一个提醒警示,而非禁令。当然,如上所示,他确信自然语言的语法不能简单地综合模拟成一个随机过程(尽管霍凯特和其他人一开始是这样声称的),但是他并没有因此而提倡完全禁止在语言学中使用统计学的方法。事实上,正好相反,他公开承认过使用统计学可以有助于探讨自然语言的形式和结构,但是他关于句法模型的疑虑却仍然没有打消。

　　　　假定有一门语言的语法,人们可以从不同途径用统
计学的角度来研究该语言的使用问题;为语言的使用建
立概率模型(区别于从语言的句法结构进行的研究)可以
是有益之事……或许也可以去设法开发一下关于统计学
结构和句法结构之间的更加精致复杂的关系,而不是像
那种我们所拒绝接受的那种简单排序的估算规则模型。
我当然并不介意去论证其实任何这样一种关系都是难以
置信的,但是我不知道有什么建议可以让它的最后效果
没有严重瑕疵。(Chomsky,1957b:17.n4)

在上述截取的段落中,乔姆斯基引用了哈伯特·西蒙(Herbert A.
Simon,1916—2001)(特别是 Simon,1955) 和本华·曼德博
(Benoit Mandelbrot,b. 1924)(特别是 Mandelbrot 1954)的著作
作为揭示统计学研究的例子,如上文所示,他愿意接受关于对语言
结构进行统计分析能够突出重要规律的观点。但是,他也强调说
这些统计学研究其意图主要是描述,并不对语言的实际机制做精
细断言。对于乔姆斯基来说,这种对实际机制的关心一定要留待
语言学家来讨论,因为语言学家们(比统计学家们)更倾向于把焦
点放在自然语言的真实属性上面,因此他们更能够抗拒那些边缘
的、非语言学的思考所带来的诱惑。

5.3　从发现到评估

　　正如上一节所提到的,乔姆斯基之所以反复声明语法是自足
的,至少部分地是因为他认为语义学和统计学的考察不应该参与
到对合语法性的定义中来这样的观念影响的结果,也正是这一信

念使他在 1950 年代时把注意力全部集中在了句法现象上面。在这一方面,乔姆斯基的作品无法真正与某些后布龙菲尔德语言学家的作品区分开来,因为,正如 3.7 节详细讨论过的,从布龙菲尔德到哈里斯,几代语言学家们都在尝试在不依赖于对意义考察的前提下为合语法的句子提供句法分析,所以,乔姆斯基的研究宗旨并不突出。不过,虽然乔姆斯基把焦点放在句法上的做法本身是沿袭了传统的,但是他在 1950 年代中期完成句法分析的任务时所使用的方法则确实是极具挑战性的。正如人们所熟知的,乔姆斯基所提倡的基本发展路线是要在整体上从哈里斯所喜欢的那类(过于局限的)发现程序转向评估程序,比如说 4.3 节所讨论的简约性标准就是旨在辅助完成从很多竞争语法中选择其中一种的任务,而不是要允准从一个具体的语料库出发从零开始创造出一种语法来。这一基本路线已经广为人知,而且也已经被广泛地讨论过了。① 不过,就其对(尤其是)古德曼所提倡的那种逻辑经验主义态度的转变来说,乔姆斯基从发现程序到评估程序的转变还未曾被真正充分地讨论过。因此,这里我们就来讨论一下乔姆斯基作品的这些方面。

正如 4.4 节所提到过的,乔姆斯基发表的第一篇论文 SSA 似乎暗示了他当时正心满意足地在后布龙菲尔德的范式里工作着,因为那篇文章的论点就是要探讨把古德曼的个体演算作为一种能够自动进行语法分析的机械发现程序来使用的可能性。但是,到了 1950 年代中期,乔姆斯基对于语言学理论的普遍目的和功能的理解显然已经开始改变。结果就是,在从 1953 年 SSA 出现到

---

① 例如,参看 Matthews (1993:134—142)和 Newmeyer (1980:19—36)。

1955 年早期完成了 *LSLT* 初稿的某个时刻的这个时间段内,他的研究重点已经从分类发现程序转向了后来被称为 TGG 的理论类型。乔姆斯基自己对这一方向转变的记述非常有名,不过仍然值得在这里的语境下再次引述:

> 到 1953 年时,我得出了同样的[即像哈勒一样的]结论:如果发现程序不起作用,那并不是因为我没能正确地来描述它们,而是因为这整个方法就是错的。回想起来,我不能理解自己为什么花了这么长时间才得出这一结论——最终对这一点感到确信无疑的那个时刻,我至今仍然记忆犹新:那是在大西洋中部的一艘船上,由于一阵晕船,在一个摇摇晃晃的浴缸里有一个印制品上的字赫然跃入眼帘——这艘船曾经被德国人击沉过,而现在是它被抢救修复后的第一次航行。突然间,似乎找到了一个好的原因——一个显而易见的原因——来解释为什么集中致力于改进发现程序而持续数年的那些努力到头来却一无所获。而我在同一时期里所做的,几乎是完全孤立地进行的有关生成语法和解释理论的工作却似乎正不断产生出有意思的结论来。(Chomsky,1979a:131)

无论这个故事的真实性有多大(也无论"显而易见的原因"实际上到底是什么),客观上来说这一大转折的深层诱因有很多,涉及很多不同的方面。但是,"持续数年的那些努力"(似乎)被浪费在了发现程序上的事实,很可能正好为这一转变提供了主要动力。而除此之外毫无疑问的是,认为评估程序优于发现程序,部分地也是由于乔姆斯基对古德曼和奎因作品欣赏态度的变化发展所致。特别是,在 1950 年代早期,古德曼所拥护的那种强硬派的卡尔纳普逻辑经验主义已经不再让乔姆斯基动心,尽管乔姆斯基在 SSA 中(似乎)也曾经充分肯定过它;而他对奎因在"经验主义的两种教条"里所提出的对还原论逻辑经验主义的尖锐质疑的同情也印证了他对于那种经验主义不断加深的失望感。我们在导论中曾经引用过乔姆斯基 1975 年对他自己在 1947—1955 年期间思想形成阶段的回忆,不过这里为了读者参阅方便再次引用一下:①

> 在哈里斯的建议下,我开始作为一名研究生在宾夕法尼亚大学(后来是在哈佛大学)正儿八经地学习起逻辑、哲学和数学基础来。我对纳尔逊·古德曼有关建构系统的作品印象尤其深刻。在大体风格上,这部作品与哈里斯的作品有某些相似之处,而且在我看来这似乎为分类程序研究提供了合适的知识背景,而我当时把它看作是语言学理论的核心。但是古德曼对归纳法的持续批判似乎又指向了另一个非常不同的方向,表明了归纳方法原则中的不足。(至少对我而言)古德曼关于系统简约性的研究也表明了语言学理论存在非分类方法的可能性。奎因的逻辑经验主义批评也给了我一些理由相信这条路线的研究或许是切实可行的。奎因认为科学理论的诸原则面对的是具有系统复杂性的经验,因此在各个关节点都可能需要得到调整,并且受诸如一般简约性这样的因素的制约。(Chomsky,1975[1955]:33)

----

① 尽管 *LSLT* 的引言写于 1973 年,但其实直到 1975 年才得以出版。

如果这些评论是可信的,那么这段话就非常有意思了,因为它揭示出推动 TGG 向前发展的大量的基础哲学动因。至关重要的是,它明确了乔姆斯基戏剧性地从经验主义发现程序转身离开的某些原因,而这种经验主义的发现程序既是后布龙菲尔德语言学的标志性特征,也曾为乔姆斯基自己早期的作品提供过研究焦点。说得具体一点,就上述为该理论的发展提供的叙述而言,乔姆斯基的动机似乎主要是来源于哲学而非纯语言学,这很可能会让人惊讶。正如 3.5 节所讨论过的,自从卡尔纳普在 *LCW* 中形成了建构系统理论,这类系统的使用就一直与卡尔纳普的逻辑经验主义强烈地联系在了一起;作为一种关于知识获得问题的理论方法,它(正如它的名字所示)根本上是经验主义的;顾名思义,在这种方法下的一个给定的系统(即 "Gegenstanden")中的客体根本上是从感官经验中获得的。然而上面的文字(有点讽刺地)则表明古德曼在1950 年代早期为解释逻辑经验主义所需要的归纳程序类型而做的尝试,再加上奎因整体上对经验主义的深入怀疑,致使乔姆斯基开始质疑后布龙菲尔德学者们所提议的标准分类发现程序中所固有的归纳假设类型的有效性。尽管乔姆斯基没有给出具体的细节,但是很有可能他脑海中当时想的就是古德曼的《事实、虚构和预告》(*Fact, Fiction and Forecast*)(1954)。正如 3.6 节简短提及的,在那部著作中古德曼讨论了归纳在哲学研究中的作用,自然而然地也不得不去探讨与归纳程序有关的一些难题。具体说来,他把讨论重点放在了预测的任务上,而我们应该还记得,乔姆斯基设计 TGG 初期理论的目的就是为了完成这么一个任务:即要预测出某个自然语言中所有合语法的句子。因此,古德曼的讨论和乔姆斯基的作品存在相关性。对于古德曼(他沿袭的是大卫·休谟(David Hume,1711—1776)的思想)来说,必须要解决的一个主要问题就是"预测是如何与过往经验联系起来的问题"(Goodman,1954:60),他评价道:"合理解释归纳的问题,就像现代哲学的任何中途可观的问题一样,已经引发了一些富有成果的讨论"(Goodman,1954:61)。那么,古德曼总结的基调从一开始就是负面的,他接着说道:

> 那么不难理解,越来越多的具有批判性思维的思想家已经开始质疑,我们现在努力要解决的问题或许是存在某种错误的。不妨来想一下,准确一点说到底是什么构成了我们所要寻找的合理解释? 如果问题是要解释我们是如何知道某些预测一定会是正确的,那么合理的答案是,我们根本就不知道诸如此类的事情。如果问题是要找出某种办法来事先区分正确的预测和错误的预测,那我们所要寻找的就只是预见,而不是哲学解释。(Goodman,1954:62)

这一概述清楚地昭示着:归纳程序受到了真正难题的困扰,而为了提供一种与此不同的方法,古德曼讨论了"非归纳性的推演"(即演绎过程),而在这种方法之下,情况就不再那么复杂了。

> 我们如何来合理地证明某个"演绎"的正当合法呢?只需要简单地通过表明它符合演绎推理的一般规则就可以了。一个论证只要与一般规则符合便是合理的或者有效的,即便它的结论恰好是错误的。而一个违反了规则

的论证过程则是错误的,即使它的结论恰好是正确的。
因此,要证明一个演绎结论的合法性是无需了解它所关
涉的事实的。(Goodman,1954:63)

虽然古德曼接着继续讨论了归纳与演绎之间的关系,而《事实、虚
构和预告》中的各篇文章其要点也是要尝试解决与归纳程序有关
的一些难题。但确实有可能由于古德曼对归纳的批评足够有力,
以至于引发了关于在经验科学中将它作为一种研究方法的有效性
的质疑。因此,以上摘录自古德曼的论述中的文字(以及其他的相
似段落),其原意本来仅仅是要为一种关于推演的认识系统的发展
提供动力,但看起来却又似乎当然地构成了对作为一门实用哲学
的经验主义的警示性谴责。

关于古德曼"不断地批判归纳法"的介绍就到此为止。关于奎
因,他对逻辑经验主义不断增加的怀疑也很好地表现在了 *LPV*
里。比如,在"关于经验主义的两种教条"(乔姆斯基曾在 1975 年
作为影响过他的文本明确引用过)里,奎因就曾讨论过自然语言语
句与在确认所说的语句时所涉及的经验之间关系的性质。在这个
语境下,他继续说道:

> 有关这个关系的观点中最幼稚的一个是认为它只是
> 一种直接报告,这是"激进的简约主义"。它认为每一个
> 有意义的语句都可以翻译成对相关直接经验的陈述(或
> 对或错)……而按这样的解释,该教义[即"激进简约主
> 义"]在将感觉数据理解成感官事件和把感觉数据理解
> 为感官质量之间仍然存在有歧义。况且,这种教条实在没
> 有必要,其强制实行的逐字逐项的评判充满了令人无法

忍受的局限性……(Quine,1953:38)

以此方式勾勒出他所关注的基本问题之后,奎因接着对逻辑经验主义发起了猛烈攻击,就像卡尔纳普曾经在 LCW 中(以及古德曼在 *SA* 中和乔姆斯基在 SSA 中)所践行的那样;他批判思想的基本内容是认为整个方法都"处于一种粗略的状态"(Quine,1953:40),因为卡尔纳普从来都没有充分地说明过诸如"质量 q 位于点瞬间(x,y,z,t)"这样的语句如何才能翻译成只包含有逻辑公理、超逻辑的初始成分和感官数据的简约的初始语言。因此,整个方法论都是有瑕疵的。但是,要重点强调的是,奎因文章的目的是为经验主义哲学提出一种修正方案,而不是要完全拒绝它("作为一名经验主义者,我仍然把科学的概念结构看作是一个工具,最终目的是为了根据过往的经验来预测将来的经验"(Quine,1953:44)),而在这一方面,他的立场与古德曼有关归纳法的立场相似:两个人都破坏了经验主义某些方面的稳定性,然后都提出了使它们更加稳妥的方法。正如这一简短的结语所示,古德曼和奎因的作品对归纳法和逻辑经验主义所进行的批判在 1950 年代早期当然引起了乔姆斯基的兴趣,因为他正在尝试实践对建构系统的运用,而正如他自己在 1975 年所承认的那样,部分程度上古德曼和奎因的论证驱使他走向了他自 1960 年代开始公开采用的(现在)更为典型的理性主义立场。古德曼和奎因对乔姆斯基的作品产生影响(这一点往往被忽略)的一个结果是,乔姆斯基后来对行为主义所做的著名的批判应该受到重新评判。诚然,极有可能乔姆斯基对行为主义的坚定拒绝(这种对行为主义的拒绝是支撑 1960 年代生成语法研究的普遍哲学思想的定义性特征之一)就植根于他对逻辑经验主义的卡尔纳普变体不断改变着的反应态度中。[①] 因此,渐渐地,在 1953 年到 1955 年之间,乔姆斯基研究的焦点开始脱离了纯后布龙菲尔德方法论。随之而来的是,他感觉有必要从整体上来重新评估一下语言学理论的根本目标和目的。[②] 具体说来,与他对归纳程序的拒绝态度相一致,乔姆斯基开始想简化语言学家为自己所布置的基本任务。为此,在 SS 中他就为句法分析任务定义了三种不同的方法,他将这三种方法描述如下:

1. 发现程序:"假设有一个语句语料库,理论必须提供一种实用的、机械的方法来真正地建构语法"(Chomsky,1957b:50)

2. 决定程序:"理论必须提供一种实用而机械的方法,来决定为某个语料库所提出的某个语法是否在事实上是最好的语法"(Chomsky,1957b:50—51)

3. 评估程序:"假设有一个语料库以及两个语法 G1 和 G2,理论必须告诉我们对于该语料库所赖以产生的那种语言来说哪个语

---

① 关于逻辑实证主义与行为主义之间关系的更深刻讨论,请参看 Smith (1986)。关于乔姆斯基在后期作品里所提倡的认识论类型的主要哲学观点,请参看 Nagel (1995) 里"乔姆斯基:语言学与认识论"(Chomsky:Linguistics and Epistemology)一文。有必要澄清一下的是尽管人们通常认为与 1960 年代早期以来的生成语法有关的引人注目的以思想为基础的哲学是乔姆斯基句法学不可或缺的一部分,但是(理论上来讲)它与构成生成语法的实质上的形式程序和理论建构是完全区分开来的。

② 值得一提的是,在他 1954 年对瑞格 1953 年出版的《现代希伯来语》(*Modern Hebrew*)的(现在往往被忽视的)书评里,乔姆斯基曾经正面评价过瑞格书中所提倡的资料收集方法类型,他评价说这些方法是"语言学会受它吸引并从而用它来建构语言语料库的方法"(Chomsky,1954:180)。这一简评表明,在 1954 年乔姆斯基主要关注的仍然是后布龙菲尔德学派的、以语料库为基础的、但后来被他拒绝了的那种发现程序,或者,至少来说,它透漏出乔姆斯基当时还不愿意对这些方法的有效性提出公开质疑。

法才是更好的语法"(Chomsky,1957b:51)

在提供了这些定义之后,乔姆斯基继续说明:

> 这里所采用的观点是,要求语言学理论来提供超出
> 实用的语法评估程序之外的东西是不合理的。也就是
> 说,我们采用的是以上描述的三种立场中最弱的一个。
> 根据我对关于语言学理论发展的绝大多数谨慎细致的设
> 计方案的解读,它们都在试图说明种种诸如此类的分析
> 方法:即调查研究人员(如果他有时间的话)可能实际上
> 会使用这种方法从原语料中直接建构起一个语言的语法
> 来。我认为这一目标是否有可能通过什么有趣的方法而
> 得以实现是值得怀疑的,我怀疑要达到这一目标的尝试
> 都会走向一团迷雾,分析过程会越来越宽泛、越来越复
> 杂,而最终并不能为语言结构的很多重要问题提供答案。
> (Chomsky,1957b:52—53)

那么,乔姆斯基论证的核心就是,尽管使用发现程序来机械地产生
出语法或许是一个可取的任务,但是它却是一个不可能完成的任
务,而有一种歧义更少的方法,这种方法实际上能够提供"答案"。
正如乔姆斯基所说明的那样,可以把这三种立场的根本不同简单
表述为是把评估程序(即在假设有某个语料库的情况下从很多语
法中选择其中之一)看作是优先于发现程序或决策程序(即从某一
语料库中自动推测语法,或自动评估一个语法的有效性)的,而其
建议是要把焦点放在对相互竞争的语法的相对有效性的探讨上,
而不是放在绝对正确性上。正如 4.3 节所指出的,古德曼对建构
系统理论的简约性测量的研究,探讨了各种相互竞争的系统中超

逻辑构件的相对简约性,一定程度上驱动了这一对语言学家任务的重新评估。此外,同样显而易见的是,乔姆斯基所提倡的这一任务是其定义的三个任务中最不以经验为依据的。这一改变可以视作他分别对古德曼和奎因的归纳法和逻辑经验主义的批判所做出的反应。

无论驱动这一修改的影响因素其具体性质是什么样的,有一点毫无疑问,那就是乔姆斯基在 *LSLT* 中已经开始积极地重新定义语言学(特别是句法理论)的目标。这部作品清楚地表明了对归纳性发现程序的拒绝。对于纯唯名论建构方法的规避也在书中显示了出来,乔姆斯基解释说,尽管这种方法比 *LSLT* 中所采用的分析结构要"更加自然",但是它却不会在这里得到进一步发展,因为它要求用到"有点更加复杂的结构"(Chomsky,1975[1955]:110);这句话回应了奎因有关更加极端的逻辑经验主义形式所需要的"充满了没有必要的并且是令人无可忍受的局限性"(Quine,1953:38)的方法的抱怨。不过,尽管有了这一清楚无误的方向转变,但同样明显的是,*LSLT* 仍然稳固地扎根于建构系统理论的基础上。诚然,这是 TGG 发展中令人好奇的一个方面——虽然在 1953 年到 1955 年间归纳逻辑经验主义的基本哲学已被拒绝,但是与建构系统理论有关的技术工具却继续被广泛使用着。不知道为什么,对于支持这个理论的哲学的拒绝却并没有证明它所提供的工具是无效的,正如 5.4 节所示,乔姆斯基继续使用和发展核心的形式化程序,并对它们进行了修改以适应语言学分析的任务。

5.4 建构性层次

前面一节指出过,乔姆斯基对古德曼严格逻辑经验主义的蕴含意义在理解上所发生的改变,以及他对于奎因对同一内容的批判性的欣赏,这使得他开始了对句法分析实证主义方面的重新思考。相应地,他开始拒绝标准的分类学方法,转而开始喜欢能够使语言学家自动地在相互竞争的语法中做出选择的评价程序。这一对古德曼式的经验主义观点的拒绝,以及相应的对"SSA"中所描述的句法分析方法类型的幻灭,本来是有可能导致乔姆斯基从他后来的作品中将他早期(简短的)建构性唯名论阶段的所有残留思想的痕迹完全根除掉。但实际上,这并未发生。例如,4.3节已经表明,对语法简约性的思考在他1953年到1957年的作品中继续占据着显著位置,不过,关于语法分析的目的和功能他的观点在这个阶段已经发生改变。另一个例子则是,在本节中将会讨论 *LSLT* 中所提出的语言层次的基本定义。这将表明建构系统理论的影响,其影响甚至在他1954年之后的作品里也仍然是非常明显的。如果下面的讨论确实能够证明点什么的话,那就是它可以证明,乔姆斯基有着非凡的能力可以首先使一个有用的程序脱离它本来的哲学语境,而后再毫无疑虑地把它运用起来。

整个 *LSLT* 都在强调有三个主要任务摆在了"描述语言学家"面前(Chomsky,1975[1955]:77)。这三个任务可以总结为:(i)创造一个关于语言结构的普遍理论的任务;(ii)为具体的语言建构语法的任务;(iii)解释实验结果并使之有效的任务。它们为书中采用的语言分析理论方法类型提供了主要动力。关键还要认清的是(正如乔姆斯基在全文中不断声明的那样),虽然上面的任务各不相同,但它们并不是完全独立的,因此在很大程度上相互影响。例如,以分析为目的而采用的语言结构的普遍理论将大体上决定最终建构出来的语法的性质;反之亦然。考虑到这一相互联系,乔姆斯基把普遍语言理论的根本问题描述如下:

> 一门语言是一个极度复杂的系统。语言学理论尝试把这一巨大的复杂性降低到可以掌控的比例,构建一个语言层次系统,其中每一个层次都为语言结构的描述提供某种描述工具。(Chomsky,1975[1955]:63)

也就是说,重要的任务是要创造一个由各种相互有关的语言层次所组成的层次系统,允许把自然语言分析为某种基本单位。其假设是:所有自然语言表面上的复杂性背后都隐藏着简单的规律性。很显然,这种类型的语言结构分析方法是简约论的一种形式。事实上,乔姆斯基公开承认 *LSLT* 中提出的具体方法论带有“一种强烈的简约论”的特点(Chomsky,1975[1955]:85,加了斜体)。不过,正如上面的文字所示,为了把自然语言的整个复杂性简化为单一的构件,它所要求的那类系统从根本上讲一定是有层次的。这一事实强调了 *LSLT* 中提出的研究方案和 SSA(4.4 节已经讨论过的)中所描绘的研究方案之间的不同:早期的作品只关注语言分析的一个层面,即语素层面;而后来的研究方案关注的则是尝试为整个语言发展出一个综合的分析框架来,因此就需要多个语言层次。乔姆斯基承认一个详尽的层级语言理论所要求的具体层级数是一个有争议的问题,不过他还是坚持提出这样一个理论最少需要六个层次。它们被简写为 Pn（音素层）、M（语素层）、W（单词层）、C（句法范畴层）、P（短语结构层）和 T（转换层）。在一个抽象的表达里,上面每一个层面的图式表达都是一样的,因为任何一个语言层 L 都可以定义为包含以下部件的独立系统:

$$L = [L, \frown, R_1, \ldots, R_m, \mu, \Phi, \phi_1, \ldots, \phi_n] \qquad (5.7)$$

其中

- L 是一组初始元素(即为某一层面所特有的初始的成分)。
- $\frown$ 是串联关系。
- $R_1, \ldots, R_m$ 是 L 层内定义的类和关系。
- μ 是 L-层标记集(即在 L 层创造的元素)。
- Φ 是一个映射,具体把 μ 映射到合语法的语句集里。
- $\phi_1, \ldots, \phi_n$ 是表达了 L 与所有其他 n 个层次之间关系的关系。

从上面的定义可以清楚地看到任何一个语言层次的核心里,都有一套初始的成分(初始元素)以及各种各样的关系集。但是,这些关系中,只有串联关系是初始的关系,因此乔姆斯基后来评述说:"我们只提供了一种在 L 中建构元素的方法"(Chomsky,1975[1955]:107)。既然数学逻辑被看作是任何普通语言结构理论的基础(正如它往往被认为是任何科学理论的基础一样(参看 Chomsky 1975[1955]:87)),那么与某一语言层次 Ln 有关的各种初始元素和初始的串联关系就可以看作是一个建构系统的超逻辑基础。因此,*LSLT* 中所提议的普通语言结构理论就广泛使用了一个包含了独立的(但又相互关联的)建构系统的等级结构。在某一层面 Ln 使用这一层面特有的初始元素和初始关系创造出来的对象,可以通过映射函数和在其他层面所创造的对象关联起来,但是各个层面从根本上又是有区别的,因为存在于某一具体层面的对象是在这一层里被创造出来的。我们来讨论一个具体的例子,语言层 Pn 包含了一组有限而固定的初始元素,即语音符号(P_1,…,Pn)及包括基本的串联关系"⌒"在内的各种关系。因此,如果 P_1 和 P_2 是 Pn 里的两个初始元素,那么把这两个初始元素串联起来形成一个初始元素的序列,就可以建构物体"$P_1 ⌒ P_2$"。用这样的方法,就可以按照基本的建构系统理论原则在每一层次上把更大的对象或者 L-标记建造出来。顺便提一下,在某一层次的定义中出现"类"(即集合)很是发人深省。把这种抽象的对象包含在内的做法,再一次标志着 SSA 中采用的唯名论方法与 *LSLT* 中所提出的更自由、更少限制的语言学理论之间的区别;后者自觉自愿地使用了某种抽象的概念。

顺便说一下,这里值得强调的是,把串联当作语言层次的基本初始关系来使用这一点透漏出奎因的直接影响。正如 3.5 节提及过的,奎因曾经在 1940 年代时探讨过串联关系在形式语言理论中的作用,并且声称整个算术都可以建立在这一个关系之上。在《数理逻辑》(*Mathematical Logic*)(尤其是出版于 1951 年的第二版的修正版)的第七章他已经介绍过这个思想,这一文本为乔姆斯基提供了有关形式逻辑核心方法的一个重要信息来源(另外一个重要来源是保罗·罗森布鲁姆(Paul Rosenbloom)《数理逻辑元素》(*Elements of Mathematical Logic*)的第四章)。不过,乔姆斯基从奎因那里借鉴来的不仅仅是有关串联(Concatenation)的思想。比如,*LSLT* 中所给出的"发生"(Occurrence)的定义,也是原封不动地从奎因的书里拿来的(试比较 Chomsky 1975[1955]:109 和 Quine 1951:297),这些借鉴表明奎因的符号逻辑思想对于当时正在发展过程中的乔姆斯基的形式语言理论的类型所产生的全面影响。这一事实再一次地提示人们应该重新思考乔姆斯基关于逻辑与自然语言的种种观点。4.5 节则表明,乔姆斯基沿袭了哈里斯的路线,不鼓励将语言学和逻辑学等同起来的做法,他对巴希尔所提倡的卡尔纳普的如下观点提出质疑:卡尔纳普认为语言学家和逻辑学家的不同之处只在于"程度"而不是"类型"。然而,正如他吸纳奎因"串联"和"发生"的概念的事实所表明的,他很乐意使用逻辑学当中被认为是有助于按照自然语言的方式来分析自然语言的那些技巧。事实上,有一点现在应该已经清楚,建构系统理论本身稳稳地植根于 *PM* 风格的逻辑学中,所以乔姆斯基在 *LSLT* 中对来自这一理论的诸多技巧的运用,表明他乐意采用以逻辑为基础的程序并把它们融会在他为分析自然语言而正在建构的理论系统中。

5.5 转换"转换"

上一节表明,尽管乔姆斯基对古德曼风格的逻辑经验主义是明显拒绝的,但古德曼和奎因的影响在他 1950 年代中期的作品中仍然非常明显。然而,TGG 的一些其他方面,也可以和第三章讨论过的一些形式科学进展联系起来一起讨论。这些概念其中之一就是所谓"转换"的使用。正如 5.4 节提到过的,TGG 的"转换"部分是它最具影响力的特点之一,这一特点本身就要求我们必须要探讨一下在乔姆斯基 1955 年到 1957 年之间的作品中对"转换"这个术语的各种使用方式。在过去的一些年里,这一话题已经受到了极大的关注,但大家所强调的通常主要是,在这一术语的使用上哈里斯和乔姆斯基到底谁的影响力更大一些。[①] 虽然这类研究不可否认是具有娱乐性的,但是如果再考虑一下其他方面的影响,则所能提供的评价会更加令人兴奋。因此,尽管下面也会提到哈里斯对这一术语的讨论,但是我们将不会真正讨论谁更优先的问题。相反,我们的意图是要检查卡尔纳普的"转换规则"在 1950 年代期间是如何被转换成乔姆斯基的"转换"的。关于卡尔纳普对构成规则和转换规则的使用已经在 3.7 节详细讨论过了。而我们应该还记得,在卡尔纳普的系统里,前者涉及的是创造句子而后者涉及的则主要是能够把一个句子从另一个句子中推导出来的逻辑推导规则。然而,正如下面所表明的,这个术语在语言学文献中开始以不同的方式使用起来,令人眼花缭乱。

乔姆斯基 在 MMH 中第一次使用了术语 "转换" (transformation),具体来说,他大量使用了 "转换表达" (transformation statements)(Chomsky,1979b[1951]:6),而这成为他在其论文中所建构的语法类型的一个关键的组成部分。事实

---

① 例如,可参看 Katz (1981)第一章的讨论。坎茨(Katz)对这一话题的评论,就是可以提供发现过去所缺少的那种解释的很好的例子。它的方法是哲学性的而非历史记录性的,因此他还无法把乔姆斯基后来的观点(尤其是他后期的"理性主义"思想)折射到他早期的作品当中。坎茨的文章标题"从哈里斯唯名论到乔姆斯基的概念主义"(From Harris's Nominalism to Chomsky's Conceptualism)表明了它的局限性本质。而且,不可避免地,尽管坎茨知晓卡尔纳普作品对 1950 年代语言学的影响,但却没有在这一章里提到卡尔纳普。

上,文章所提出的语法系统其构件就被描述为"将任意一个合语法的语素序列转换为音素序列的一系列形态表达和形态音位表达"(Chomsky,1979b[1951]:4)。这些语句对于乔姆斯基发展的语法形式是如此重要,以至于他后来干脆完全用这些表达来定义语法:"那么,语法就是一套转换表达,其中每一个表达都把一个既有的句子表征式转换为另一个更具体的句子"(Chomsky,1979b[1951]:6)。诚然,作为一个语法定义,这样的表述非常模糊;认清这一事实后,乔姆斯基立刻开始引入他全文所使用的形式化概念。基本的转换语句采用的形式是"$\alpha \rightarrow \beta$",其中 α 和 β "没有包含概念性元素,仅仅是被设定了代表句子部件(音素,语素等)的元素序列"(Chomsky,1979b[1951]:6)。此外,为了限制它们的范围,可以给这些转换加上一些条件。例如,如果 $\alpha = \alpha_1 \beta_1 \gamma$,且 $\beta = \alpha_1 \beta_1' \gamma$,那么对应的转换规则就是

$$\alpha_1 \beta_1 \gamma \rightarrow \alpha_1 \beta_1' \gamma \qquad (5.8)$$

而这一转换可以写成下面的形式

$$\text{在环境 } \alpha_1 - \gamma \text{ 里,} \quad \beta_1 \rightarrow \beta_1' \qquad (5.9)$$

其中,决定对 β_1 进行修改的语境在(5.9)里是作为一个普遍条件进行说明的。这样一来,元素序列之间的关键关系就可以精确地用一种简练的方式表述出来了。有意思的是,乔姆斯基在转换表达中所使用的一些符号,尤其是他使用的符号"$\rightarrow$",让我们想到了希尔伯特证明论的标准阐述中所使用的一些概念。例如,尽管希尔伯特自己通常使用符号"$\supset$"来表示隐含,但是 2.8 节所讨论的那些教材类型则往往使用符号"$\rightarrow$"来表示隐含;因此,无论是在符号表征上还是在基本概念上,乔姆斯基的转换语句和前面给出的(2.10)希尔伯特的证明图之间,都存在着明显的联系。基本上,在

这两个理论里,语符串都是通过一个形式化的映射程序从另一个符串得来的。因此,在下面的讨论中,有时会用(准)推导规则来指代乔姆斯基风格的转换。

哈里斯显然是从 1952 年开始公开使用术语"转换"的,在他当时的文章"话语分析"(Discourse Analysis)中,包含了一节讨论"语法转换"(grammatical transformation)话题的文字。在这部分讨论中,哈里斯介绍了两种类型的转换,即对整个语素类进行操作的转换和对单个语素进行操作的转换;这两种类型都是作为要把文本以外的信息包括在话语分析的任务中的方法提出来的。哈里斯的意图基本上是要对等价类进行定义,以"发现这些类型在文中连续的区间里有规律(即相似或部分相似的)的组合"(Harris, 1952:18—19)。因此,哈里斯使用的概念与乔姆斯基所使用的是不同的。因为,哈里斯没有使用代表某种(准)推导式的符号,而仅仅是使用了让他能够表述那些等价的东西的等价算子而已。例如,在哈里斯的形式里,主动-被动对儿之间的等价关系使得像"Casals plays the cello"这样的句子可以被看成是与"The cello is played by Casals"相等价的,在形式概念上,哈里斯把这种等价关系定义如下:

$$N_1 V N_2 = N_2 \text{ is } V - \text{en by } N_1 \tag{5.10}$$

诸如(5.10)这样的等价关系为各种语法转换提供了定义,哈里斯随后用它们来完成话语分析的任务。

到目前为止,已经讨论了三种不同类型的转换(即卡尔纳普的逻辑推导,乔姆斯基的语境-依赖(准)推导表达,哈里斯的等价关系);1950 年代期间有一些其他的语言学家曾认识到这三种不同类型之间的复杂关系。像以往一样,巴希尔的跨学科背景使他能够感知到一些联系,而其他那些对于逻辑分析的新近发展不那么熟悉的语言学家们有可能会错过这些联系。例如,在他 1954 年的文章(4.5 节详细讨论过)里,巴希尔就明确讨论了卡尔纳普的构成规则和转换规则,并对这样的事实表示了遗憾:尽管语言学家们已经参照自然语言研究过前者,但后者却几乎被完全忽略了。他特别提到了哈里斯的作品并指出,尽管哈里斯使用了"转换"的术语,但是他所使用的等价陈述如果按照卡尔纳普的概念来看事实上就是构成规则:

> 哈里斯近来想要把句法的转换部分简化为其组成部分的做法基于一系列用"语言""等价关系""可交换方面"或它们的同源词这样的术语来表达的模棱两可的话语上,因而是毫无基础的。(Bar-Hillel,1954:237)

巴希尔对哈里斯作品所谓"模棱两可之语"的确切性质的认定并不是我们这里主要关心的问题,也不是巴希尔在他文章里主要关注的东西。非常有意思的是巴希尔用卡尔纳普的"构成"规则对哈里斯所使用的分布等价陈述类型从普遍意义上所做出的鉴定。对巴希尔来说,至少哈里斯的转换与卡尔纳普的转换是不同的,因为正如上面提到的,后者主要是逻辑推导规则,而哈里斯的表达显然无法归类为这种规则。既然我们已经知道哈里斯是熟悉卡尔纳普的 *LSL* 的,那么(想必)他也了解这部作品中所提出的逻辑系统结构,所以我们认为要么哈里斯是真地相信他的语法转换定义的是推导规则(而这是不太可能的),要么就是他只是有意采用了来自逻辑句法的一个术语,然后在语言学分析的语境中对它进行了重新定义。后者似乎是最合理的选项,部分原因是(正如 3.7 节所示)哈里斯坚信逻辑学家和语言学家研究的是不同的东西,另一部分原因是(如上所示)哈里斯的转换并不是如推导规则那般被呈现的。而且,更说明问题的是,哈里斯从来不曾把卡尔纳普作为他所使用的术语"转换"的直接引用来源。事实上,他一般会暗示他自己使用的概念是用来辅助自然语言的语句分析的。例如,在 1957 年他曾写道:"转换的研究起源于通过建构一种方法来分析比句子还要长的语言标本的努力"(Harris,1957:283. n1),它暗示出,正是对话语结构分析的关注为他提供了主要的灵感。显然,这并不能排除一种可能性,即,他有意采用了他最早是在逻辑句法文献中碰到的一个术语,那么他为什么又对这一问题保持了沉默呢? 这也是令人好奇的。巴希尔对卡尔纳普转换规则的解读,在乔姆斯基 1955 年的回应(4.5 节详细讨论过的)中得到了加强,他提供了进一步的证据支持以下观点,即,对于熟悉逻辑学新近发展的语言学家来说,卡尔纳普的转换确实在事实上构成了逻辑推导规则。例如,在总结巴希尔的论证时,乔姆斯基自己讨论了卡尔纳普的构成规则和转换规则的性质。他评论道,对于卡尔纳普来说,形式结果在他所建构的系统里是作为一个初始的成分给出的,而且,尽管他表明这一假设对于分析自然语言的任务并不会有什么贡献,但同时也评价说:逻辑学的转换规则是有效推导的规则。因此在本讨论中,术语"推导"和"转换"的使用是可以"相互替换的"(Chomsky,1955a:37. n4)。短语"逻辑学的转换规则"透漏出很多信息,因为这里的言外之意是,乔姆斯基已经把语言转换看成是与在逻辑句法中碰到的那种转换不同的形式工具,而我们应该还记得，如上文提过的，MMH 中所使用的"转换表达"当然也不是严格的有效推导规则。但是当乔姆斯基继续探讨哈里斯的语法转换时，还是发生了一点小小的混乱。因为他已经宣布"转换"这个词是可以和"推导"一词来互换使用的，那是不是就说他把哈里斯的等价陈述理解成了推导规则，或者是不是使用"语法的"这个形容词的意图就是要表明这里正在讨论的是语言的而非逻辑的转换？像这样的歧义在这个时期讨论转换的各种文章中是很常见的。但是，很清楚的是，到 1950 年代中期时，主动-被动关系已经开始成为讨论语法转换时的关注焦点，而且这种关系事实上也继续与在 *LSLT* 和 *SS* 中所描绘的 TGG 框架中的转换概念相互关联。

目前为止，关于转换的话题已经通过参照哈里斯、巴希尔和乔姆斯基的作品讨论过了。但是，一定要认清的是，语言转换的概念在 1950 年代中期已经开始在整个语言学界散布开来，而这种思想的传播似乎部分地是受到巴希尔 1954 年文章的启发，文中他提倡对在自然语言分析的语境中使用卡尔纳普风格的转换法则进行探索。有一点并不令人吃惊，那就是，这一建议看起来似乎尤其引发了有数学思想的语言学家们的共鸣。例如，在 1955 年的文章里（已经在 3.2 节中的不同的语境中讨论过了），哈伍德就明确回应了巴希尔关于在语言研究中使用卡尔纳普的转换概念的呼吁，而且在文章一开头，他就毫不含糊地把自己的意图描绘如下：

> 假定有一个语言的语素序列，那么句法系统的任务就是要告诉我们如何把这些语素序列连接起来以用作语言的句子。我们把这种方向称作构成规则。此外，有关句法的作品通常会提供有关某些序列与其它序列等价的某些信息，例如，John discovered the path = The path

was discovered by John. 我们把这种表达称为转换法则。只有一小部分的转换规则是覆盖在句法下的；其他的是在数理逻辑中讨论的，如罗素关于描述、概括和抽象程序的理论。到目前为止，在数理逻辑中，大多数的注意力被放在了发展人工语言的构成规则和转换规则上，还没有完全针对自然语言转换规则的处理方法。

(Harwood,1955:409)

这段话提出了一些我们已经讨论过的问题，它表明对这些问题的讨论方式在当时是相互关联的。例如，在上面的段落中我们就碰到了(现在已经熟悉的)关于逻辑的方法可以在自然语言分析中有效使用的观点，以及最基本的卡尔纳普式关于构成规则和转换规则的区分。但是，对哈伍德来说，哈里斯的等价概念事实上可以认为其实就是卡尔纳普类型中的转换，这与上面讨论过的巴希尔的断言相反。诚然，就哈伍德而言，这两种规则的基本区别是，构成规则是用来建构句子的，而转换规则是用来修改这些句子的形式的。这种句法分析的观点与包含深层结构和表层结构等层次的成熟的 TGG 理论明显相似，而乔姆斯基当时正处在构建这种理论的过程中。这再次清楚地昭示着到 1950 年代中期时，某些最终与 TGG 有关的概念和方法在很大程度上已经在整个语言学界得到扩散传播，虽然是以一种并不严密清晰的整合方式扩散与传播的。

在进行了上面的讨论之后，有必要再来探讨一下乔姆斯基在 1955 年到 1957 年间是怎样开始使用"转换"这一术语的；值得指出的是，乔姆斯基是清楚醒目地使用了这个术语的，那篇他在 1955 年作为博士论文提交的(正如早些时候指出的)*LSLT* 的第七章就被冠以"转换分析"的名字。众所周知，*LSLT* 中提出句法分析的转换层次,其动因是感觉到短语结构分析具有局限性。例如,乔姆斯基明确讨论了短语结构的组成部分没有办法处理的具体结构,这些问题包括(例如)是非问句和主动–被动句对儿。[①] 在 *LSLT* 中发展起来的转换部分,其背后的核心观点是,转换规则要从由句法结构的组成部分(即包含了形态音位核心和句法功能词缀的集合 P̄)所输出的最低层次的语符串开始操作。在有关短语结构分析的部分(即第七章),乔姆斯基已经引入了 ρ_1-推导和 P-标记;前者是由终端符号所组成的语法串,后者则是对该语法串进行的短语结构分析。因此,在第九章一开始,乔姆斯基就将转换分析的基础总结如下:

> 这引导着我们去发展一个句法分析的新层次:转换层 T,并把 T-标记分配给词语串以作为它们"转换历史"的标记。也就是说,一个词语串的 T-标记会告诉我们这个符串是如何由某个具有 $\rho1$-派生过程和 P-标记的句子核心派生出来的。利用之前的层次我们可以把每个句子表示为一串音素、词、句法范畴,并且可以用各种方式把它们表示为一串串的短语。现在我们就可以把句子表示为一个由各种操作组成的序列。通过这个序列,就可以从基本句子核心中推导出该句子来,每一个这样的操作序列都对应于一个 T 标记。(Chomsky,1975[1955]:306)

正如上面已经表示的,这段话强调了一个事实,TGG 里使用的转

换是基于已存在的语符串(即,核心句子)来进行操作的,并且要以
精确具体的方式对它们的结构进行修改。正是出于满足限制各种
转换的应用性的需要,使得乔姆斯基对适用于语法转换的三种基
本条件——C1,C2,和 C3 进行了详细说明。这些条件可以定义
如下:

C1:一个语法转换 T 是按照有序对 (Z,K)来定义
的,其中 (a):Z 和 T (Z,K) 是 $\overline{P}$ 里的符串;(b) K 是 P
里的语符串的集合,Z 是 K 的一个元素。

因此,T 运用 K 所给出的分析,在 P 中的语符串 Z
的基础上进行操作,从而生产出 P 的一个新的语符串
来,表示为"(T (Z,K))"。

C2:T (Z,K) 是独一无二的;即,T 是一个单值
映射。

C3:每一个 T 的辖域都限制在某个结构的语符串的
范围内。这一限制可以通过给每一个 T 关联一个语符
串序列的有限限制类 Q 而产生。

这里每个条件的目的大体如下:C1 说明可以包含在某一给定转换
的辖域和范围中的元素;C2 保证只允许从定义域中的一个给定的
有序对(即(Z,K))到值域(即在集合-里)里的一个独一无二的语
符串的单值映射;C3 保证每一个转换只适用于潜在定义域中的一
个具体子部分。总结起来,一个给定的语法转换 T 对一个语符串
Z 进行操作,Z 构成了解读 K(它可能是也可能不是一个 P-标记)。
T 把它转换成一个语符串 Z',其解读是 K'。转换 T 是受到限制
的,它只能对那些由成对儿的符串-解读(Z,K)所组成的所有可能

集合中的一个子集进行操作,该子集是由限制类 Q 所决定。

在 *LSLT* 的第十章,乔姆斯基从抽象的理论开始转向英语的真实泥潭,尝试证明转换对于英语语法的分析是有助益的。特别是,他对某种"基础转换"(Chomsky,1975[1955]:404)进行了辨认,这些基础转换负责对核心语符串进行具体修改。例如,变形转换 δ 会或者删除或者添加一个常量的语符串到一个给定串子的某些词中。相似地,移位转换 π 则只是改变一个给定符串里的词汇顺序。为了澄清这些基础转换是如何操作的,可以来看一下 π 的例子(比较 Chomsky,1975[1955]中的讨论:404—405)。假定有一个语符串 $Y_1 - ... - Y_n$,那么 π 转换可以被重新表达为:

$$\pi * (Y_1,...,Y_n) = Ya_1 \frown ... \frown Y_{an} \qquad (5.11)$$

其中$(a_1,...,a_n)$是依整数$(1,...,n)$所排的序列。此外,对每一个 i 来说下面的等值也都成立:

$$(Y_1,...,Y_i;Y_i,...,Y_n) = Y_{ai} \qquad (5.12)$$

这样,π 的特征就可以完全通过整数序列 $B=(a_1,...,a_n)$来得到体现。举一个具体的例子,如果 $Y_1 - Y_2 - Y_3$ 表示语素序列"he-can-come",那么排序转换 $\pi * (Y_1,Y_2,Y_3)=Y_2 \frown Y_1 \frown Y_3$ 就使获得语符串"can-he-come"成为可能。正如这个例子所表明的,TGG 中的转换基本上是按照一定原则把一些 P-标记映射到另外一些 P-标记上;众所周知,在随后的讨论中,乔姆斯基发展了有助于对大范围的英语基本结构进行分析的具体转换(如是非问句、wh-问句、被动句等)。

　　尽管在上文中关于转换的讨论主要是以一种抽象的方式进行的,只讨论了一个移位转换的具体例子,但还应该指出的是,被动转换在 LSLT 和 SS 中都得到了极大的关注,它在这些著作中是与核心的短语结构一起被讨论的。① 尽管前文讨论了乔姆斯基的转换规则和哈里斯相应的概念陈述之间的根本不同,但值得提及的是在 1955 年到 1957 年期间,乔姆斯基特别热衷于强调他的研究方法和哈里斯方法之间的不同之处。强调这一点是特别重要的,因为哈里斯也曾使用各种转换来影响对成对的主动句和被动句的分析。有一个例子可以说明乔姆斯基想要说明他的方法和哈里斯所采用的方法存在不同之处的愿望,在 SS 中他明确提到哈里斯对转换规则的使用所形成的是"一种有点不同的转换分析方法"(Chomsky,1957b:44),不过他并没有更进一步详细地罗列这两个理论之间的区别。

　　在评估 TGG 中使用的转换时,有了 4.3 节对简约性标准的讨论为前提,很有必要再强调一下,在 LSLT 里,乔姆斯基反复强调说一个带有转换构件的语法天生就比缺乏这种构件的语法要更简单些。也就是说,对乔姆斯基而言,正是对简约性的考察驱动了对转换规则的使用。例如,在正式发展转换分析的一开始,乔姆斯基就说过:

　　　　我会尝试表明一个转换理论可以为分析上面所提到的[早先的几个章节里]所有问题提供一种统一的并且是非常自然的方法。同时,它可以生产出更经济也更能说明

---

① 　例如,参看 Chomsky (1957b:61—84)里简短但(相对)非技术性的讨论。

问题的句法描述来。(Chomsky,1975[1955]:307)

一如既往地,这里的关键词是"经济性的"。当时,乔姆斯基想要证明的是,对转换的使用大大地简化了所提议的语法。因为它使得所有类型的递归性重复都能够从短语结构的构件中得以消除。在5.6节中会更详细地讨论这一重要的话题。

正如前面的讨论所表明的,有关语法转换的性质和目的是广泛的,而哈里斯、乔姆斯基、哈伍德及其他语言学家所使用的转换,以及卡尔纳普和他的逻辑学同人们所使用的转换之间的关系,为整个1950年代时期此类话题的讨论提供了主要焦点。到1960年代早期,情况似乎变得更加清晰了,这主要是因为乔姆斯基详细的形式化语法表述为术语提供了稳妥的定义,就像它们在成熟的TGG理论里被使用的那样。例如,巴希尔在1963年曾写道,尽管他个人确信TGG范式下转换规则的重要性,但是他觉得有必要再次强调一个事实,即它们并不是卡尔纳普意义上的"转换"规则,而是"构成"规则(还是就卡尔纳普的术语意义而言的)。事实上,在巴希尔看来,它们是一种新的形成规则,它们允许分析和描述"比我原先设想的要多得多的语言事实"(Bar-Hillel,1963:542)。不过,由于这种术语的含混性,巴希尔感到提供以下的警示性文字是义不容辞的事情:

> 那些能够处理这些事实的构成规则,是一种新的类型,并且是直到最近才被分析和理解了的……很有意思的是这种新类型的构成规则竟然被哈里斯和乔姆斯基(而且现在也被其他每个人)都叫作"转换规则",读者们应该明了这一词义的含混性。(Bar-Hillel,1963:543)

说含混可能是有点轻描淡写了。在整个 1951—1957 年时期,"转换"一词都在以各种各样的方法广泛使用着,所以想要确定这一术语原本所隐含的确切涵义就绝非易事了。然而,不知不觉地,TGG 却在 1950 年代后期作为一个统一的、可辨识的理论从这一团整体的迷雾中脱颖而出。它使用了定义良好的规则,这些规则被称作是"转换"。随着时间的逝去,这些规则与卡尔纳普所提出的那些规则之间的关系已变成没那么紧要的问题了。所以原先的术语复杂性也渐渐被遗忘了。而上述讨论的目的则部分地正是为了还原一下当时的混乱局面。因此,我们可以得出结论,哈里斯和乔姆斯基所提出的转换,似乎有可能是与卡尔纳普 *LSL*(英文翻译版)中所提出的转换规则有些关联。不过,因为哈里斯的相应语法概念和乔姆斯基的转换很明显都不是有效的推测规则,所以从卡尔纳普的角度(巴希尔一直沿用的角度)看来它们就必须被看作是构成规则。但是,正如哈伍德的作品所显示的,在 1950 年代期间,转换规则开始被普遍地用作对由其他规则生成的完整句进行再操作的规则,使用转换规则使得已有句子中的元素顺序得以进行修改。显然,正是这种转换成为乔姆斯基 1955—1957 年(以及之后)期间作品的标志性特点。

5.6 递归规则

正如前一节所示,关于那个被称作"转换"的、在 TGG 理论发展中占据至关重要地位的技巧和方法,其起源可以追溯到主要由卡尔纳普所引领的逻辑句法的研究发展上,而卡尔纳普反过来又受到(希尔伯特风格的)形式主义的深刻影响。相应地,对于 TGG

"生成"的方面也是如此。在 3.3 节里已经提到,当递归函数被认为是有限证明里的重要元素时,它就成了希尔伯特证明论的中心。而对递归本质的研究催生了关于递归函数的普遍理论,以及其他相关的研究进展,如递归可数集理论。与此相似的是,同一节也表明克莱尼对递归定义的讨论被巴希尔所采纳,并且在 1950 年代早期在语法分析的语境下得以讨论。这部作品的主要影响是递归定义被放在了更广泛的句法理论框架内进行探讨,并且它们最终为 TGG 的形式化系统提供了一个核心组成部分。那现在就有必要来考查一下这个逐渐发展的过程。

有一点并不令人惊讶,递归之所以成为 TGG 的一个关键要素,与它能成为有限证明的关键要素原因相同。那就是它提供了一种有可能用有限手段来分析无限对象的方法。具体来讲,在 1950 年代期间,句法学家们开始重新强调这样的事实,即,尽管某一给定的自然语言其语法本身必然是有限的,但是它又必须能够生产出可能是数量无限的句子来。这一观察促成了一种基本的概念性转向,即由后布龙菲尔德风格的、基于语料库的分析性发现程序,向综合性或"生成性"的语法程序转变,前者递推地把给定的语言结构解构为它们的组成部分,而后者则通过使用词库和一组有限的初始假设以及一些形式化的装置,递推地为某种给定的语言生产所有合语法的句子。因此,句法理论的问题就变成了一个使用有限的程序来建构数量上有无限可能的句子的问题。很显然,递归函数理论正好就提供了一个简单的机制来完成这一任务。但是,应该认识到,后布龙菲尔德学派为这一发展做好了铺垫,他们强调通过分析程序获得的语法所具有的可预测性本质。换句话说,在当时,常常只有当由它们所产生的语法能够成功地转化为新语料库时那些发现程序才会被认为是有效的,尤其是霍凯特,他对这一要求非常看重。[①] 因此,从这个角度看来,它再次表明 TGG 可以视作是后布龙菲尔德研究传统的一个具体分支所发展出来的逻辑结果。相应地,在 TMDL 里,乔姆斯基强调了具有预测性的形式语法的可取性,并直接说道,一个 TGG 风格的句法分析方法要求某种递归组成部分来建构所有范围的可能合语法的句子:"如果一个语法没有递归步骤……那么它的复杂性将会是无可救药的……如果它确实包含了递归装置,它就会生产出无限多的句子来"(Chomsky,1956:116)。要特别指出的是,3.3 节所描述的普斯特的递归可数集理论提供了一个有用的框架,它可以在改造之后为理论句法的目的所用。正如前面提及的,普斯特的理论背后有一个直觉,那就是所有属于某一递归可数集的元素,都处于某个一般递归函数的值域之内;在 1959 年的一篇文章里,乔姆斯基解释了为什么这些集合对于 TGG 的基本框架来说如此重要。

> 既然任何一种我们可能感兴趣的语言都是一个无限集,那么我们就可以仅仅通过研究可以列举出 L 语言句子的有限装置(语法)来对该语言的结构进行研究。可以把 L 的语法看成是一个值域恰好就是 L 的函数。这些装置被称作"生成句子的语法"。(Chomsky,1959a:137)

这段话表明,在成熟的 TGG 里,所有合语法的句子组成的集合 L 都被看成是一个句子的无限集,其元素可以通过函数 g 来生成,这里的 g 构成了语言 L 的语法。值得指出的是(正如 3.3 节表明

---

① 详情请参看 Matthews (1993:133ff)。

的),甚至这里所使用的术语都昭示了两个理论之间的关联:普斯特频繁使用动词"生成"来描述一个递归可数集是如何从与它相关联的一般递归函数中获得的,而乔姆斯基也明确承认这个术语的来源,表明这些技术是他直接从普斯特的作品改造而来。在他使用了短语"生成句子的语法"后所跟进的脚注里,乔姆斯基补充说:

> 沿用一下对"生成"这一术语的一个大家所熟悉的技术性应用,参见普斯特(Post,1944)。但是,这里的措辞是具有误导性的,因为它被错误地解读,以为它意味着这些生成句子的语法是从讲话者的视角而非听话者的视角来考虑语言问题的。实际上这些语法的视角是完全中立的。比较一下乔姆斯基(Chomsky,[1957b],p.48)。我们可以把 L 的语法看成一个把整数映射到 L 的函数,列举的顺序对于这一纯句法研究来说是不重要的(而且是容易用很多方式可以指明的)……(Chomsky,1959a:137. n1)

这段话表明乔姆斯基对普斯特有关递归可数集合的作品是"熟悉的",而且前者是有意识地改造了后者曾经使用过的术语。在接下来的整个讨论中我们都要记着这一事实,因为这很关键:要认识到乔姆斯基非常熟悉普斯特本人的研究,但他有关递归可数集合的观点并不是简单地从该理论后来的阐释中获得的。

上面的讨论表明,正如在 1950 年代时所提到的那样,TGG 需要"递归装置"(Chomsky,1956:116),以便从一个有限语法中生成数量无限的句子;尽管普斯特为这一设想提供了某种动力,但乔姆斯基有关这些话题的观点还直接受到了巴希尔作品的影响。例

如正像前面指出的,乔姆斯基曾经在 LSS 中说过:

> 巴希尔曾在某个时刻建议说,递归定义在语言学理
> 论中可能是有用的;不管到最后是否真是这样,此时此刻
> 我是同意他这些话的精神的。(Chomsky,1955a:45)

那么,递归技术在 TGG 中得以广泛使用,并且该理论的递归方面在 *LSLT* 中得到精细的阐释,也就不足为奇了。为了澄清下面的讨论,先来考查一下 TGG 中两种类型的递归。第一种类型涉及对语法有序排列规则的连续应用,而第二种则涉及该语法规则的内含性:这些规则按照定义来讲本身就是递归性的。现在就来依次评估一下这两种类型。

在 *LSLT* 的第七章,乔姆斯基详细讲述了他关于语法短语结构组成部分的基本理论;特别要指出的是,他提议这一组成部分可以具体表示为我们已经熟悉的形式"X→Y"的转换序列,并把这一类型的形式称为"线性语法"(Chomsky,1975[1955]:194)。然而,乔姆斯基很快就注意到,线性语法的有限性本质决定了那些规则序列必须能够得到反复运用。

> 线性语法是一个关涉变换程序的表达序列 $S_1, \dots, S_n$,其中每一个 S_i 都具有 $X_i \rightarrow Y_i$ 的形式。我们可以通过依次应用变换程序 S_i(可以理解为:"改写 X_i 为 Y_i"的命令)从这一线性语法中生产出各种派生结构来。我们把所有的 S_i 区分为两种类型的变换程序:必须运用于每一个派生结构的生产过中的那些必有变换程序,和可能会用到也可能不会用到的可有变换程序。在运用所有必有变换程序和若干可有变换程序的情况下,能够用来处理

线性语法的手段非常有限，因此线性语法 $S_i,\dots,S_n$ 只能
生产出数量有限的派生结构来。这在初级阶段的层次
[如音位层、句法范畴层等]上还不是一个难题，但是我们
知道一种语法必须能够通过某种机制来生产许许多多
的、无穷无尽的句子。我们可以通过在派生结构的产生
过程中无限次地操作线性结构 $S_1,\dots S_n$ 的可能性，来允
许 P 层次上的无限生成。如果通过对变换序列进行操
作而形成的派生结构还不能成为 P 中语符串的终端结
点[一个由语素中心语和具有句法功能的词缀所组成的
语符串]，那么就把该序列再操作一遍。如此一来，我们
就可以把线性语法理解为由变换程序 $S_1,\dots,S_n,S_1,\dots,$
$S_n,S_1,\dots,S_n,\dots$ 等组成的若干序列。那么，我们就说派
生结构 D 是通过线性语法 $S_1,\dots,S_n$ 而递归地产生的。
我们把严格意义上的线性语法定义为：它是如此这般地
建构起来的一种线性语法，以至于不可能毫无目的地对
它进行反复的操作。(Chomsky,1975[1955]:194—195)

这段话表明，线性语法中变换表达的反复应用，被(乔姆斯基)视作
一种递归程序，而旗帜鲜明地引入这种类型的递归是为了使得该
语法能生产出数量无限的句子来。联系到 4.3 节中对简约性标准
的讨论，有必要从语法内部的角度来探讨一下变换表达的递归应
用问题。特别指出的是，注意到下面这点是很重要的：对于乔姆斯
基来说，递归规则应用的问题与决定最后产生的语法是否具有简
约性的问题是密切相关的。而下面这一段落很关键：

　　那种允许无限地产生派生结构的递归扩展或许为鉴

定简约性提出了难题。我们或许会问,如果当人们运用
一门语法去构建派生结构时需要的操作次数更少一些,
那么该语法算不算是更简约的。其实是有一些可能的办
法给各种语法加上些条件的。这样就可以消除这种思路
与已经确立的简约性标准之间的矛盾。(Chomsky,1975
[1955]:200—2001)

这段话很有意思,因为它表明,在建构 TGG 时,乔姆斯基不得不
面对各式技术问题,而这些技术问题是由于他为了当下的目的而
既采用简约性标准又采用递归程序所导致的。乔姆斯基并没有继
续详细讲述能够消除这种明显的矛盾的具体"思路",在 *LSLT* 的
第十章,他提议所有的递归程序都应该完全从语法的短语结构部
分移除,这一建议下面将会详细讨论。

正如前面所表明的,如果说对变换程序的重复应用构成了
LSLT 里递归程序的一种类型,另一类型的递归程序则在语法的
短语结构部分所包含的某些规则里有所展示。最初(如上文所提
及的),这种递归是以改写规则的形式引入的,如"X→YX",其中
箭头左边的范畴"X"也出现在了规则的右边,即"Y X"中。乔姆斯
基在 *LSLT* 第七章有关这一话题的最初陈述,讲明了这些规则在
TGG 中是如何被使用的:

> 当我们转向短语结构层时,我们发现某些规则或许
> 有递归的特点。因此,名词短语 Noun Phrase (NP)或许
> 可以这样来分析:即它的组成部分之一可能也会是一个
> 名词短语 NP,诸如"the man who made the discovery is
> my brother"之类的句子就是这样,它可能通过以下一些

变换手段派生而来:

(i) NP→NP$_1$ ⌒ who ⌒VP

   VP→V⌒NP[3]

通过运用专管短语结构的那部分语法,这种类型的变换
程序就可以允许数量无限的句子生成……。(Chomsky,
1975[1955]:171—172)

显而易见,乔姆斯基在这里所给出的形式(用巴希尔的话来说)是
"伪装的递归"(巴希尔,1953:163)因为他没能提供终止递归所必
需的 NP 的各种定义,它们是被放到那一章后面关于该话题的主
要讨论中被提及的。但尽管如此,基本事实还是清楚的:在 *LSLT*
所提议的语法类型中,其短语结构部分是包含了递归规则的。上
面例子中的规则表明,NP 可以改写为自身反过来又包含着另外
一个 NP 的更大的结构(包含有关系从句),如此等等,循环往复;
至少在理论上看是可以这样的,即便事实不会这样。第七章其余
的部分是对 P 层(即,语法的短语结构层次)基础结构的抽象的理
论探讨;当乔姆斯基在第八章里真正开始提供英语语法中的这一
组成部分时,他介绍了很多的递归改写规则。有时候这些规则所
采用的是可以潜在性地无限扩展的形式。例如,在讨论动词短语
结构时,乔姆斯基提出了以下的规则:

Sentence(句子)→NP VP

V P→ V P$_A$⌒V P$_1$

V P$_1$→< V P$_B$> V P$_2$

V P$_A$→V P$_{A1}$< V P$_{A2}$>

V P$_{A1}$→{C,ed} < M >

$$V\ P_{A2} \rightarrow <\text{have} \frown \text{en} > < \text{be} \frown \text{ing} >$$

$V\ P_B \rightarrow Z_1 < Z_2 < ... < Z_n >>>$,其中每一个 Z_i 都
是这样的一个形式

$$V_c \frown \text{to}, V_\gamma \frown \text{ing}$$

(Chomsky,1975[1955]:249—250)

其中 V P_A 和 V P_B 都可以生成某种助动词结构,不同之处则在于
VP_B 的定义方式是允许数量无数的 Z_is 生成的。为了演示这组特
定的规则是如何运作的,可以看一看句子"John wants to read the
book"是怎么能够通过给定的变换而获得的:

Sentence(句子)

NP $\frown$ V P

NP $\frown$ V P_A $\frown$ V P_1

NP $\frown$ V P_A $\frown$ V P_B $\frown$ V P_2

NP $\frown$ C $\frown$ V P_B $\frown$ V P_2

NP $\frown$ C $\frown$ want $\frown$ to $\frown$ V P_2

John $\frown$ C $\frown$ want $\frown$ to $\frown$ read $\frown$ the $\frown$ book

(Chomsky,1975[1955]:250)

正如这些例子表明的,递归规则从开始就被引入到了 TGG 的短
语结构部分中;也就是说,它们出现在负责生成基本句子核心部分
的那部分语法中,从而使得数量无限的结构得以生成。不过,由于
乔姆斯基在 *LSLT* 的第九章和第十章开始详解转换理论,他不得
不减少了短语结构部分中的递归元素。更具体来讲,随着理论的
发展,递归规则被彻底地从短语结构部分移除,放到了语法的转换
部分。此外,乔姆斯基还建议,就连上文所讨论过的那种允许反复

地依次应用变换表达程序的第一种类型的递归，也应该被移除。最终，由于有这些发展变化，乔姆斯基在第十章的结尾处做了如下的声明：

> 在进行这种分析的过程当中，我们发现该短语结构语法有关递归的很大一部分……被剪除掉了。似乎有理由提出形式化的要求，不让递归出现在核心语法中。具体点来说，我们排除了像$[V\ P_B \rightarrow Z_1 < Z_2 <...<Z_n>>>]$这样的程序表达，也抛弃了那些允许无数次地运行语法的构式……。我可以确定的是，这种对 P 的形式化要求并不会把那些我们希望保留在 P 中的东西排除掉；也不会把任何人工的或笨拙的限制强加于对应于 P 的语法的真实句子上，既然转换分析提出了一种不同的生成句子的方法……既然转换分析的更高层次已经确立，那么就没有必要再要求短语结构语法的生成是无限的了。由于 T 层已经形成，转换派生的过程本身就是递归的，因为 T-标记的产品自己就可以出现于 T-标记的 P 基础里。——(Chomsky,1975[1955]:516—518)

短语结构部分不应该包含递归成分的要求，保证了语法的递归部分必须全部在转换部分被执行；在当时，这一进展无疑强调了乔姆斯基式转换概念潜在的重要性。不过，正如上面的摘录所表明的，无论是位于短语结构核心还是转换结构里，TGG 都要求有递归规则，因为这些规则能够使得语法 g 生成递归可数语言 L 中所有的句子，而且，正如上面所暗示的，这些规则显然根植于递归函数理论。

5.7 形式句法

　　本章前面几节讨论了 TGG 中与形式科学所使用的具体技巧有关的若干问题。在这最后的一小节里,我们将会讨论 TGG 和形式主义的普遍对应关系。3.7 节所尝试表明的是(夸张的)形式主义教义的关键概念在 20 世纪的前几十年里是如何在那些具有数学倾向的语言学家中间传播扩散开来的;毫无疑问的是,TGG 的很多典型特征都来自于 2.8 节所提及的那类源头,因为在 1953—1957 年间发表的文献中,频繁地出现了那些明确指出了具体出处的参考文献(例如奎因的《数理逻辑》和罗森布罗姆的《数理逻辑元素》)。在一定程度上,5.4—5.6 节的讨论已经预示了下文的分析,因为我们已经知道与证明论有很强关联的具体方法(如递归规则的使用等)在比较早的时期里就已经融入在 TGG 里了。但是,还是有必要来进一步说明一下形式主义对该理论的全面影响。

　　正如 3.7 节详细讨论过的,将语言学理论形式化这一需要,在 1940 年代后期的某些研究团队里变成了一个迫切需要解决的问题,而这一任务一部分是由某些后布龙菲尔德学者(特别是布鲁赫、威尔斯、赵元任、霍凯特和哈里斯)在 1950 年代中期所完成的。正如前面所指明的,哈里斯对于逻辑学和元数学的同期发展是知晓的,因此他鼓励年轻的乔姆斯基去上有关数学和哲学的课也就不足为奇了。因此,尽管下面这段乔姆斯基发表于 1975 年的回忆录中的段落已经在本书导论部分引用过了,但还是值得在此再次引用，因为它精彩地揭示了 1950 年代早期 MIT 多元的知识气候。[①]

> 或许，对《语言理论的逻辑结构》写作之时波士顿剑桥城知识界的整体气候做些补充说明会比较有用。语言交际和人类行为的交叉学科研究方法当时非常流行……那时，牛津的日常语言分析理论和维特根斯坦的后期作品正在引起人们的极大兴趣。如何把这些方法与奎因关于语言和知识的大胆想法进行调和（如果可能的话），这样的问题困扰着很多学生。数理逻辑，特别是递归函数理论和元数学，开始变得越来越普及，这些领域的发展似乎也为更精确地研究自然语言提供了工具。所有这些，我自己都觉得非常令人兴奋。(Chomsky, 1975[1955]: 39)

这里明确地提到"数理逻辑""递归函数理论"和"元数学"，它清楚地表明这段时期语言学和数学之间是亲密地联系在一起的。正如第三章已经展示过的，这足以使逻辑学和元数学领域内的各种新进展成为启发青年语言学家的有力的灵感来源。尽管如 4.5 节及其他一些章节所表明的，逻辑学和自然语言关系的确切性质曾是一个经常被争论的话题。然而，或许如所有回忆录一样，我们不应该完全相信上述评论，但即便如此，还是有很多同一时期的证据表明，乔姆斯基从他直接的后布龙菲尔德前辈中继承了这样的思想，即来自元数学的方法经过改造后可以为句法理论提供有用的工

---

① 应该要提到的是，尽管 *LSLT* 的引言（这里引用了其中的一部分）出现在于 1975 年出版的 *LSLT* 里，但它的写作完成时间则是 1973 年。

具。如前面所提及的,特别是参照乔姆斯基自己的作品来看,很有必要强调这样一个事实:他那本 *LSLT*(《语言理论的逻辑结构》)厚厚的手稿的标题似乎很明显是与他自己关于卡尔纳普有关逻辑句法的研究(其英文译本翻译为 *Logical Structure of Language*)联系在一起的。二者的主要不同只是,卡尔纳普表露过他主要关注的是语言的逻辑结构,而乔姆斯基则热衷于强调他对用于分析自然语言的语言理论的逻辑结构更感兴趣。注意到这里所强调的不同之处是很关键的:乔姆斯基的标题暗示着,尽管要证明自然语言的结构可以简化为逻辑的形式或许不大可能,但是却当然完全有可能用逻辑的方式来精细地阐释语言理论的结构。显然,尽管侧重点有所不同,但乔姆斯基似乎还是很乐意把他自己(在一定程度上)旗帜鲜明地与逻辑哲学的(至少如卡尔纳普的研究所体现的那种)形式主义传统联系起来,即使这种联系的意图主要是为了阐明他自己研究方法的区别性特征;正如前几节所表明的,这种联系是对后布龙菲尔德学者中某些成员所提倡的更加形式化的语言学方法的自然延伸。

如果考虑到元数学的发展在 1950 年代时在语言学家中的普及性,加上某些后布龙菲尔德学者在努力通过采用更(元)数学的方法,发展一种更加系统化的语言学方法,那么再来看当 TGG 在 1950 年代中期开始汇合时大力强调形式化理论的地位这件事,也就不觉得惊讶了。事实上,乔姆斯基在 *LSLT* 第二章讨论的就是这个问题,他当时正在描画的蓝图中的这个研究项目其形式化的性质是非常清楚的。

从严格意义上来讲,一个词、一个论证、一个范畴或一个理论,如果它所处理的是形式而不是意义,也即,如果它处理的仅仅是符号的外形和组织安排的话,那它就是"形式的"。从这个意义来看,任何分布理论或论证都是形式的。但是"形式的"一词有误导之嫌,因为它会暗含有"严谨""清楚"等信息。我心里想的是,当我们表达后面的意思时,我们就用"形式化的"一词。那么,一个形式化的理论,就是一种按照清晰的严谨性与精确性的标准建构起来的理论:各种定义应该以这样一种方式来给出,即:所有被定义的术语通常都是可以被消减掉的;而公理和证明的方法则能够得到精确的说明。这样我们就有了一个旨趣或者在于形式或者在于意义的形式化理论。当然,一个形式化的理论并不一定就是可接受的或具有启发性的理论。而说某个题材构成了所提议的某种形式化理论中的某种预期解读这一事实,也并不会因此就赋予该题材或该理论本身以任何人们所希望它们拥有的属性。很有可能所构造出来的形式化理论要么包含着一些没有意思的解读,要么在其预期的解读中带有一些未经合理推导的直觉性的东西或某些人们所不愿意看到的东西。而我们这里所关注的是建构一种关于语言形式的形式化理论的可能性,以及在建构这样一个理论时可能会涉及的一些问题。(Chomsky,1975[1955]:83)

假如把这样一段话(或至少是其中的一部分)所表达的内容放在2.8节里所讨论过的任何一本教科书中都不会有什么不妥;显然这里所提议的关于句法理论的基本方法,与布龙菲尔德为理论语言学所推荐的公理演绎方法是完全一致的。实际上,本书前面的部分应该已经说明了上面段落的内容是如何深厚地植根于某一特

定的文化传统中的——也就是说,在 19 世纪时,为了保证微积分
的基础的稳固地位,柯西曾使倾向于追求更大"严谨性"的运动得
以复活,而到 20 世纪时,主要是在逻辑主义和形式主义的影响下,
这一潮流蔓延到了很多其他的科学学科。不过,在我们继续讨论
之前,我们有必要强调一下乔姆斯基对于将语言学理论形式化这
一任务的态度。

　　正如上文所表明的,对于乔姆斯基来说,目的当然并不是为了
形式化而形式化:任何理论都可以转变成一个"形式化的"理论,
但是这并不能保证这个理论就是"具有启发性的"。因此,提出形
式的语言学理论的动机并不是要使语言学家免于艰巨的、复杂的、
混乱的数据分析任务;形式化的过程之所以是可取的,主要是因为
它让人们把关于特定语料的具体假想更加精确地表达出来。诚
然,对乔姆斯基而言,形式化从来就不是一个只有当理论建构已经
完成的时候才能去做的毫无思想的呆板行动;相反,它是理论发展
过程中的一个根本的方面。诚然,正如他在 *LSLT* 的其他章节所
做的评论:"形式化本身可以在发现问题的过程中扮演非常具有创
造性的角色"(Chomsky,1975[1955]:59)。

　　在上面长篇引用过的有关形式化的段落里,乔姆斯基仅仅用
非常概括的文字提到了"公理和证明方法"的使用。但是,TGG 的
公理特性在 1950 年代中期时出现的用各种方式表达过的基本理
论里就已经非常清晰。不过,还是要再次说明一下,有必要对乔姆
斯基本人在对其基本理论进行阐述时所采用的方法,和在这一理
论框架下进行语言分析时所采用的方法之间做一基本区分。比如
LSLT 的主要章节明显揭示出了乔姆斯基理论阐释的公理演绎特
征。随便举一个例子吧,当乔姆斯基在说明他用来指代"ρ(NP,

the ⌒ man)"(它意味着"the ⌒ man"是一个名词短语 NP)这样的关系时引入了"表征关系"ρ,他为此提供了详细的公理和定义,并进而在此基础上演绎出了定理。例如,这些公理和定义采用了诸如以下的形式:[①]

公理 1:ρ 是非自反的,不对称的,及物性的,并且是非连接性的。

公理 2:P 是一组语符串 X,且对 Y 来说,ρ(X,Y)。

而其定理则是利用这些公理和定义按照标准的公理演绎方法来建构出来的。仅就这两个例子来看也是非常明显的,与布龙菲尔德和布鲁克(3.2 节讨论过的)不同,乔姆斯基并不满足于用自然语言来描述他的各种技术构件和程序;因此,他引入了一套丰富的符号性元语言,以使各种公理和定义能够被尽可能精确地描述出来。

作为一个语言学理论,TGG 的整体表述方法暗示了对公理演绎方法的偏好,同时还应该着重强调的一个事实是,从 TGG 的角度看,其基本的句子建构机制也可以被归类为一种公理演绎程序。让我们且来看一个陈述,这个理论的基本原理在 TMDL 里已经明确讨论过了,在这一陈述里,乔姆斯基似乎提倡的是一种对其理论明显的公理演绎式阐释,因为他把短语结构部件的核心组成部分描绘成了下面的样子:

一个短语结构语法可以通过数量有限的词汇表(字

---

① 关于这一具体例子,参看 Chomsky (1975[1955]:175)。

母表)V_p和一个由 V_p 里的初始语符串所组成的有限集 $\sum$ 以及一个由形式规则 $X \rightarrow Y$(其中 X 和 Y 是 V_p 里的语符串)所组成的有限集 F 来定义。(Chomsky,1956：117)

这段文字让我们想起希尔伯特在证明论传统下为元数学的形式系统所做的说明,与此相应的是,它暗示着,短语结构语法的组成部分可以被视作某种特定的形式系统。我们可以通过如下对语法的描述获得对这一解读的暗示信息:语法是由一个由数量有限的字母所组成的初始要素表 V_p 和形式规则 $X \rightarrow Y$ 所构成,将它们同时结合起来用以创造出合法的公式(即合语法的句子)来。例如,这种类型的一个简单的短语结构语法可以采用下面的形式(比较Chomsky 1957b:26)表示:

(i) Sentence→NP ＋ VP

(ii) NP→T ＋ N

(iii) VP→Verb ＋ NP

(iv) T→the

(v) N→man,ball,etc.

(vi) Verb→hit,run,etc.

在这个例子里,每一个合法的公式(即合语法句)最终都是通过以规则(即变换)为手段从作为初始符号的"句子"派生出来的。这说明,乔姆斯基从一开始就认为,生成合语法句子的任务可以和有限证明论的任务相比拟。而对诸如"合法的公式"(它是直接从元数学文献中借鉴过来的,在早期的 TGG 文章里就使用过)之类的术语的使用,则同样彰显了这一对应关系的程度。为避免有人对有关句子生成和证明建构之间的相似性有所怀疑,乔姆斯基自己曾在 1950 年代时就在几个不同的情形下明确宣称过这一联系。例如,他在 *LSLT* 中讨论到句子是如何通过形式化的 TGG 风格的语法框架派生而来的时候曾说明,派生的过程"大体上类似于一个证明"(Chomsky,1975[1955]:67),而这一关于语法的句法结构派生与在元数学框架下所进行的建构证明之间看起来并不为人所熟悉的相似性,结果却变成了 TGG 风格下句法理论的更具特点的标志特征之一。

正如上文所示,在写于 1955—1957 年间的那些主要的开创性理论阐释中,他把 TGG 风格下的各种语法描述成仿佛它们本来就是些个形式系统,而把句子生成的过程则看作是与证明论演绎的任务相似的过程。这些设想对 TGG 倡导的句法理论类型产生了深刻的影响。例如,正如早些时候已经指出过的,在希尔伯特的证明论里,意义的作用必须要缩简到一个最小值(事实上,一些极端分子对它是彻底否定的),因为有效证明的构建工作被认为是一项无意义的任务,只需要通过一系列纯句法的操作来完成就行了。这一方法的优点是它提供了一种普遍的公理演绎框架,使得在任何形式系统中都可以不通过任何具体的值域应用就可以获得有效推导。也就是说,这一理论抽象的普遍性似乎使得理论的不确定性得到削减。再加上 TGG 风格的句法分析与证明论的明显相似性,在宏大的 TGG 框架内部(就像在布龙菲尔德-哈里斯的传统下一样)语义的地位因此就被最小化了,而抽象的句法结构则被认为具有根本的重要性,这也就不足为奇了。例如,在 *LSLT* 的前言(在写作了 *SS* 之后才加到 *LSLT* 里的)部分,乔姆斯基曾详细讨论了句法学和语义学的区别。

　　语言学理论有两个主要分支:句法学和语义学。句法学是对语言形式的研究……而另一方面,语义学关注的则是语言表达式的意义和指称……句法学和语义学是不同的研究领域。我们还不清楚它们彼此之间互相借鉴多少东西,或者至少这点还没有人清楚地说明过。下面几页研究内容的对象将是句法结构,我们将把它作为语言学理论的一个独立方面来进行研究……我们之所以在发展句法时有不想依赖于意义的强烈愿望,部分地是受到一种感觉的驱动,那就是,关于意义的理论在客观性和操作可证实性方面连某些最起码的要求都满足不了。

(Chomsky,1975[1955]:57)

有了之前提到的 TGG 的形式主义倾向,那么上述引文就没什么可让人惊讶的了;正如已经在多个情形下指出过的,这种对"形式"而非"意义"的迷恋在当时已经变成(至少是)自布龙菲尔德以来某些种类的语言学研究的典型特征。因此,这种类似的倾向在 LSLT 和 SS 所描述的句法理论类型中表现出来,也就并不令人惊讶了;LSLT 和 SS 中的合语法句就是全部用它们的形式结构来定义的,而没有提及语义。因此,或许可以把 TGG 和证明论之间的明确联系看作 20 世纪前半叶句法理论形式化倾向的另一个体现,而这一点最终导致了句法学从语义学分离出来。

在以上内容的启示下,有必要来讨论一下乔姆斯基当时为了解释他的研究之所以要提倡合语法性的纯句法定义的合理性而做的辩护。按照标准的做法,他的基本假想似乎是,合语法性(grammaticality)这一与"合法性"(well-formedness)的概念反复联系在一起的概念,完全可以不参照意义来进行鉴定:

　　　　无论从哪个意义上讲,"合语法性的"概念都无法用
"有意义的"或"重要的"来进行鉴别。句子(1)和(2)同样
地无意义,但是任何讲英语的人都会认出来只有第一个
是合语法的。

　　　　(1) Colorless green ideas sleep furiously.

　　　　(2) Furiously sleep ideas green colorless.

　　　　这些例子说明任何为"合语法性"寻找基于意义的定
义的努力都是徒劳的。(Chomsky,1957b:15)

这一论证基本上是对已经在 TMDL 中提到的内容进行的再次阐
释;这也再一次表明,逻辑哲学形式主义传统的影响是很清楚的。
例如,上面这段文字里乔姆斯基使用的著名例子和大体论证,似乎
明显回应了卡尔纳普在他的 LSL 中所介绍的那些观点。正如 3.7
节所提及的,卡尔纳普为了证明可以不参照语义考量而使用纯句
法的方式就可以分析合法性,专门造了这么个句子:"Pirots
karulize elastically";显然,乔姆斯基为了说明同样的基本观点,也
采用了类似的策略。诚然,值得指出的是,卡尔纳普的例子实际上
要比乔姆斯基的更加极端,因为从语义角度来看,新造词的使用使
情形更加复杂了,但毫无疑问的是,这两种论证所传达的要旨在本
质上是相同的。

　　　显然上面总结的论证类型被看作是适用于每个层次上的句法
研究的;也就是说,其主要主张是,任何一种合乎情理的、地道的句
法理论都会使自己(如果可能的话)从对意义的考量中完全摆脱出
来。然而,尽管对这种一般性的主张加以思考是足够重要的,但是
探讨一下乔姆斯基在他关于 TGG 的详细论述中是如何处理意义
的问题同样能说明很多问题。这里姑且只举一个出现在 LSLT

里的此类例子,当乔姆斯基鼓励人们除可以使用语法短语结构部分的变换手段之外,还可以使用其他一些转换手段时,曾这样说过:

> 我们不想让转换依赖于特定语符串(即为达到转换的目的而由 Z[即通过核心句来产生的一个语符串]分解而来的具体语符串)的"内容",而只想让它依赖于这些子语符串的数量和顺序。只有这样的转换才能反映出语类和语符串之间的普遍结构关系。一旦我们依照某些结构上的特征找到了总结语法转换特点的某些固定的方法,那就可能把这一具有固定形式的特征描述的复杂东西作为对给定的那些语法体系进行评估时的一个特征来加以考虑。(Chomsky,1975[1955]:315)

有了前面的讨论,大家对这段话的重点应该已经很熟悉了:乔姆斯基希望能确保转换不需要把语义信息考虑在内,因为只有这样的一个系统才能使转换反应出"普遍结构关系"。这里(以及散落在 *LSLT* 和 *SS* 中的类似段落里)的言外之意是很清楚的:乔姆斯基所设想的是,句法形式是可以完全独立于意义之外来分析的;正因为有这样的设想,他在 1950 年代中期时所提议的理论类型就自然显露出了它的一些形式主义灵感。它至少证明了自 1940 年代叶尔姆斯列夫区分无意义的元数学和有意义的自然语言分析以来,句法理论已经又向前行走了多远的路程。事实上,相比起那些第二代形式主义者们(如 1930 年代时的卡尔纳普)来,乔姆斯基的立场要更加极端。因为,正如上文所示,卡尔纳普坚持认为,由于其复杂性,人们无法充分地使用原本是为分析形式语言而设计的那些方法来对自然语言进行分析；而到了 1950 年代中期，乔姆斯基已经开始对这种观点提出挑战，他采纳了来自数学、逻辑学和元数学中的各种方法，并把它们用于对自然语言的分析。为了完成这一任务，就有必要假设自然语言和形式语言是适宜用相似的分析技术手段的。人们知道人类语言具有明显的多样性和各自的特异性，那么现在这一假想就迫使他去发展一种抽象的句法理论，以寻找在明显的表面不规律性之下潜藏着的深层次规律性，而这样一种类型的研究项目在很大程度上确定了生成语法从 1950 年代直至现在的发展路线。

6. 结　语

　　正如本书导论部分曾经指出并且在随后的几章所证实过的，本书显然是一次史学编纂的习作；总体的目的始终是要揭示 20 世纪形式科学对语言学理论发展所产生的影响的性质和程度；着重强调的是 TGG 的出现。因此，此时此境，恐怕值得去总结一下我们深思过的那些主要议题，从而对之前的章节所陈述的各种相互交织的研究之中心结论进行一下评述。

　　本书几个不同章节都在尝试完成的主要任务之一是对布龙菲尔德关于基础危机问题和（特别是）形式主义问题的兴趣点的某些方面，还有对那些似乎预言了 1950 年代时烦扰具有数学思维的语言学家们的若干方面的问题进行重新评价。特别注意的是，本书指出，布龙菲尔德关于语义考量在自然语言研究中不值得信任的著名论断很有可能是受到他关于希尔伯特证明论方法的知识的影响，希尔伯特证明论的这些方法（至少在它们比较流行的形式里）建议在（元）数学证明时要避免语义考量，而偏好无内容的句法操作。总体上来说，近来的研究忽略了布龙菲尔德那种对 1920 年代和 1930 年代关于基础性问题辩论的知识以及语言学与数学之间关系的专家式的兴趣。然而，如果布龙菲尔德自己对自然语言的研究确实像第三章指出的那样部分地受到了形式主义的影响的话,那么彻底认清这一事实就有可能会帮助解释为什么我们会觉得那个从其研究中发展壮大起来并由后布龙菲尔德学者们发扬光大的发现程序,与 1940 年代和 1950 年代时形式科学中所采用的各种方法之间会存在相似的特征。本书所提供的结论是,形式科学和后布龙菲尔德语言学之所以似乎采用了相似的方式来完成他们的各自不同的任务,部分地是因为这两个学科所使用的方法在20 世纪上半叶都直接地受到了形式主义的影响。此外(也更具体地)布龙菲尔德是在语言学中使用公理演绎方法的早期倡导者(可能是最早的?),这一方法是在 1940 年代时率先由布鲁克,然后由巴希尔、哈伍德和 1950 年代时期的其他语言学家所复兴的;在 SS 出现之后,它逐渐地成为句法分析的主导方法。因此,从布龙菲尔德 1926 年关于语言研究的一整套假设中,或者说得更宽泛一点,从他对于当代数学的极大兴趣中可以找到句法理论和证明论之间的相似性(这一点乔姆斯基曾在 *LSLT* 中明确说过)在语言学方面的源头。

如果说前面几章的任务之一是要重新估价布龙菲尔德的语言学研究的数学方面的成就,那么巴希尔的工作也可能用同样的方式被还原了。正如前文所提及的,乔姆斯基曾经说过他把巴希尔看作是 TGG 发展的一位"建设性参与者"(在 Kasher,1991:6 中引用过);我们希望这里所呈现的对巴希尔作品不同方面的各种探讨已经在很大程度上证实这一称号是符合实际的。需要特别指出的是,本书还向大家展示出,巴希尔直接回应了布龙菲尔德有关数学与自然语言之间关系的某些观点,同时,他在探索逻辑与语言学理论之间的关系方面也是颇有助益的。他对阿吉图库威茨作品的推广,把利沃夫-华沙学派的逻辑学家们的思想迎进了语言学界的大门,并最终催生了范畴语法的出现,因此应该算作是把逻辑学技巧包含在句法分析系统里的一次早期伟大的尝试。所以,在一定程度上,巴希尔是在 1950 年代早期使得语言学和逻辑学之间的相互融合真正成为可能的主要研究者之一。此外,在以句法分析为目的而借用递归定义,以及声称自然语言和人工语言本质上是同等类型的语言学系统这些观点上,巴希尔都影响和刺激了乔姆斯基,促使他更精确地构建起自己的观点来。乔姆斯基有时候同意巴希尔(例如,关于在句法理论中使用递归定义这一点),有时候却并不同意他的意见(例如,关于在自然语言分析中使用逻辑语义方法这一点),但是,不管怎样,他都始终不变地感觉到有必要认真考虑巴希尔介绍的各种观点所蕴含的意义。他们之间联系的紧密性以及分歧的具体细节,在过去还没有被充分探讨过,结果就是巴希尔从 TGG 的官方历史中被逐渐淡去了。所以,从一定程度上说,我们希望这本书能够揭示他的重要地位。

如果说这本书已经将蒙在布龙菲尔德和巴希尔身上的尘雾拭去了一些,那么可能同时也完成了第三个方面的复原工作(或者甚至也可说是第三个"和"第四个方面的还原工作:这取决于古德曼和奎因是否足够相同以致可以被算作是同一个组别)。无论是与否,这个研究的目的之一就是要探索古德曼和奎因的作品对 TGG 发展之影响的性质,特别是因为这个话题常常被忽略掉。正如早先提到的,这种忽略是非常令人费解的,因为乔姆斯基自己曾经提请人们要思考这些论题。比如,在 SS 的前言部分,在恭敬地感谢了哈里斯的帮助后,他补充道:"虽然看起来可能并不是那么明显,但本研究过程也受到了纳尔逊·古德曼和 W. V. 奎因作品的强烈影响"(Chomsky,1957b:6)。因此,为达到这一还复目的,本书某些章节对这一影响的探讨比以往出版的那些文献要更加详细具体些;也因此,本书对 TGG 的各个方面都进行了一番(重新)评价。例如,乔姆斯基最早的作品中所使用的简约性标准,就可以看作是对古德曼建构系统中基础简约性的直接运用。此外,本文还向大家证明,乔姆斯基所发表的第一篇论文 SSA 显然是要尝试把哈里斯式的发现程序和古德曼在 SA 中发展起来的建构系统融合起来。这些早期的(即 c.1954 年之前的)项目表明,在这个阶段,乔姆斯基仍然把语言学看成是需要自动发现程序阐释的经验科学。但是,在 1953—1954 年期间的某个时刻,他似乎开始拒绝某些与他从古德曼那里(和从奎因那里,虽然程度上稍逊一些)学到的建构性唯名论类型有关的哲学思想,而这一拒绝的很多后果之一就是(依次地)先拒绝在语言学理论中使用发现程序,而后偏好设计用来从相互竞争的语法中做出选择的评估程序(或许这些拒绝的发生顺序正好相反? 抑或它们实际上是同时发生的?)。正如之前的讨论所示,之前人们还从未把乔姆斯基对语言学方法论的目的和功能这一认识上的深刻转变,与他对于建构性唯名论态度的改变结合起来评价过。由于乔姆斯基现在已经被人们普遍归类为是一位自觉自悟的"思想家",那么人们有时候很难接受在 c.1954 年之前乔姆斯基似乎曾经是一位古德曼-卡尔纳普类型的逻辑经验主义者这一事实,但是他最初的出版物和手稿所包含的证据却似乎确实指向了这一结论。但是,应该要强调的是,虽然乔姆斯基对发现程序的拒绝与排斥包含了他对于逻辑经验主义的拒绝与排斥,但他当作更好的替代物而提议的评估程序(即简约性标准)却是植根于古德曼和奎因的作品中的。事实上,一个奇怪的事实是,尽管乔姆斯基显然已经把建构唯名论看成是对语言学有不利影响的,但恰恰就是这同一个理论却为他提供了用来重新定义句法分析方法的技术程序。这一结论被公认为是非常复杂的,但是我们希望这里所提供的复杂事实,比之前描述 TGG 起源的那些代表性的史学研究中轻描淡写的陈述(或者,更糟的是可怕的沉默)要更接近真相一些。

除了以上所总结的三大话题之外,我们也获得了一些其他的小启示。例如,关于非 TGG 的一些话题和一些已被遗忘的语言学家被重新提起,其中最著名的是哈伍德,他为了给句法理论提供形式公理方法而付出的早期努力似乎很不幸地早已从人们的集体记忆中淡出。此外,关于 TGG 方面,本书还初步探讨了怀特的批判性文章对乔姆斯基排斥逻辑语义学所产生的影响;这一联系也是以前未曾被充分认识到的。事实上,本书对这一话题(即 1950年代早期奎因-怀特风格的分析哲学对 TGG 的影响)的处理也只是粗略地勾勒了一下而已,而怀特-乔姆斯基的关系尤其有待进一步的综合考查。此外还有卡尔纳普的逻辑句法研究对 TGG 的影响,这两者之间的联系也是一个虽然在过去已经得到普遍承认但却未曾深入讨论的问题。具体地来说,本书对卡尔纳普的转换概念与乔姆斯基的转换概念之间的差异进行了探究,以期能把这些术语的复杂性阐述清楚。不过,从总体上来看,本书最大的成就可能还是把 TGG 与曾经深刻地影响了 20 世纪早期科学方法的两大知识运动即形式主义与逻辑主义联系在了一起。事实上,这一具有普遍性的问题似乎正是各种研究路线最终会殊途同归地朝向的唯一终点站。通过把焦点放在句法而非语义上，通过使用以逻辑为基础的概念系统，通过确定证明过程与生成合语法句之间的相似性，通过使用诸如递归定义和公理演绎等的程序，TGG 毫不含糊地透漏了它与形式科学之间的联系。

在总结完本书所讨论的主要话题之后，我们有必要来简单强调一下那些本书未能提及的主要问题。尤其要指出的是，读者应该还记得，如导论中所说，本书对 TGG 发展史的研究范围，实际上是到 1957 年（这是 SS 得以出版的年份）为止；而之所以把这一时间点选作本次研究的终点，其中一个原因就是为了彰显在各种把 1957 年作为 TGG 的历史起点进行讨论的文献之核心部分所出现的疏漏。而正因为采取了 1957 年的时间上限，所以本次研究没有尝试讨论乔姆斯基的形式语言理论研究，而该理论是乔姆斯基在 1958—1965 年期间学术方面的倾力关注之事。尤其应该指出的是本书没有提及他和米勒与马可·舒森伯格（Marco Schtzenberger，1920—1996）合作发表的作品。不过，这样的一次重新评估其范围显然受到前面几章所关注的各种话题的影响。与此相似，把 1957 年作为选择的断点，也使得这里没有空间来详尽细致地探讨出现先天性假说这一问题；原因在于，尽管这一假说最终成为生成语法的最大特征之一，但是有关这一假说的初始说明是直到 1950 年代后期和 1960 年代早期才被提出的。考虑到这一假说在生成语法理论中后来的主导地位，该理论显然值得重新讨论（尤其是乔姆斯基和埃里克·列内伯格（Eric Lenneberg，1921—1975）之间的互动还有待讨论），但这样一个任务超出了本

研究的范围。除了这些相互关联的话题之外，还有一些与 TGG
发展有关的特别有意思的社会政治方面的问题也需要进一步探
讨。例如，在 1950 年代后期和 1960 年代早期时，关于生成语法的
研究经常受到美国国防部的资助。但是，尽管 1960 年代时该研究
得到了进一步发展，但面向这些项目的那些经费来源却停止了对
此类研究的继续资助，而其他种类的研究，如自动言语识别和机器
翻译的经费支持在同一时期却未见有所缩减。关于这些最初资助
过 TGG 研究的机构它们认识发生转变的原因，也几乎从未被提
及过，而本书也同样还是略去了这一方面的讨论。但这些问题本
身却是很诱人的。例如，当然有可能，国防部在 1960 年代晚期减
少了对生成语法研究的资助只是出于偶然；但大约也就是在这一
时期，乔姆斯基开始大量发表批评美国外交政策的政治观点。

　　我们已经结合形式科学中各方面的发展为 TGG 的起源提供
了一个综述，在惯常的回顾性的史学编纂领域如果将讨论就此打
住或许是个稳妥的做法。不过，对此类调查的结论中不可避免地
存在的那种人为造出来的完美感，我们总是有必要进行抗拒，那么
这里就不妨稍微来延伸一下此次讨论。要继续下去的动因可以很
简单地解释为，它（可能并不出所料地）受到当代人们对生成语法
本质的偏向性看法所促动。或许做如是考虑在此类研究中很不合
时宜，但应该记住，虽然最初形态的那个 TGG 早就已经褪却到了
历史的暮光之中，但是该理论更多的现代变体却仍然如日中天。
诚然，尽管自从 1950 年代后期以来发生了很多改变（即 1960 年代
和 1970 年代时颇具影响力的后来被称为扩展标准理论（EST）的
理论重构、1980 年代时原则与参数（P&P）模型的发展，以及随后

登上历史舞台的颇具争议的最简方案（MP）），但被宽泛地称作
"生成语法"的句法理论的基本要素却令人惊讶地一直保持不变。
结果，这个理论中原来只是大胆设想的某些方面（其中一些最终来
源于形式科学）已经成型并无可争辩地成为它的组成部分。不过，
结果往往最终源自于假设，因此有必要停下来对生成语法所采用
的框架中那些内在的启示意义进行一番评估。

　　关于 TGG 前面几章一直都在强调的一个方面是该理论明显
的公理演绎（准）证明论特征。正如 3.2 和 5.7 节所演示过的，公
理演绎方法在 20 世纪上半期让某些语言学家着了迷，而这显然为
乔姆斯基在 *LSLT* 中描绘的计算句法理论类型提供了概念基础。
事实上，如果将讨论退回到（差不多是）起点的地方，读者应该还记
得李斯在 1957 年为 *SS* 所写的书评中就曾经指出，乔姆斯基的理
论使用了"明显的公理系统"（Lees,1957:378），并表示这是使得
其理论"严谨"的代表性特征之一（Lees,1957:378）；而公理演绎框
架（与伴随它一起的逻辑-哲学-数学的成分）确实一直是自此以来
生成语法的根本组成部分。比如，在其 1995 年关于 *MP* 的陈述
中，乔姆斯基就勾勒了一个 C_{HL} 的基本结构，它是普遍语法（UG）
的计算部分，这一系统的证明论性质非常清楚。例如，它仍然明确
使用了递归（即"C_{HL} 操作系统以递归的方式建构了句法对象"
（Chomsky,1995:226）），而派生结构则是用推导的（而不是表征
的）方式来"生成"的：由初始元素（即最终是词汇的和形式特征的
形式）开始，产生的结果则是语音形式和逻辑形式组成的搭配对儿
（即（π,λ））（Chomsky,1995:219ff.）。尽管我们不可能再在这里
讨论当代生成语法所具有的各种证明论特征的所有方面，但是挖

掘一下保留下来的某些假设的蕴含意义还是可以说明很多问题的；为此，我们将讨论一下该理论的当代版本中关于递归的构成方式，主要是因为递归在生成语法框架中的重要性在近年来得到了很大的提升。

正如上文所示，在《最简方案》（下文称之为 MP）中乔姆斯基曾提到，C_{HL} 的操作"递归地建构"句法对象，之后他又按如下的方式对此类句法对象进行了定义（参看 Chomsky 1995：243）：

定义 6.1：句法对象

　1. 词汇项

　2. K ＝ ｛γ｛α，β｝｝，其中 α，β 是句法对象且 γ 是 K 的语法标签。

乔姆斯基还明确解释说，定义 6.1 的第 2 条提供了"递归步骤"（Chomsky，1995：243）：

> 假设一个推导达到了状态 ∑ ＝ ｛α，β，δ_i，…，δ_n｝，而如果有一个操作可以组成如［定义 6.1，第 2 条］里所示的 K，那么运用该操作可以把 ∑ 转换为 ∑'＝｛K，δ_i，…，δ_n｝，后者包含 K，但是不包含 α，β。（Chomsky，1995：243）

这一总结非常简短，而通过一个具体的例子来说明问题对于我们更好地认识这里所提出的框架将会很有助益。例如，如果假设创造 K 的唯一操作是合并（Merge），那么推导性地创造语言单位就可以主要被视作一个包含了重复应用该操作的过程，一旦初始的计算被映射到一个句法对象上，该过程就会终止。用图式来表示，则为:如果 $\alpha_1, \alpha_2, \alpha_3$ 和 α_4 是一个给定的列举集中的词汇项,那么对于一个起始状态是 $\Sigma = \{\alpha_1, \alpha_2, \alpha_3, \alpha_4\}$ 的推导来说,其中一种可能的后续步骤序列可以明确表示如下:

推导过程:例 1

假设 $\Sigma = \{\alpha_1, \alpha_2, \alpha_3, \alpha_4\}$:

第一步:$K_1 = \text{Merge}(\alpha_1, \alpha_2,)$ 且 $\Sigma' = \{K_1, \alpha_3, \alpha_4\}$

第二步:$K_2 = \text{Merge}(K_1, \alpha_3)$ 且 $\Sigma' = \{K_2, \alpha_4\}$

第三步:$K_3 = \text{Merge}(K_2, \alpha_4)$ 且 $\Sigma'' = \{K_3\}$

乔姆斯基强调说,在推导生成的过程中"除了对词汇特征进行各种重组外没有增加任何新的对象……"(Chomsky,1995:228),因此,整个过程是由合并操作和与词汇项有关的特征决定的。本质上来看,正如乔姆斯基所建构的那样,正是这个"递归步骤"组构起了拥有层级结构的句法对象。更确切地讲,合并使得两个句法对象 α 和 β 能够以一种条例原则的方式得以结合,从而使得从 α 或 β 中派生出来的语法标签能够得以确定,并与这个层级性地组构起来的结构句法对象关联起来。在后来的作品中,是否需要语法标签这点受到了质疑(例如可参考 Collins 2002 和 Chomsky 2000a),不过就算提出了一个无标签的系统,其基本的建构程序也还是一样的。而有意思的是,乔姆斯基并没有明确地把递归和本书 3.3 节所详细讨论过的自指问题以及其他可能的特征属性联系起来,而是主要把它和有限计算关联了起来:一个有限的初始元素集合(即词汇项)和一个有限的操作集合(即合并)被一起用来生成有可能数量无限的层级性结构(即句子)。因此,按照乔姆斯基所说,这个过程的"递归"方面似乎主要包含了一个把自己的一个输出部分

（如例 1 中的那些个 K）作为自己的一个输入部分的操作程序（即合并）。那么，在 1995 年时，可以使无限的结构通过使用有限的手段被创造出来的"递归"组成部分也还是仍然存在于 MP 风格的生成语法假设中的，尽管（不可避免地）它用来表达的具体细节已经发生了改变，因为毕竟这样一个组成部分早在 1950 年代时就被融入到 TGG 里了。

　　尽管如上文所示，1995 年的 MP 中包括了一个"递归步骤"，但是近年来乔姆斯基却表示，递归并不仅仅只是构成了一个先从形式科学中获得、而后又包含在形式语法当中的有用的建构程序，它还可能是构成人类认知功能中与语言相关的一个独特的方面。例如，在 2002 年，乔姆斯基与马克·豪塞尔（Marc Hauser）和特库姆塞·费茨（Tecumseh Fitch）合作发表了"语言官能：它是什么？谁拥有它？它又是如何演化的？"（Faculty of Language：What Is It? Who Has It? How Did It Evolve?）一文，文中这些作者讨论了狭义的语言官能（FLN），他们指出这一术语仅指"抽象的语言计算系统本身，它独立于跟它互动的和接口的其他系统"（Hauser，Chomsky，and Fitch，2002：1571）。此外，他们还明确说道："FLN 的一个核心属性就是递归"，在澄清这一简练的声言之前还解释道："FLN 使用有限的一套元素可以产生出存在无限潜能的不同组配形式的离散表达式"（Hauser，Chomsky，and Fitch，2002：1571）。目前为止，这些在生成语法的传统中没有一个是特别不同寻常的。不过，除了这些熟悉的声言之外，豪塞尔、乔姆斯基和费茨还继续假设，认为 FLN 是"人类特有的"，它主要包含了一个递归组成部分和将句法对象映射到接口层面的程序

(Hauser,Chomsky,and Fitch,2002:1573)。更具体点来讲,这个声言(以下称作"FLN假设")是这样表达的:

> 我们提议认为 FLN——这种递归的计算机制——是在最近的历史时期里才演变而来的,并且它独属于我们所属的物种……在这个假设里,我们提议 FLN 只包含出现在狭义句法中的递归核心计算机制以及映射到接口层面的那些东西。如果 FLN 的范围确实受到如此的局限,那么这一假设所具有的有趣效应就是:它使得目的论变得无效,同时也因此宣布了作为一种修正版的 FLN 其地位还需要进一步讨论。(Hauser,Chomsky,and Fitch,2002:1573)

显然,在当代生成语法的语境下,递归已经开始扮演一个关键的角色。在 1950 年代时,递归定义还仅仅被视作从形式科学中所获得的有用程序,(如巴希尔在 1953 年指出的那样,)可以融入到语法体系中,以辅助语言学的分析。但是,如果上面的假设被证明是正确的,那么在该理论的最新版本里,递归就必须被视作是一个根本性的、为某些特定的物种所特有的属性,它尤其是与语言官能相关联。显然,既然这一论断是如此强大,那么就有必要精确地确定一下"递归的计算机制"到底意味着什么。但不幸的是,豪赛尔、乔姆斯基和费茨在他们 2002 年的文章中有关递归的讨论实在是太过模糊,无法解释清楚 FLN 假设的细节部分。例如,它没有提供任何具体递归程序的正式例子,不过我们做如下猜想恐怕不会有问题,那就是诸如(上面讨论过的)定义 6.1 那样的递归定义是有意设计出来的。但是,尽管这种不确定性部分地是由于缺乏详细的例子所致,部分地则是由于"递归"这个术语(正如它现在在形式科学中被使用的方式一样)在根本上就是有歧义的。正如3.3节简短提及的,从 1940 年代后期开始递归函数理论就既与 λ-可定义性,又与可计算性理论联系在了一起,而这样的联系所带来的一些问题现在必须来探讨一下。

正如 3.3 节所讨论的,哥德尔是提出递归函数理论的主要领军式研究者之一,特别是他在 1931 年和 1934 年发表的作品颇具影响力。但是,在 1936 年有两个数学家提出了关于有效可计算性的不同定义。先是阿隆佐·邱奇,他发表了一篇论文,声称递归函数理论和 λ-可定义性理论之间存在着密切联系,因为普遍递归函数可以被证明是 λ-可定义函数(反之亦然)。接着,阿兰·图灵发表了他早期的文章《关于可计算数字及其在判定性问题中的应用》(On Computable numbers, with an application to the Entscheidungsproblem),文中他引入了计算机器的概念(即现在普遍称为图灵机的数学对象),从而建立了可计算理论,这是一个拥有独特的程序和方法(例如图灵机、图灵可计算函数、图灵论题等诸如此类的方法)的独立的数学分支,最终为 1950 年代电子计算领域的许多新进展提供了理论基础。递归函数理论和可计算性理论之间的关系从一开始就被认识到了,因为这两个理论都尝试要来定义有限的可计算步骤;而哥德尔自己也很快就意识到,图灵的作品提供了一个更普遍的理论框架,它实际上已经包括了他自己的递归函数理论研究。不可避免地,由于对这三大不同的理论之间的联系的认识,递归函数理论、λ-演算和可计算性理论在 1930 年代后期变得互相融合起来,而这一行为的不理想的后果之一是,在(如)可计算性理论框架下所进行的研究(即明确使用了图灵机、图灵可计算函数等的研究)经常会用递归函数理论的方式进行形式表达——反过来也是这样。这种状况显然是不可取的，因为(例如)尽管所有的初始递归函数都可以被重新表达为图灵可计算函数，但是并不是所有的图灵可计算函数都可以重新表达为初始递归函数，因此，如果有人说的是前者但用的却是与后者有关的术语，那么不可避免地就会充满误解。不过，这样的没有助益的做法在有关递归和可计算性的文献中已经变得常见，数学家罗伯特·索拉(Robert Soare)称之为"递归惯例"(Soare,1996:28)。

> 递归惯例赋予了"递归"至少四种不同的意思……这导致了一些歧义……更糟糕的是，这个惯例导致了对该主题基本概念的不精确思考；"递归"这个术语常被用来代指本应是术语"可计算性"所指代的意思。(当使用"递归函数"这个术语时，作者想说的到底是"归纳地定义的函数"还是"可计算的函数"?)此外，有歧义的、很难认清的术语和不精确的思考也会导致科目所在的领域内部与外部的沟通不畅，这就造成了壁垒，使得该科目缺乏进步，因为科学的进步有赖于很多思想的协同合作。
> (Soare,1996:29)

这是一个令人不安的段落，它显然强调了形式科学内部递归概念充满问题的混乱现状。

有了上文所引评论的启发，我们有必要回到豪塞尔、乔姆斯基和费茨的作品上来。显然，有了 FLN 假设之后，第一个任务是要尝试确定它到底指的是哪一种类型的递归。从他们对该主题的非正式讨论中,情况似乎是这样的:豪塞尔、乔姆斯基和费茨明确把"递归"和从有限集合的元素创造出数量无限的离散表达的组合形式这样的过程联系了起来(Hauser,Chomsky,and Fitch,2002：1571,上面引用的)。这是有道理的,但必须指出,与其他一些关于"递归"的解释相比,这是一个更加具有普遍性的程序。例如,如果这一难以捉摸的术语被理解为是"通过归纳来定义"(巴希尔在1953年提出递归定义可以用在形式语法中时的那种解释),那么除了从有限的手段生产出无限的结构的特性之外,"递归"也还包括了某种明确的自我指涉。但是,因为他们的论文中并没有强调自指的问题,所以豪塞尔、乔姆斯基和费茨或许是用"递归"的术语来指代像"实际上可计算的"或者"用有限的算法来限定的"之类的意思;如果真是这样,那就表明乔姆斯基时下对于这一术语的使用与跟可计算理论关联的那个"递归"含义而并不是与哥德尔的递归函数理论关系更加紧密一些。但是,正如前面所提及的,既然在豪塞尔、乔姆斯基和费茨的文章中所提供的表述是既简单又随意的,那么我们就不可能很肯定地确认到底哪一种"递归"解释才是他们真正意图所指。显然,此处并不打算解决这样的一些问题,之所以做前面的讨论只是为了表明,如果不先回顾一下递归函数理论以及它与 λ-演算和可计算理论之间的复杂联系,就不可能很有见地地来评估递归这个组成部分在当代生成语法中的语言学/生物学角色;3.3节尝试确认递归定义是怎样融入到1950年代的句法理论中的,做如是探讨,目的只是了为能够澄清某些问题。

　　如果说递归是一个需要仔细而巧妙的思索的话题,那么理论内部的简约性这个概念当然就是另外一回事了。正如 3.5 节和

4.3 节所(可能有点令人厌烦地)讨论过的,早期 TGG 对简约性标准的独具特色的关注是直接受到乔姆斯基对古德曼建构系统之基础简约性研究的驱动,对相关问题的关注点自生成语法诞生以来一直贯穿始终。从 1960 年代中期开始,对于这些关注点常常是从解释的充分性而不是描述的充分性的角度来加以讨论,而由这些指导性原则所引发的对立紧张局面也为人所熟知:描述的充分性要求凡是在某个特定研究范围内所涉及的自然语言的不同方面,其所有的复杂性都能够被形式语言学理论捕捉到;而解释的充分性则基本上要求所发展的理论如非必要,不应该复杂。由于事实上解释的充分性作为一个理论前提的引入与先天性假设的明确使用时间大体一致,这个概念在生成语法文献中通常都被认为是一种心理学/生物学的要求。总体来说,在 c. 1965—1990 年间,主流的生成语法研究其主要焦点是放在改善基础理论以使它可以更准确地解释更大数量的语言现象的任务上的,而进一步发展与 *LSLT*(Chomsky,1975[1955]:116)中所勾勒的简约性标准有关的那些"有点不可信"的想法的任务则基本上被放弃了。尽管如此,在这 25 年的理论发展时期里,有关理论内部简约性的基本重要性还是保留了下来,而且,确实有好多次公开宣称消除某些不必要的理论复杂性是一种意义深远的进步。例如,在 1970 年代早期发展的 X-bar 理论,提供了一个统一的短语投射分析框架,从而大大简化了正统的生成语法理论,因而被广泛认为是一次重大的改进。但是,尽管有这些事例,我们还是有理由声称,在 c. 1990 之前的生成语法里,"经济性"或"理论内部简约性"的考量,还从未获得过像 1990 年代早期当 MP 作为一个清晰可辨的研究方案出现时所开始收获的那种原则性的、持续性的仔细审辨。

　　众所周知，MP 提出了一个雄心勃勃的计划，其主要目的是要确定人类的语言官能在多大程度上可以视为是由外部制约因素（即把句法组成部分及语音和语义组成部分联系起来的接口部分）所提出的问题的"完美"解决方案。简单一点来说，MP 的主要目标之一是要把表达语言官能所需的装置系统缩减到最小，或者，像乔姆斯基自己最近所表达的那样：

　　　　最简方案尝试探讨这样一些问题（即"语言的属性是什么"和"它们为什么是这个样子的"的问题），其主要任务是要详细检查在描写语言的特点时所使用的每一种工具（原则、观点等），从而确定在多大程度上可以将它们缩减，以使得依照语言器官全面发挥其功能所必须满足的计算效率方面的一般性条件及接口条件来进行原则性解释的优势得以发挥。换一种不同的方式来表达的话就是：其目标就是要确定到底语言结构与运用的哪些方面才是语言官能所特有的，并且因此在该层次上是缺乏原则性解释的。（Chomsky，2004：106）

显然，尽管需要强调的是，TGG 中是使用简约性标准在相互竞争的语法体系中进行选择，而与此相对，MP 中则是由经济性方面的考量来决定诸如合并这样的操作是如何通过 C_{HL} 而生成各种推导式的；但建构一种受到"计算效率"因素制约的"原则性解释"的考量是可以与 1950 年代时语法简约性的探讨直接联系在一起的。事实上，乔姆斯基自己就曾经宣称，MP 实际上预示着要回归到那些当初促使 TGG 创立的一些关注点上去。比如，早在 1995 年的写作中(明显参考了 LSLT 的第四章),乔姆斯基就强调了"进入一般理性研究领域的虽不精确但也并不空洞的简约性概念"与"在不同的 I-语言中进行选择的理论内部的简约性测量标准"之间的区别(Chomsky,1995:8),而且他还继续说道:

> 关于简约性的前一概念与语言研究没有什么特别的联系,而从理论内部出发的这个概念则是 UG 的一个组成部分,是决定经验和 I-语言之间关系的程序的一个部分;它的地位类似于一个物理常量。在早期作品中,从内部出发的这个概念采取的是一种评价程序的形式,它在提议的若干语法(用现在的术语来讲就是 I-语言)中选出与允许的规则系统形式一致的语法系统来。而 P&P 方法则又提出了一种路线,它超越了这种虽不平凡却又有限的目标,强调的是解释的充分性问题。没有评估程序,就没有早期意义上的内部简约性概念……然而,一些非常相似的概念现在又再次浮现出来,而这一次的形式则是在种种派生结构中做出选择的经济性考量,同时将那些从内部简约性来看并非优选的派生结构排除出去。而外部简约性的概念则一直保持不变;尽管并不严谨,却一如既往地发挥着作用。(Chomsky,1995:8—9)

那么,按照 MP 来看,对与从理论内部出发的经济性有关的论题的关注是由作为一套用来防止非优选派生结构产生的经济性考量标准来建构的;(正如上面的引文所示)乔姆斯基自己就承认这一方法与 TGG 聚焦的在竞争语法中进行选择的简约性标准具有显著的相似性。言外之意就是,MP 可以(部分地)视为是尝试对形式语法理论内部简约性的某些问题所做出的郑重回应，这些问题在 TGG 早期作品中就提出来了，但是在中间的几十年里却基本上没有得到回答。这些问题"再次浮现"出来的事实，有可能是让人惊讶的，但是它确实说明了促成 1950 年代 TGG 出现的研究问题与促成 MP 的发展的某些研究问题是密切相关的；这种密切关联性当然是值得进一步考量的。显然，决定理论内部简约性的本质是一项非凡的任务，这可以从那些标准的聚焦 MP 的文集（如 Epstein and Hornstein 1999 和 Epstein and Seely 2002）对这个话题所进行的各种方式的讨论中看出来。单在这两个文集中，关于经济性和/或理论内部简约性的话题就通过对很多问题的讨论进行了论证，如有关可解释性特征和格（Martin，1999）的问题、有关移位的拷贝理论（Nunes，1999）的问题、有关多项拼出（Uriagereka，1999）的问题、有关"优雅"句法（Brody，2002）的问题、有关句法对象与标签（Collins，2002）的问题，以及有关防止失败的派生（Frampton and Gutmann，2002）的问题等，这些还只是其中几个例子而已。在若干不同的地方，这些讨论都使用了涉及某种经济性或者理论内部简约性的概念，以论证理论修正或所提出的分析的合理性；而这反过来也表明，这样的一些考量现在被看作是在 MP 传统下发展语言学理论任务的中心内容。既然人们对这些问题有着如此广泛的兴趣，那么就有必要来强调一下，这些关注点所占据的中心地位对于句法研究的方法论来说有着深远的影响。例如，正是声称对简约性（或"经济性"或"优雅性"或"简洁性"或任何别的什么的相关变体）的考量是语言分析任务的中心议题这样一种假设（无论它是在一种特定的语法本身范围内按照变换程序得以表达的,还是作为清楚明晰的条件包括在内的)划定了某一特定语法所允许生成的派生结构的类型的范围。确实就像保罗·法伊尔阿本德(Paul Feyerabend,1924—1994)在 1975 年所论证过的那样,以下两种声称都是有理由的:这些问题从来不是任何种类的科学研究所必需考虑的问题;投入太多的关注在这些问题上的倾向很可能(最多是)是有误导性的,而且(最坏的情况下)肯定是有害的。为了论证这一大胆的看法,法伊尔阿本德说到,若是物理学家尼尔斯·波尔(Niels Bohr),他会用"这些内容只能是在事'后'才能正确评判"这样一句评论"把通常人们对简约性、优雅性或甚至是一致性的考量放在一边置之不理"(Feyerabend,2001[1975]:14)。① 法伊尔阿本德还补充说:"科学从来就不是一个完整的程序,因此它总是在事'前'的。因此简约性、优雅性和一致性从来都不是(科学)实践的必要条件"(Feyerabend,2001[1975]:15.n1)。像这样的观点直接冲击了 MP 传统下所追求的句法理论,表明有关经济性考量在句法研究中具有中心地位的那些没有根据的断言(尤其是那些目的主要是为论证理论修改的合理性的不合原则的断言)完全是不充分的。结果,不出意料,"简约性"在当代生成句法中的地位也就势必成为一个有争议的话题。对于如 TGG 框架里所表达的那些最初关注点的详尽认识,再次揭示了这些焦点问题的源头,因而也为更有洞见地讨论经济性考量在当代理论版本中的地位提供了基础;而这样一种认识只有在对简约性标准在古德曼(和奎因)1940 年代和 1950 年代时的作品

---

① 法伊尔阿本德在这里引用的是罗森菲尔德,其中的单引号部分为他本人所加。

中的地位进行评价之后才有可能获得。

假如说如同在 TGG（尽管现在是以非常不同的方式体现的）中那样，对于从理论内部出发对简约性进行的考量以及对于递归装置的使用都还仍然是 *MP* 里的核心关注点，那么我们就可以声称，*MP* 基本上（重新）采用的是一种（建构性）唯名论的句法理论方法。这一趋向本身体现在涉及消减那些之前在理论中本来可以被接受的抽象结构和/或过程的各种理论发展中，而这样做的目的是为了追求更简单的词汇主义解释方案，这是一种与理论内部的简约性话题紧密相关的新进展。举例来说，正如上文所示，乔姆斯基在 *MP* 中所提议的大胆进展之一就是抛弃 X-bar 理论，并以光杆短语结构取而代之。正如早先所说过的，X-bar 框架自从 1970 年代以来一直是生成语法的一部分，它为短语结构详细规定了一个统一的投射框架，因而在进行实际的建构过程之前就提供了一个得到良好定义的抽象层级结构。但是，在光杆短语结构框架里，所有的句法项都是用被安置在系统中的最初始的元素——即与词库里的词项有关的各种的特征以及诸如与核心功能范畴有关的 EPP 特征之类的形式特征——来定义的。这一方法的一个结果是，诸如 VP 和 N'投射之类的抽象结构实际上已经从建构过程中被删减掉了（尽管实际上它们还经常作为一种便捷的概念形式在说明中被保留下来）。相似地，在他最新的作品中，乔姆斯基还表示那个自 1970 年代以来一直在标准句法分析中占据着核心地位的 Spec-Head 关系也应该被抛弃掉，因为没有理由认为这种关系可以享有过度的优先地位，由此还引出如下的主张："那些表面上看是 Spec-H 关系的，事实上却是一些包含了最小搜索关系的

head-head 关系"(Chomsky,2004:113)。

如上所示,在 MP 里,句法对象的建构过程被视作是一个"除了重新安排词汇属性之外没有新的句法对象添加进来的……"过程(Chomsky,1995:228),因此所有被构造的句法对象都可以看作是那些无法削减的特征的特定组配形式。显然,如此看待语法建构过程的视角让我们想起了古德曼和奎因在 1940 年代后期所提出的建构系统理论方法;在这一框架里他们抛弃了诸如集合之类的抽象概念,相反地定义了一个个体演算(即不可削减的根本要素),避免了柏拉图主义的"污名"(Goodman and Quine,1947:107)。结果是,在 MP 框架中对一个合语法的句子进行派生的过程是一个不涉及抽象的 X-bar 理论结构的由特征所驱动的过程。尽管这里不可能对这个论题进行详细检查了,但是 MP 文献中提倡的最简分析方法和乔姆斯基早期作品中探讨过的古德曼在他的个体演算里所提倡的方法显然是类似的。从某种程度上来讲,对某些抽象东西的摈弃(这一点是建构性唯名论和 MP 二者都具有的代表性特征)与对简约性标准的强调是有关的:如果其任务是要发展一个最大化地符合经济性的系统,那就有正当理由来消减所有那些非本质的理论构件了,而那些抽象结构就成了目标,尤其是如果它们能够被更小的、更加基础的单位和过程来定义的话。

正如以上各段所示,TGG 和 MP 之间的关系是一个非常令人好奇但又尚未被详细讨论过的问题。很显然,上面所提供的简要概览,其用意并不是要校正这种情况,提供关于这种关系本质的深邃洞察。相反地,其意图仅仅是要突出二者的一些相似性,以表明1950 年代风格的 TGG 的某些特征在生成语法过去 50 年的演变中是一直保持不变的,还有一些则被赋予新的重要性后重新出现在了 MP 里。这些进展都值得认真讨论,而对 TGG 起源进行一次详细探讨,能够使我们更清楚地看待与 MP 有关的各种假设和分析技巧;而且如果把重新评价当代生成语法看作是一个重要的任务,那么也就有必要来重新思考这部书里整本都在不断引起共鸣的,亦正如它在整个 20 世纪语言学历史上都曾引起过共鸣的一个词;这个词(当然)就是"科学"。布龙菲尔德、萨丕尔、李斯、霍凯特、乔姆斯基①以及其他很多很多的人,都曾经写过语言学所具有的(或所缺乏的)科学性问题,而其中有一个根本性的问题被一而再再而三地以不同的方式提问过,我们可以用一个强有力的疑问来简洁地改述这一问题:"语言学是一门科学吗?"说到这个问题当然会使人想追问其他很多的问题,但这些问题我们在此都无法加以讨论。不过,仅就生成语法而言,关于语言学科学地位的整个议题已经在近来的若干文献中提出来了,所建构的论点中既有支持的也有反对的。我们先从负面评价的例子开始看起,关于生成语法的有效性,理想幻灭的保罗·普斯特(Paul Postal)在 1995 年评价到,乔姆斯基②

　　有足够的理由来担心,因为他不可能没有注意到他其实并没有能够取得什么类似于逻辑学、数学、计算机科学或者物理学中所理解的那种实质性的结果。而令人惊讶的是他的观点中那些曾经被看作是具有深刻贡献的元

---

①　即 Bloomfield(1926),Sapir (1929),Lees (1957),Hockett (1967),Chomsky (2000b)。
②　类似的讥讽,参看 Postal (2004)。

291

素现在却要么消失要么被大大地边缘化了。句法规则排列、循环应用原则、A-盖-A原则等等都到哪里去了?(而今我们还可以加问一句:"深层结构、表层结构、X-bar理论等等都到哪里去了?")而近年来所兜售的一些原则和成就的不充分性和拙劣程度简直令人尴尬……那么,重点就是,乔姆斯基学派的语言学缺乏真正的结果,却有海量的文献已经致力于和继续致力于它所涉及的语言学思想的研究,这二者之间存在极大的反差。(引自 Huck and Goldsmith,1995:141—142)

按照普斯特的观点,那么,生成语法是不值得归类为一门科学的(或者至少不算"严肃"科学的一种),主要是因为它几乎没产生什么"真正的结果"。而那些看起来具有"深刻贡献"的早期理论建构,后来也慢慢地要么渐渐失去光彩要么甚至已经完全消失了,说明其价值本来也只是昙花一现而已。而可以很好地代表相反观点的是马西莫·皮亚特里-帕马里尼(Massimo Piattelli-Palmarini);在介绍胡安·乌里亚格里卡(Juan Uriagereka)的《规律和原因》(*Rhyme and Reason*)(Uriagereka,1998)时,他宣称生成语法

正走在即将成为一门羽翼丰满的自然科学的大道上,大有希望成为一个先进的科学研究领域,其理想化、抽象化和演绎化的程度将最终在深度上和精密度上都能赶得上现代科学中最先进的领域。(Uriagereka,1998:xxv)

这一宣告是清楚无误的,并且只在普斯特同一时期的评价出现之

后的三年里就出现了的。那么哪一种分析才是正确的？生成语法到底是不是一门科学？普斯特和皮亚特里-帕马里尼之间观点的分歧至少是非常具有警示意义的。对于这个问题，见多识广的、专业的语言学家们的意见不应该如此之大吧？对于生成语法到底是否产生了真正的成果这个问题，语言学界应该可以取得一致意见吧？至少应该可以明确在超过半个世纪的形式主义、辩论、分析、主张、反主张、误解、启示和革命之后，那些参与生成语法理论（无论是 TGG 或 EST 或 P&P 或 MP）的研究者们到底有没有事实上从事了某种科学研究的呢？而如果这些可能性事实上是不可能的，那么事实就一定是整个句法理论或者至少被称为生成语法的这一句法理论分支是有着某种非常深刻的错误了？遗憾的是，这里已经没有空间来充分讨论这些疑问里所包含的意义了。但是，如果有关生成语法科学地位的混乱和分歧确实如上所示具有深刻意义的话，那么确实就是时候来重新考量一下与语言学理论的这一具体部分相关的各种假设、意图和方法了；而为了合理反思当代生成语法的科学（或非科学）地位，可能就有必要先来详细揣摩一下其以往的那些科学性的方面——而这正是这本书尝试来完成的任务。

参 考 文 献

Aarsleff, H. (1970), "The History of Linguistics and Professor Chomsky", *Language* 44:570—585.

Ajdukiewicz, K. (1965), *Pragmatic Logic*, Holland and the United States: D. Reidel Publishing Co.

Ajdukiewicz, K. (1978a[1934]), "Language and Meaning", reprinted in English translation in Ajdukiewicz 1978c:35-66.

Ajdukiewicz, K. (1978b[1931]), "On the Meaning of Expressions", reprinted in English translation in Ajdukiewicz 1978c:1-34.

Ajdukiewicz, K. (1978c), *The Scientific World-Perspective and Other Essays: 1931-1963*, ed. J. Giedymin, Holland and the United States: D. Reidel Publishing Co.

Ajdukiewicz, K. (1978a[1936]), "Syntactic Connexion", reprinted in English translation in Ajdukiewicz 1978c:118-139.

Ayer, A. J. (1936), *Language, Truth and Logic*, London: Gollancz.

Ayer, A. J. (1959), *Logical Positivism*, New York: Free Press.

Bach, E. (1964), *An Introduction to Transformational Grammars*, New York: Holt, Rinehart & Winston, Inc.

Baker, G. P. (1984), Frege: Logical Excavations, New York and Oxford: Oxford University Press.

Bar-Hillel, Y. (1953a), "On Recursive Definitions in Empirical Science", 11th International Congress of Philosophy 5:160-165.

Bar-Hillel, Y. (1953b), "A Quasi-Arithmetical Notation for Syntactic Description", *Language* 29:47-58.

Bar-Hillel, Y. (1954), "Logical Syntax and Semantics", *Language* 30:230-237.

Bar-Hillel,Y. (1963),"Remarks on Carnap's Logical Syntax of Language", in Schilpp 1963:519-543.

Bar-Hillel,Y. (1964),*Language and Information: Selected Essays on their Theory and Application*, *Reading*, Massachusetts: Addison-Wesley Publishing Co.

Barsky,R. F. (1997),*Noam Chomsky: A Life of Dissent*,Cambridge,Massachusetts:MIT Press.

Belyi,V. V. (1967),"Some Facts about Weiss' Influence on Bloomfield",in Fought 1999,II:115-118.

Berkeley,G. (1992 [1734]), *The Analyst*, reprinted in Jesseph, D. M. (1992),*De Motu and The Analyst: A Modern Edition*,*with Introductions and Commentary*,Boston,and London:Kluwer Academic Publishers Dordrecht.

Birkhoff,G. (ed.) (1973),*A Source Book in Classical Analysis*,Cambridge, Massachusetts:Harvard University Press.

Bloch,B. (1948),"A Set of Postulates for Phonemic Analysis",*Language* 24:3-46.

Bloomfield,L. (1926),"A Set of Postulates for the Science of Language", *Language* 2:153-164.

Bloomfield,L. (1933),*Language*,New York:Henry Holt & Co.

Bloomfield,L. (1935),"Linguistic Aspects of Science",*Philosophy of Science* 2:499-517.

Bloomfield,L. (1936),"Language or Ideas?",*Language* 12:89-95.

Bloomfield,L. (1955[1939]),"Linguistics Aspects of Science",in Neurath, O. Carnap,R. and Morris,C. (eds.),reprinted in 1955,*The International Encyclopedia of Unified Science*, Vol. I,Chicago:University of Chicago Press.

Bloomfield,L. (1970a[1937]),*The Language of Science*,unpublished manuscript fragments collected in Bloomfield 1970b:333-338.

Bloomfield,L. (1970b),*A Leonard Bloomfield Anthology*,ed. C. F. Hockett,Bloomington:Indiana University Press.

Borgström,C. H. J. (1949),"The Technique of Linguistic Descriptions", *Acta Linguistica* 5:1-14.

Boyer,C. B. (1949),*The History of the Calculus and its Conceptual Devel-*

opment, New York: Dover Publications Inc.

Bradley, F. H. (1883), *The Principles of Logic*, Oxford: Oxford University Press.

Brody, M. (2002), "On the Status of Representations and Derivations", in Epstein and Seely 2002:19-41.

Brouwer, L. E. J. (1912), "Intuitionisme en formalisme: inaugurale rede", Amsterdam: Clausen.

Brouwer, L. E. J. (1979[1907]), *Over de grondslagen derwiskunde*, reprinted in English translation in van Stigt, W. P. (1979), "The Rejected Parts of Brouwer's Dissertationon the Foundations of Mathematics", *Historia Mathematica* 6:385-404.

Cantor, G. F. L. P. (1883), *Grundlagen einer allgemeinen Mannigfaltigkeitslehre*, Leipzig: Teubner.

Cantor, G. F. L. P. (1895), "Beiträge zur Begründung der transfiniten Mengelehre", in Zermelo, E. (ed.) (1932), *Gesammelte Abhandlung mathematischen und philosophischen Inhalts*, Berlin: Springer, 282-311.

Cantor, G. F. L. P. (1937[1899]), letter in Noether, E., and Cavaill'es, J. (1937), *Briefwechsel Cantor-Dedekind*, Paris: Hermann, pp. 405-411.

Carnap, R. (1928), *Der logische Aufbau der Welt: Versuch einer Konstitutionstherorie der Begriffe*, Berlin: Welt-Kreis.

Carnap, R. (1937[1934]), *Logische Syntax der Sprache*, Vienna, reprinted in English translation in 1937 as *The Logical Structure of Language*, London and New York: Routledge.

Carnap, R. (1942), *Introduction to Semantics*, Cambridge, Massachusetts: Harvard University Press.

Carnap, R. (1944), *Formalization of Logic*, Cambridge, Massachusetts: Harvard University Press.

Carnap, R. (1952), "Meaning Postulates", *Philosophical Studies* 3:65-73.

Carnap, R. (1963), "Intellectual Autobiography", in Schilpp 1963:1-84.

Carnap, R. (1967[1928]), *The Logical Structure of the World: Pseudoproblems in Philosophy*, translated by R. A. George, London: Routledge & Kegan Paul.

Cauchy, A. L. (1821), *Analyse Algébrique*, Paris: Debure Frères.

Cauchy, A. L. (1823), *Leçon sur le calcul infinitésimal*, Paris: Debure

Frères.

Cherry C. E. , Halle M. ,and Jakobson R. (1953),"Toward the Logical Description of Languages in their Phonemic Aspect",*Language* 29:34-46.

Chomsky,N. (1953),"Systems of Syntactic Analysis", *Journal of Symbolic Logic* 18:242-256.

Chomsky,N. (1954),review of Rieger,E. ,*Modern Hebrew*,*Language* 30: 180-181.

Chomsky,N. (1955a),"Logical Syntax and Semantics:Their Linguistic Relevance",*Language* 31:36-45.

Chomsky,N. (1955b),"Semantic Considerations in Grammar",*Monograph Series in Language and Linguistics*:141-153.

Chomsky,N. (1956),"Three Models for the Description of Language",*IRE Transactions of Information Theory*,*IT-2*: 113-124.

Chomsky,N. (1957a),review of Hockett's A *Manual of Phonology*,*International Journal of American Linguistics* 23:223-234.

Chomsky,N. (1957b),*Syntactic Structures*,The Hague:Mouton Publishers.

Chomsky,N. (1959a),"On Certain Formal Properties of Grammars", *Information and Control* 2,no. 2:137-167.

Chomsky,N. (1959b),review of Skinner's Verbal Behaviour,*Language* 35: 26-58.

Chomsky,N. (1966),*Cartesian Linguistics: A Chapter in the History of Rationalist Thought*,New York and London:Harper & Row.

Chomsky,N. (1975[1955]),*The Logical Structure of Linguistic Theory*, Cambridge,Massachusetts:MIT Press.

Chomsky,N. (1979a),*Language and Responsibility*, New York:Pantheon.

Chomsky,N. (1979b[1951]),*Morphophonemics of Modern Hebrew*, New York:Garland.

Chomsky,N. (1988),*The Chomsky Reader*, London:Serpent's Tail.

Chomsky,N. (1995), *The Minimalist Program*,Cambridge,Massachusetts: MIT Press.

Chomsky,N. (2000a),"Minimalist Inquiries:The Framework",in Michaels, D. ,Uriagereka,J. ,and Martin,R. (eds.),*Step by Step:Essays on Minimalist Syntax in Honor of Howard Lasnik*, Cambridge, Massachusetts:MIT Press.

Chomsky, N. (2000b), *New Horizons in the Study of Language and Mind*, Cambridge: Cambridge University Press.

Chomsky, N. (2004), "Beyond Explanatory Adequacy", in Belletti, A. (ed.), *Structures and Beyond : The Cartography of Syntactic Structures*, *Oxford Studies in Comparative Syntax*, New York and Oxford: Oxford University Press, III: 104-131.

Chomsky, N., and Miller G. A. (1958), "Finite State Languages", *Information and Control* 2, no. 2: 91-112.

Church, A. (1944), *Introduction to Mathematical Logic : Part 1*, *Annals of Mathematics Studies*, Princeton: Princeton University Press.

Church, A. (1956), *Introduction to Mathematical Logic : Volume 1*, Princeton: Princeton University Press.

Clark, R. W. (1975), *The Life of Bertrand Russell*, London: Jonathan Cape and Weidenfeld & Nicolson.

Collins, C. (2002), "Eliminating Labels", in Epstein and Seely 2002: 42-64.

Copi, I. (1971), *The Theory of Logical Types*, London: Routledge & Kegan Paul.

Creath, R. (ed.), (1990), *Dear Carnap, . . . , Dear Van : the Quine-Carnap Correspondence and Related Work*, Berkeley: University of California Press.

Crossley, J. N., and Dummett, M. A. E. (1965), *Formal Systems and Recursive Functions*, Amsterdam: North-Holland.

Dauben, J. W. (1979), *Georg Cantor : His Mathematics and Philosophy of the Infinite*, Cambridge, Massachusetts: Harvard University Press.

Dauben, J. W. (1995), *Abraham Robinson : The Creation of Nonstandard Analysis : A Personal and Mathematical Odyssey*, Princeton: Princeton University Press.

Davis, S., and Mithun, M. (1979), *Linguistics, Philosophy and Montague Grammar*, Austin: University of Texas Press.

Dedekind, R. J. W. (1932[1872]), *Stetigkeit und irrationale Zahlen*, reprinted in Fricke, R., Noether, E., and Ore, O. (eds.), (1930-1932), *Gesammelte mathematische Werke*, *Vieweg : Braunschweig*; III: 315-334.

Dedekind, R. J. W. (1932[1888]), "Was sind und was sollen die Zahlen?", reprinted in Fricke, R., Noether, E., and Ore, O. (eds.), (1930-1932),

Gesammelte mathematische Werke ,*Vieweg* : *Braunschweig* ;III:335-391.

Detlefsen,M. (1993),"Hilbert's Formalism",*Revue Internationale de Philosophie 47* : 285-304.

Dugac,P. (1973),"Eléments d'analyse de Karl Weierstrass", *Archive for the History of Exact Science* 10:41-176.

Dummett,M. A. A. (1977),*Elements of Intuitionism* ,Oxford:Clarendon Press.

Dummett,M. E. (1991),*Frege:Philosophy of Mathematics* , London:Duckworth/Cambridge,Massachusetts:Harvard University Press.

Embleton,S. ,Joseph,J. E. ,and Niederehe H. -J. (eds.) (1999), *The Emergence of Modern Language Science* ,2 vols. ,Amsterdam:John Benjamins.

Epstein,S. D. ,and Hornstein,N. (eds.) (1999),*Working Minimalism* , Cambridge,Massachusetts:MIT Press.

Epstein,S. D. ,and Seely,T. D. (eds.) (2002),*Derivation and Explanation in the Minimalist Program* ,New York and London:Blackwell.

Euler,L. (1912[1755]),*Institutiones Calculi Differentialis* , reprinted in *Opera Omnia* ,*series 1* ,vol. 10:69-72.

Ewald,W. (1996),*From Kant to Hilbert :A Source Book in the Foundations of Mathematics* ,*vols.* I and II ,Oxford:Clarendon Press.

Feyerabend,P. (2001[1975]),*Against Method* , revised 3rd ed,London and New York:Verso.

Fitting,M. (1981),*Fundamentals of Generalised Recursive Function Theory* ,Amsterdam:North-Holland.

Fought, J. (ed.) (1999), *Leonard Bloomfield : Critical Assessments of Leading Linguists* ,London and New York:Routledge.

Frampton,J. ,and Gutmann,S. (2002),"Crash-Proof Syntax",in Epstein and Seely 2002:90-105.

Fraser,C. G. (1997),*Calculus and Analytical Mechanics in the Age of Enlightenment* ,London:Ashgate.

Frege,F. L. G. (1879),*Begriffsschrift,eine der arithmetischen nachgebildete Formelsprache des reinen Denkens* ,Halle,Saale:Niebert.

Frege,F. L. G. (1884),*Die Grundlagen der Arithmetik. Eine logisch-mathematische Untersuchung üuber den Begriff der Zahl* ,

Breslau:Köbner.

Frege,F. L. G. (1893), *Die Grundgesetze der Arithmetik*, *begriffss-chriftlich abgeleitet* 1,Jena:Pohle.

Friedman,M. (1999), *Reconsidering Logical Positivism*, Cambridge: Cambridge University Press.

Fries,C. C. (1952), *The Structure of English*:*An Introduction to the Construction of English Sentences*, New York and London: Longmans, Green.

Fries,C. C. (1954), "Meaning and Linguistic Analysis",reprinted in Fought 1999,II:84-97.

Gazdar,G. , Klein, E. , Pullum G. , and Sag, I. (1985), *Generalised Phrase Structure Grammar*,Oxford:Basil Blackwell.

Gödel, K. (1986a), *Kurt Gödel*:*Collected Works*,2 vols,Oxford:Oxford University Press.

Gödel,K. (1986b[1934]), "On Undecidable Propositions of Formal Mathematical Systems",reprinted in Gödel 1986a,I:346-371.

Gödel,K. (1986c[1931]), "Über formal unentscheidbare Sätze der Principia Mathematica und verwandter Systeme",reprinted in Gödel,1986a,I:144-194.

Goodman,N. (1943), "On the Simplicity of Ideas", *Journal of Symbolic Logic* 8:107-121.

Goodman, N. (1949), "The Logical Simplicity of Predicates", *Journal of Symbolic Logic* 14:32-41.

Goodman,N. (1950), "An Improvement in the Theory of Simplicity", *Journal of Symbolic Logic* 14:228-229.

Goodman,N. (1951), *The Structure of Appearance*, Cambridge, Massachusetts: Harvard University Press.

Goodman,N. (1952), "New Notes on Simplicity", *Journal of Symbolic Logic* 17:189-191.

Goodman,N. (1954), *Fact*, *Fiction*, *and Forecast*, London:Athlone Press.

Goodman,N. (1955), "Axiomatic Measurement of Simplicity", *Journal of Philosophy* 52:709-722.

Goodman,N. (1963), "The Significance of Die logische Aufbau der Welt",in Schilpp 1963:545-558.

Goodman, N. (1990[1941]), *A Study of Qualities*, *Harvard Dissertations in Philosophy Series*, Cambridge, Massachusetts: Harvard University Press.

Goodman, N., and Leonard, H. S. (1940), "The Calculus of Individuals and its Uses", *Journal of Symbolic Logic* 5:45-55.

Goodman, N., and Quine, W. V. O. (1940), "Elimination of Extra-Logical Postulates", *Journal of Symbolic Logic* 5: 104-109.

Goodman, N., and Quine, W. V. O. (1947), "Steps Towards a Constructive Nominalism", *Journal of Symbolic Logic* 12:105-122.

Grabiner, J. V. (1981), *The Origins of Cauchy's Rigorous Calculus*, Cambridge, Massachusetts: MIT Press.

Graffi, G. (2001), *200 Years of Syntax: A Critical Survey*, Amsterdam: John Benjamins.

Grattan-Guinness, I. (2000), *The Search for Mathematical Roots*, *1870-1940: Logics*, *Set Theories and the Foundations of Mathematics from Cantor through Russell to Gödel*, Princeton: Princeton University Press.

Grelling K. (1936), "The Logical Paradoxes", *Mind 45*:481-486.

Guicciardini, N. (1989), *The Development of Newtonian Calculus in Britain*, *1700-1800*, Cambridge: Cambridge University Press.

Hallett, M. (1984), *Cantorian Set Theory and Limitation of Size*, Oxford: Oxford University Press.

Hanfling, O. (ed.) (1981), *Essential Reading in Logical Positivism*, Oxford: Basil Blackwell.

Harris, R. A. (1993), *The Linguistic Wars*, Oxford: Oxford University Press.

Harris, Z. S. (1946), "From Morpheme to Utterance", *Language* 27: 161-183.

Harris, Z. S. (1951), *Methods in Structural Linguistics*, Chicago: University of Chicago Press.

Harris, Z. S. (1952), "Discourse Analysis", *Language* 28:1-30.

Harris, Z. S. (1957), "Co-occurrence and Transformation in Linguistic Structure", *Language* 33:283-340.

Harris, Z. S. (1991), *The Theory of Language and Information*, Oxford: Clarendon Press.

Harwood,F. W. (1955),"Axiomatic Syntax:The Construction and Evalua-
tion of a Syntactic Calculus",*Language* 31:409-413.

Haugen, E. (1951), "Directions in Modern Linguistics", *Language* 25:
211-222.

Hauser,M. ,Chomsky,N. ,and Fitch,T. (2002),"The Faculty of Language:
What is it,Who has it,and How did it evolve",*Science* 298:1569-1579.

Heine,E. H. (1870), "Über trigonometrische Reihen", *Journal für reine
angewandte Mathematische 71* :353-365.

Hilbert,D. (1899),*Grundlagen der Geometrie* , Leipzig:Teubner.

Hilbert,D. (1900), "Über den Zahlbegriff", *Jahresbericht der Deutschen
Mathematiker-Vereinigung 8* : 180-184.

Hilbert,D. (1932[1918]),"Axiomatisches Denken",reprinted in Gesammelte
Abhandlungen,Berlin:Springer-Verlag,vol. III,146-156.

Hilbert,D. (1967a[1927]),"Die Grundlagen der Mathematik",Abhandlun-
gen aus dem mathematischen Seminar der Hamburgische Universität,6,
65-85,reprinted in English translation in van Heijenoort 1967:464-479.

Hilbert,D. (1967b[1904]),"Über die Grundlagen der Logik und der Arith-
metik",Verhandlungen des Dritten Internationalen Mathematiker-Kon-
gress in Heidelberg vom 8 bis 13. August 1904,174-185,Leipzig:Teub-
ner,reprinted in English translation in van Heijenoort 1967:130-138.

Hilbert,D. (1998[1922]),"Neubegründung der Mathematik",Erste Mittei-
lung,Abhandlungen aus dem mathematischen Seminar der Hamburgische
Universität,reprinted in English translation in Mancosu 1998:198-214.

Hilbert, D. , and Bernays, P. (1934-1939), *Grundlagen der Mathematik* ,
vols. I and II,Berlin:Verlag von Julius Springer.

Hintikka,J. (1995),*From Dedekind to Gödel:Essays on the Development of
the Foundations of Mathematics* ,London and New York:Kluwer.

Hiorth,F. (1974), *Noam Chomsky:Linguistics and Philosophy* ,Oslo,Ber-
gen,Tromsφ:Universitetsforlaget.

Hjelmslev,L. (1961[1943]), *Omkring sprogteoriens grundlaeggelse* , re-
printed in English translation as *Prolegomena to a Theory of Language*
by F. J. Whitfield,Madison:University of Wisconsin Press.

Hockett,C. F. (1953),review of Shannon and Weaver's *The Mathematical
Theory of Communication* ,*Language* 29:69-93.

Hockett,C. F. (1955), *A Manual of Phonology*, Chicago: University of Chicago Press.

Hockett, C. F. (1967), *Language, Mathematics and Linguistics*, The Hague: Mouton de Gruyter.

Hockett,C. F. (1968), *The State of the Art*, *Janua Linguarum Series*, *Minor*, *73*, New York: Cornell University Press.

Hrbacek,K. , and Jech,T. (1984), *Introduction to Set Theory*, 2nd edn, New York and Basel: Marcel Dekker,Inc.

Huck,G. J. , and Goldsmith,J. A. (1995), *Ideology and Linguistic Theory*: *Noam Chomsky and the Deep Structure Debates*, New York and London: Routledge.

Huybregts,R. , and Riemsdijk,H. V. (1982), *Noam Chomsky on the Generative Enterprise*, New Jersey: Foris Publishers.

Hylton,P. (1990), *Russell, Idealism, and the Emergence of Analytic Philosophy*, Oxford: Oxford University Press.

Hymes, D. , and Fought, J. (1981[1975]), *American Structuralism*, The Hague, Paris, and New York: Mouton.

Jech,T. (1991), *Set Theory*, 2nd edn, Berlin and New York: Springer.

Johnson,P. E. (1972), *A History of Set Theory*, Boston: Prindle, Weber, & Schmidt.

Kasher,A. (ed.), (1991), *The Chomskyan Turn*, Oxford: Basil Blackwell.

Katz,J. (1981), *Language and Other Abstract Objects*, Oxford: Basil Blackwood.

Kino, A. , Myhill, J. , and Vesley, R. E. (eds.) (1970), *Intuitionism and Proof-Theory*: *Proceedings of the Summer Conference at Buffalo*, *N. Y. , 1968*, Amsterdam: North-Holland.

Kleene,S. (1952), *Introduction to Metamathematics*, Amsterdam: North-Holland.

Kneale,W. , and Kneale, M. (1962), *The Development of Logic*, Oxford: Clarendon Press.

Koerner,E. K. (1999), *Linguistic Historiography*: *Projects and Prospects*, Amsterdam: John Benjamins.

Kreisel,G. (1958), "Hilbert's Programme", *Dialectica* 12: 346-372.

Kuhn,T. (1962), *The Structure of Scientific Revolutions*, Chicago: University of Chicago Press.

Lagrange, J. L. (1867 [1760]), "Essai d'une nouvelle méthode pour déterminer les maxima et les minima des formules intégrales indéfinies", *Miscellanea Taurinensia* 2:173-195, reprinted in Oeuvres, I (1867), 355-362.

Lakoff, G. (1989), "Philosophical Speculation and Cognitive Science", *Philosophical Psychology* 2:55-76.

Lees, R. (1957), review of *Syntactic Structures*, *Language* 33:375-408.

Leibniz, G. W. (1863a[1686]), "De geometria recondita et analysi indivisibilum atque infinitorum", *Acta Eruditorum* 5, reprinted in Gerhardt, C. I. (ed.) (1863), *Mathematische Schriften*, Abth. 2, Band III, 226-235.

Leibniz, G. W. (1863b[1695]), Letter to Nieuwentijdt, in Gerhardt, C. I. (ed.) (1863), *Mathematische Schriften*, Abth. 2, Band V, 332-336.

Leibniz, G. W. (1863c[1684]), "Nova Methodus pro maximis et minimis, itemque tangentibus, quae nec fractas nec irrationales quantitates moratur, et singulare pro illi calculi genus", *Acta Eruditorum* 3:467-473, reprinted in Gerhardt, C. I. (ed.) (1863), *Mathematische Schriften*, Abth. 2, Band III.

Leibniz, G. W. (1978[1666]), *Dissertatio de Arte Combinatoria*, in Gerhardt, C. I. (ed.) (*1875-1890*; reprinted *1978*), *Die philosophischen Schriften*, vol. IV, Berlin: Weidmannsche Buchhandlung.

Leśniewski, S. (1992a), *Collected Works*, 2 vols., ed. Surma, S. J., et al., Dordrecht, Bristol, and London: Kluwer.

Leśniewski, S. (1992b[1914]), "Is a Class of Classes not Subordinated to Themselves, Subordinate to Itself?", reprinted in Leśniewski 1992a: 115-128.

Leśniewski, S. (1992c[1927]), "On the Foundations of Mathematics", reprinted in Leśniewski 1992a:174-382.

Linsky, L. (1952), *Semantics and the Philosophy of Language*, Urbana: University of Illinois Press.

Luschei, E. C. (1962), *The Logical Systems of Leśniewski*, Amsterdam: North-Holland.

Lyons, J. (1970), *Chomsky*, London: Fontana/Collins.

McCall, S. (ed.), (1967), *Polish Logic: 1920-1939*, Oxford: Oxford University Press.

Mancosu, P. (1998), *From Brouwer to Hilbert*, Oxford: Oxford University Press.

Mandelbrot, B. (1954), "Structure formelle des textes et communication: deux études", *Word* 10:1-27.

Manning, K. R. (1975), "The Emergence of the Weierstrassian Approach to Complex Analysis", *Archive for History of Exact Science* 14:297-383.

Martin, R. (1999), "Case, the Extended Projection Principle, and Minimalism", in Epstein and Hornstein 1999:1-26.

Matthews, P. H. (1993), *Grammatical Theory in the United States from Bloomfield to Chomsky*, Cambridge: Cambridge University Press.

Matthews, P. H. (2001), *A Short History of Structuralist Linguistics*, Cambridge: Cambridge University Press.

Miller, G. A. (1951), *Language and Communication*, New York: McGraw-Hill.

Montague, R. (1970), "English as a Formal Language", reprinted in Montague 1974:188-221.

Montague, R. (1974), *Formal Philosophy: Selected Papers of Richard Montague*, ed. R. H. Thomason, New Haven: Yale University Press.

Murray, O. S. (1980), "Gatekeepers and the 'Chomskian Revolution'", *Journal of the History of the Behavioural Sciences* 16:73-88.

Murray, O. S. (1994), *Theory Groups and the Study of Language in North America: A Social History*, Amsterdam: John Benjamins.

Nagel, T. (1995) *Other Minds: Critical Essays, 1969-1994*, Oxford: Oxford University Press.

Newmeyer, F. J. (1980), *Linguistic Theory in America: The First Quarter-Century of Transformational Grammar*, New York and London: Academic Press.

Newmeyer, F. J. (1986), *Linguistic Theory in America*, 2nd edn, Orlando, Florida: Academic Press.

Newmeyer, F. J. (1996), *Generative Linguistics: A Historical Perspective*, London: Routledge.

Newton, I. (1967 [1665]), "A Method for Finding Theorems Concerning Quaestiones de Maximis et Minimis", in Whiteside, D. T. (ed.), *The*

Mathematical Papers of Isaac Newton 1664-1666, Cambridge: Cambridge University Press, vol. I, 272-297.

Newton, I. (1969[1670]), "De methodis serierum et fluxionum", in Whiteside, D. T. (ed.), *The Mathematical Papers of Isaac Newton 1664-1666*, Cambridge: Cambridge University Press, vol. III, 32-353.

Newton, I. (1972[1687/1726]), *Philosophiae Naturalis Principia Mathematica*, 3rd edn, ed. A. Koyré and B. Cohen; 2 vols., Cambridge: Cambridge University Press.

Orenstein, A. (2002), *W. V. Quine*, Boston, Massachusetts: Acumen Press.

Nunes, J. (1999), "Linearization of Chains and Phonetic Realization of Chain Links", in Epstein and Hornstein 1999: 217-250.

Otero, C. P. (1994a), "The Emergence of Transformational Generative Grammar", in Otero 1994b, 1-36.

Otero, C. P. (ed.), (1994b), *Noam Chomsky: Critical Assessments*, 4 vols., New York and London: Routledge.

Peano, G. (1959a[1889]), *Arithmetices Principia Nova Methodo Exposita*, reprinted in Unione Matematica Italiana (eds.), *Opera scelte* 2: 20-55.

Peano, G. (1959b[1891]), "Principii di Logica Matematica", reprinted in Unione Matematica Italiana (eds.), *Opera scelte* 2: 92-101.

Post, E. (1944), "Recursively Enumerable Sets of Positive Integers and their Decision Problems", *Bulletin of the American Mathematical Society* 50: 284-316.

Postal, P. M. (2004), *Skeptical Linguistic Essays*, Oxford: Oxford University Press.

Priest, Graham (2001), *An Introduction to Non-Classical Logic*, Cambridge: Cambridge University Press.

Quine, W. V. O. (1940), *Mathematical Logic*, Cambridge, Massachusetts: Harvard University Press.

Quine, W. V. O. (1946), "Concatenation as a Basis for Arithmetic", *Journal of Symbolic Logic* 11: 105-114.

Quine, W. V. O. (1951), *Mathematical Logic*, revised 2nd edn, Cambridge, Massachusetts: Harvard University Press.

Quine, W. V. O. (1953), *From a Logical Point of View*, Cambridge, Massachusetts: Harvard University Press.

Quine,W. V. O. (1985),*The Time of My Life:An Autobiography*, Cambridge,Massachusetts:MIT Press.

Reichenbach,H. (1947),Elements of Symbolic Logic,New York:Macmillan.

Reid,C. (1996),*Hilbert*, New York:Springer-Verlag.

Richardson,A. (1998),*Carnap's Construction of the World:The Aufbau and the Emergence of Logical Positivism*, Cambridge:Cambridge University Press.

Riemann,G. F. B. (1990[1867]),"Über die Darstellbarkeit einer Function durch eine trigonometrische Reihe",reprinted in *Gesammelte mathematische Werke*,Berlin:Springer,227-271.

Robinson,A. (1996),*Non-Standard Analysis*,revised edn,Princeton:Princeton University Press.

Rosenbloom,P. C. (1950),*Elements of Mathematical Logic*, New York: Dover.

Russell,B. A. W. (1914),*Our Knowledge of the External World as a Field for Scientific Method in Philosophy*,La Salle:Open Court.

Russell,B. A. W. (1938[1903]),*Principles of Mathematics*,New York: W. W. Norton.

Sapir,E. (1929),"The Status of Linguistics as a Science",*Language* 5: 207-214.

Schaffer,S. (1997),"What is Science?",in J. Krige and P. Dominique (eds.),*Science in the Twentieth Century*, London:Harwood Academic Publishers.

Schilpp,P. A. (ed.), (1963), *The Philosophy of Rudolf Carnap*, La Salle:Open Court.

Shannon,C. ,and Weaver,W. (1949),*The Mathematical Theory of Communication*,Urbana:University of Illinois Press.

Sheynin,O. B. (1988),"A. A. Markov's Work on Probability",*Archive for the History of Exact Science* 39:337-377.

Simon,H. A. (1955),"On a Class of Skew Distribution Functions",*Biometrika* 42:425-440.

Smith,L. (1986),*Behaviorism and Logical Positivism:A Reassessment of The Alliance*,Stanford:Stanford University Press.

Smith,N. V. (2004),*Chomsky:Ideas and Ideals*, 2nd edn,Cambridge:Cambridge University Press.

Soare, R. I. (1996), "Computability and Recursion", *Bulletin of Symbolic Logic* 2: 284-321.

Steinberg, D. (1999), "How the Anti-Mentalist Skeletons in Chomsky's Closet Make Psychological Fiction of his Grammars", in Embleton et al. 1999: 267-282.

Struik, D. J. (ed.), (1969), *A Source Book in Mathematics, 1200-1800*, Cambridge, Massachusetts: Harvard University Press.

Suppe, F. (2000), "Axiomatization", in Newton-Smith, W. H. (ed.), *A Companion to the Philosophy of Science*, Oxford: Blackwell, 9-12.

Tarski, A. (1944), "The Semantic Conception of Truth and the Foundation of Semantics", *Philosophy and Phenomenological Research* 4: 341-375.

Tarski, A. (1956a[1931]), "The Concept of Truth in Formalized Languages", reprinted in English translation in Tarski 1956c: 152-278.

Tarski, A. (1956b[1936]), "The Establishment of Scientific Semantics", reprinted in English translation in Tarski 1956c: 401-408.

Tarski, A. (1956c), *Logic, Semantics and Metamathematics*, English translation by J. H. Woodger, Oxford: Clarendon Press.

Tomalin, M. (2002), "The Formal Origins of Syntactic Theory", *Lingua* 112 (10): 827-848.

Tomalin, M. (2003), "Goodman, Quine, and Chomsky: from a Grammatical Point of View", *Lingua* 113(2): 1223-1253.

Tomalin, M. (2004), "Leonard Bloomfield: Linguistics and Mathematics", *Historiographia Linguistica* 31(1): 105-136.

Turing, A. (1936), "On Computable Numbers, With an Application to the Entscheidungsproblem", *Proceedings of the London Mathematical Society* 42: 230-265.

Uriagereka, J. (1998), *Rhyme and Reason*, Cambridge, Massachusetts: MIT Press.

Uriagereka, J. (1999), "Multiple Spell-Out", in Epstein and Hornstein 1999: 251-282.

Van Heijenoort, J. (1967), *From Frege to Gödel: A Source Book in Mathematical Logic*, 1879-1931, Cambridge, Massachusetts: Harvard University Press.

Van Stigt, W. P. (1990), *Brouwer's Intuitionism*, Amsterdam: North-Holland.

Weinberg, J. R. (1936), *An Examination of Logical Positivism*, London: Kegan Paul.

Weiss, A. P. (1925), "One Set of Postulates for a Behaviourist Psychology", *Psychology Review* 32:83-87.

Wells, R. (1947), "Immediate Constituents", *Language* 23:81-117.

White, M. (1952), "The Analytic and the Synthetic: An Untenable Divide", in Linsky 1952:272-286.

Whitehead, A. N. (1898), *A Treatise on Universal Algebra with Applications*, Cambridge: Cambridge University Press.

Whitehead, A. N., and Russell, B. A. W. (1925[1910]), *Principia Mathematica*, 3 vols., Cambridge: Cambridge University Press.

Wilder, R. L. (1952), *Introduction to the Foundations of Mathematics*, New York: John Wiley.

Westfall, R. S. (1980), *Never at Rest: A Biography of Isaac Newton*, Cambridge: Cambridge University Press.

Wolénski, J. (1989), *Logic and Philosophy in the Lvov-Warsaw School*, Dordrecht: Kluwer Academic Press.

Young, J. W. (1917), *Foundational Concepts of Algebra and Geometry*, New York: Macmillan Co.

Zipf, G. (1935), *The Psycho-Biology of Language: An Introduction to Dynamic Philology*, Cambridge, Massachusetts: MIT Press.

Zipf, G. (1949), *Human Behavior and the Principle of Least Effort: An Introduction To Human Ecology*, New York: Hafner Publishing Co.

索　引

说明：此部分页码为英文版原书页码。

311

313

Cauchy, A. L.　奥古斯丁·路易·柯西, 26-28, 55, 177

Cavalieri　卡瓦列里, 22

Cherry, C. E.　柯林-彻瑞, 143

Chomsky, N.　诺姆·乔姆斯基

LSS　乔姆斯基的《逻辑句法学和语义学: 它们的语言相关性》, 109, 126, 133-137

SSA　乔姆斯基的"句法分析的系统", 121-124, 135, 136, 150, 151, 153, 206

TMDL　乔姆斯基的"语言描写的三种模型", 145, 147, 148, 178, 207

and anti-mentalism　乔姆斯基与反心灵主义, 17

and Bar-Hillel　乔姆斯基与巴希尔, 18, 138

and Carnap　乔姆斯基与卡尔纳普, 137, 138

and constructional system theory　乔姆斯基与建构性系统理论, 12, 73, 74, 125, 144, 155

and constructive nominalism　乔姆斯基与建构性唯名论, 8, 122, 156, 186, 198, 201

and discovery procedures　乔姆斯基与发现程序, 125, 132, 140, 149, 151, 154, 208

and empiricism　乔姆斯基与实证主义, 185, 207

and epistemology　乔姆斯基与认识论, 207

and evaluation procedures　乔姆斯基与评估程序, 150, 154, 155

and finite-state grammars　乔姆斯基与有限状态语法, 145-148

and formal consequence　乔姆斯基与形式化推论, 133, 134

and formal languages　乔姆斯基与形式语言, 124, 136

and formal linguistic theories　乔姆斯基与形式语言学理论, 8, 133, 176, 177, 182

and formal syntax　乔姆斯基与形式句法, 53

and Formalism　乔姆斯基与形式主义, 13, 14, 174, 176, 178, 179, 188

and grammaticality　乔姆斯基与合语法性, 148

and linguistic levels　乔姆斯基与语言层, 156, 157

and logic　乔姆斯基与逻辑, 133, 134, 137, 158, 159

and logical empiricism　乔姆斯基与逻辑实证主义, 11, 154, 185

and logical semantics　乔姆斯基与逻辑语义, 134-136, 141

and logical syntax and semantics　乔姆斯基与逻辑句法和语义, 8

and logical systems　乔姆斯基与逻辑系统, 135

64,69

finite sets　有限集,30,31,85,142,
158,169,178,190,193

finite state grammars　有限状态语
法,143,145-148

finite state machines　有限状态机,
141,144,148

finite strings　有限符串,123

Fitch, T.　特库姆塞－费茨,
190-193

FLN hypothesis　FLN假设,190-192

fluxional calculus　流数演算,23,201

formal consequence　形式化推论,
134,162

formal deduction　形式演绎,89

formal discourse　形式语篇,94

formal features　形式特征,188,197

formal grammars　形式语法,119-
121,125,169,179,190,193,195

formal inference　形式推理,43

formal languages　形式语言

　and concatenation　形式语言与
　　串联,78,158

　and Formalism　形式语言与形
　　式主义,39,44,89-91,102,
　　128,203

　and Intuitionism　形式语言与直
　　觉主义,45

　and Leibniz　形式语言与莱布尼
　　茨,32

　and logic　形式语言与逻辑,60,
　　69,73,78,84,88-90,153

and logical syntax　形式语言与
　逻辑句法,49

and Logicism　形式语言与逻辑
　主义,33,68

and mathematics　形式语言与数
　学,97

and meaning　形式语言与意义,
　128-129,207

and natural languages　形式语言
　与自然语言,49,52,53,58,69,
　70,73,90,123,127,130,139,
　182,184

and nominalism　形式语言与唯
　名论,69,85,86,123

and science　形式语言与科
　学,90

and simplicity　形式语言与简约
　性,119

and syntactic theory　形式语言
　与句法理论,56,70,73,123,
　124,128,131,133,135,
　178,187

and the axiomatic-deductive method
　形式语言与公理演绎法,
　56,59

formal linguistics　形式语言学,
　102,106,121,158,175-177,193

formal notation　形式概念,160,
　161

formal proofs　形式证明,42

formal relations　形式关系,134

formal rules　形式规则,90

logical operators　逻辑算子,86

logical positivism　逻辑实证主义,
74,204,207

logical relations　逻辑关系,93

logical semantics　逻辑语义学,8,
69,126,129,132,135,141,184

logical syntax　逻辑句法,3,8,12,
18,19,48,49,52,69,73,77,78,
88-90,92,93,96,98,104-106,
126,128,130-132,134-136,138,
162,168,176,186,207

logical systems　逻辑系统,35,49,
52,133,135

Logicism　逻辑主义,18,21,32,
33,38,42,45,51,60,94,186

logistic theory　逻辑理论,102

Lukasiewicz,J.　彦·武卡谢维奇,
67,103

Luschei,E. C.　卢斯和易,204,
205

Lvov　利沃夫,67

Lvov-Warsaw school　利沃夫－华
沙逻辑学派,54,67,102,103,
128,129,184,204

machine translation　机器翻译,187

Maclaurin,C.　科林·麦克劳
林,24

Mancosu,P.　曼柯索,203

Mandelbrot　本华-曼德博,149

Markov,A.　安德列-马尔柯夫,
141,142

Markov process　马尔柯夫过程,
142,144,146,148

mathematics　数学

and algebra　数学与代数,48

and analysis　数学与分析,21,
22,25

and Bar-Hillel　数学与巴希
尔,105

and Bloomfield　数学与布龙菲
尔德,55,56,94,96,99,184

and Chomsky　数学与乔姆斯基,
6,9,110,151,175,182,199

and deduction　数学与演绎,35

and Formalism　数学与形式主
义,40,41,43,44,48,50,89,
91,95,106

and inference　数学与推理,43

and Intuitionism　数学与直觉主
义,45,46,203

and linguistics　数学与语言学,
5-7,10,11,54,56,93,94,96,
97,101,102,175,183

and Logicism　数学与逻辑主义,
33-36,38,39,68,94

and natural language　数学与自
然语言,56-58,94,97,101

and philosophy　数学与哲学,34

and proofs　数学与证明,27,41,
42,62

and set theory　数学与集合论,
31,40,96,100

and symbols　数学与符号,102

图书在版编目(CIP)数据

语言学和形式科学:生成语法之源/(英)马库斯·托
马林著;司富珍,刘文英译.—北京:商务印书馆,2018
(国外语言学译丛.经典著作)
ISBN 978-7-100-15989-0

Ⅰ.①语… Ⅱ.①马… ②司… ③刘… Ⅲ.①语
言学—研究 Ⅳ.①H0

中国版本图书馆 CIP 数据核字(2018)第 058406 号

语言学和形式科学:
生成语法之源
〔英〕马库斯·托马林 著
司富珍 刘文英 译

商 务 印 书 馆 出 版
(北京王府井大街36号 邮政编码100710)
商 务 印 书 馆 发 行
北京市艺辉印刷有限公司印刷
ISBN 978-7-100-15989-0

2018 年 6 月第 1 版 开本 880×1230 1/32
2018 年 6 月北京第 1 次印刷 印张 11½
定价:38.00 元